O Êxtase Religioso

Coleção Debates

Dirigida por J. Guinsburg

Equipe de realização — Tradução: José Rubens Siqueira de Madureira; Revisão: José Bonifácio Caldas; Produção: Plinio Martins Filho; Diagramação: Walter Grieco

ioan m. lewis
ÊXTASE RELIGIOSO

Um Estudo Antropológico da
Possessão por Espírito
e do Xamanismo

EDITORA PERSPECTIVA

Título do original inglês:

Ecstatic Religion

© Ioan Lewis, 1971

Direitos em língua portuguesa — BRASIL — reservados à
EDITORA PERSPECTIVA S.A.
Av. Brigadeiro Luís Antônio, 3025
01401 São Paulo Brasil
Telefone: 288-8388
1977

SUMÁRIO

Prefácio 9

1. Por uma Sociologia do Êxtase 17
2. Transe e Possessão 39
3. A Aflição e Sua Apoteose 79
4. A Estratégia do Ataque Místico: O Protesto e sua Contenção 125
5. Possessão e Moralidade Pública — I. Cultos Ancestrais 159
6. Possessão e Moralidade Pública — II. Outros Sistemas Cosmológicos 187
7. Possessão e Psiquiatria 221

Bibliografia 225

Lista de Ilustrações 261

Para Ann

"Pour soulever les hommes il faut avoir le diable au corps".
BAKUNIN

PREFÁCIO

Crença, rito, e experiência espiritual: são estas as três pedras de toque da religião e a maior de todas é a última. Essa é, pelo menos, a posição assumida por muitos que se consideram religiosos. Não é, no entanto, uma avaliação que seja amplamente partilhada pelos antropólogos sociais que estudam a religião hoje em dia. Desanimados pelas fáceis teorias emocionais sobre as origens da religião sustentadas por muitos de seus predecessores, a maioria da atual geração de antropólogos sociais britânicos evitou prestar demasiada atenção a qualquer coisa que pudesse ser chamada de espiritualidade. Abandonando a emoção religiosa para os psiquiatras ou teólogos, eles se devotaram a registrar em detalhes tão minuciosos e exatos quanto possível, as crenças e ritos de inúmeros povos tribais espalhados sobre a face da terra. No processo acumularam uma riqueza de informações sobre as variedades de crenças religiosas e rituais que, sendo baseada em observação direta e pesquisada entre crentes reais, não tem paralelo em nenhuma outra disciplina dedicada ao estudo da religião.

Com esses incomparáveis recursos e sem nenhum outro dispersivo interesse em estados emocionais, poder-se-ia esperar que o caminho estivesse aberto para a análise sociológica ousada e que excitantes descobertas sobre a sociologia da religião tivessem sido feitas. Seria recompensador se fosse esse o caso, mas não é. Exceto em áreas de interesse específico como bruxaria, ritos de iniciação ou comportamento profano, o assunto está ainda, como um todo, no ponto onde o deixaram Durkheim e Weber. Isso pode parecer um julgamento injustamente severo. Mas qualquer um que se dê ao trabalho de examinar de perto a situação será, acho eu, forçado a admitir que isso é verdade. É, de fato, comentário deprimente sobre a atual pobreza de iniciativa sociológica, que alguns preeminentes membros da profissão considerem ainda válido perpetuar o velho debate sobre se a religião -primitiva (e, por implicação, a religião popular em geral) é ciência (ou filosofia) dos pobres ou meramente um recurso para sacralizar a sociedade. Precisa-se de pouca imaginação ou conhecimento para demonstrar que essas religiões tribais, assim como outras religiões, preenchem, obviamente, ambas as funções, assim como muitas outras.

Não é nesse oco, apesar de sublime, nível de discussão que se fazem descobertas sociológicas significativas. Mas nos níveis mais baixos de comparação e generalização, onde elas deviam ser procuradas, os antropólogos sociais em geral têm estado tão ocupados acumulando provas sobre particulares religiões exóticas que raramente pararam para examinar a colheita que fizeram. E, nos raros casos em que começaram a tentar um estudo comparativo de suas descobertas, foram atrapalhados e quase sempre desencorajados pela própria proliferação e diversidade dos fatos registrados. Deve-se notar também que freqüentemente eles foram dissuadidos até mesmo de tentar a tarefa pelos trabalhos geralmente improdutivos, conforme parecem hoje em dia, de incansáveis compiladores de compêndios tais como Sir James George Frazer, cujo *Golden Bough* representa, para muitos, um monumental exercício sobre a futilidade.

Em outras áreas da vida examinadas pelos antropólogos sociais as coisas são bem diferentes. Seguindo a direção dada por Evans-Pritchard e Fortes no estudo da política tribal, os antropólogos apreenderam rapidamente a importância de distinguir entre as formas culturais únicas de instituições particulares e sua atual significação social em uma dada sociedade. Chegaram assim a perceber, por exemplo, como o mesmo grau de lei e ordem pode ser atingido em diferentes sociedades através de instituições que, diferindo em sua forma cultural, preenchem as mesmas funções sociais. Olhando assim os *efeitos* das instituições, eles conseguiram desenvolver úteis tipologias que cruzam as *formas* culturais e que facilitam a comparação significativa.

No estudo comparativo da religião, no entanto, essa prerrogativa essencial para a análise eficiente quase não existe. Em termos gerais, os antropólogos ainda estão deslumbrados com os atributos únicos de particulares costumes ou complexos de instituições, e desorientados, geralmente com muito pouco sucesso, eles tentam trabalhar a partir deles. Ilustremos. Muito já se fez sobre as supostas diferenças entre bruxaria e feitiçaria. Bruxaria é definida como o poder psíquico de causar dano, onde o pensamento é pai da ação. Feitiçaria, ao contrário, é tomada por requerer o uso de técnicas externas e observáveis — encantos, poções e outros atos sombrios. Bruxaria existe apenas na mente; é conhecida através de seus efeitos, enquanto a feitiçaria (como a justiça) tem de ser vista para ser feita.

Ora, essa distinção é feita de fato por uns poucos povos tribais — notadamente os azandes do Sudão (cujo brilhante estudo de Evans-Pritchard deu ampla aceitação à distinção) — mas não é feita em todas as partes. Na verdade, a maioria das religiões tribais reconhece uma força do mal que tem aspectos tanto de bruxaria como de feitiçaria e que, portanto, não cabe seguramente em nenhuma das categorias, causando assim aos antropólogos grandes dificuldades. Evidentemente, isso é exasperante; e aqueles que escolhem assim fazê-lo podem ver isso como um exemplo do mágico poder das palavras no vocabulário conceitual dos antropólogos. Alguns chegam mesmo a escrever como se o problema com os povos tribais fosse, quase sempre, deles não organizarem suas categorias conceituais de acordo com os cânones antropológicos aceitos! Essas dificuldades, no entanto, não dissuadiram certos antropólogos decididos a fazer extenuantes esforços para distinguir entre os efeitos, ou funções sociais, dos dois fenômenos na base de suas frágeis diferenças culturais. Mas, como se pode prever, a empresa não tem sido muito compensadora. De uma perspectiva comparativa ampla, a maioria das provas demonstra que bruxaria e feitiçaria são empregadas por aqueles que nelas acreditam da mesmíssima maneira e com as mesmíssimas conseqüências. Ou pelo menos, para colocar de maneira menos ambígua, o que a bruxaria é (e faz) em uma religião, a feitiçaria é (e faz) em outra. Portanto, a distinção cultural que tantos antropólogos resolveram enfatizar vem a ser de pequena significação sociológica.

Evidentemente, não estou afirmando que as distinções culturais nunca são sociologicamente significativas. Apenas quero frisar que, quase sempre, elas têm muito menos conseqüências que paralelos funcionais. Isso não é uma posição nova. É, como já indiquei, geralmente tomada por certa na maioria dos campos em que trabalham os antropólogos sociais. Mas em religião, esse último baluarte do único, o método não é amplamente aplicado, nem aplicado com suficiente rigor.

Este livro tenta, de maneira humilde, compensar a situação. Nele tento aplicar o método comparativo ao estudo de uma variedade de formas de espiritualidade ou êxtase religioso culturalmente distintas, sendo esses os aspectos da religião que, como disse, têm sido injustificados, mas não incompreensivelmente, negligenciados pela maioria dos antropólogos sociais britânicos. No processo, faço uso de uma distinção muito simples entre cultos centrais e marginais, que é explicada no primeiro capítulo e que aplico sem preconceito à natureza existencial ou fenomenológica únicas das divindades ou espíritos envolvidos. A distinção referente à significação social (e moral) de diferentes cultos é sociológica mais do que baseada em diferenças culturais (apesar de ter conseqüências culturais). Desde que a acho útil ao tratar tópicos tão refratários como o êxtase, parece possível que essa distinção venha a ter valor na análise comparativa de outros aspectos mais familiares da religião.

Ao examinar o êxtase dessa maneira compreendo, é claro, que o clima de opinião atual é particularmente desfavorável ao estudo sociológico de qualquer aspecto da religião. Além dos fatores inibidores que já mencionei, devemos notar também a poderosa influência de novos progressos da Antropologia que são, com efeito, se não em intenção, inteiramente associológicos. Na França, Lévi-Strauss cortou os laços que unem a religião à sua base social, dando assim um golpe selvagem na tradição sociológica do estudo da religião iniciada por seu predecessor na estima do público e eminência intelectual, Durkheim. Enquanto que os *insights* mais inspirados de Durkheim iluminam a relação entre cultura (da qual a religião é parte) e sociedade, os de Lévi-Strauss jogam com a "relação dialética" entre cultura e natureza. Desse ponto de vista, Lévi-Strauss embarcou em uma empresa neofrazeriana de proporções gigantescas e esplendor gótico, na qual procura descobrir as posições binárias elementares no simbolismo religioso que, para ele, fornecem a chave dos mais íntimos recessos do "espírito humano". Nessa busca, o nexo social, no qual crenças e símbolos são pensados, experimentados e realizados, é deixado muito para trás. A sociedade se torna sombria e insubstancial, perdendo seus nítidos contornos à medida que se mistura indissoluvelmente com aquela capa que a tudo envolve, a cultura, que separa o homem da natureza.

Os trabalhos hercúleos de Lévi-Strauss são conduzidos em escala cósmica. Nos Estados Unidos, com muito menos poesia e retórica, o mesmo método é aplicado a áreas menores, mais precisamente definidas, de culturas particulares que são examinadas com um correspondente poder superior de magnificação. Lá o *shibolet* mágico de Lévi-Strauss, o Estruturalismo, é substituído pelos precipitados lemas de A Nova Etnografia e Antropologia Cognoscitiva. Em nome desses sedutores *slogans* os antropólogos americanos, mais em moda atualmente, tratam padrões de crença e simbolismo como linguagens que podem ser quebradas em elementos componentes e fornecidas a computadores a fim de revelarem suas profundezas ocultas. Qualquer que seja a posição assumida a respeito da relevância dessas estruturas "profundas" assim estabelecidas (e algumas críticas nada lisonjeiras são feitas), minha preocupação aqui é simplesmente frisar mais uma vez quão remotas são essas elegantes linhas de pesquisa de uma abordagem sociológica. Na verdade, esses métodos são um convincente testemunho de característica força da tradicional preocupação americana mais com a cultura que com a sociedade. A tradição sociológica que, na Inglaterra, provém de Durkheim e Radcliffe--Brown, sempre foi debilmente representada na antropologia americana.

Esses estilos de análise tratam a religião (assim como outros aspectos da cultura) como uma coisa em si, com vida própria, independente da moldura social que a engloba e molda. Essa visão de religião — cuja legitimidade obviamente não questiono — é a que é normalmente assumida por crentes e recebe amplo apoio hoje em dia por parte daquele público mais amplo que está atualmente engajado na busca de novas formas de iluminação religiosa e excitação. A litania psicodélica — *"turn on, tune in, drop out"* — confirma a primazia da experiência mística e proclama a posição amplamente aceita de que todo encontro transcendental é único e só pode ser apreendido através de experiência pessoal, direta. Ao nível individual isso é evidentemente verdadeiro. Mas não altera o fato de que a experiência mística, como qualquer outra experiência, está baseada e tem de se relacionar com o ambiente social em que é experimentada. Ostenta assim, inevitavelmente, a marca da cultura e da sociedade em que aparece. Conclui-se disso que está aberto para o antropólogo social o estudo de como as diferentes sociedades e culturas conceituam e tratam o êxtase. Está também aberta a ele a exploração de como o uso que é feito da experiência extática varia de acordo com as várias condições sociais em que ocorre. Isso é o que tento fazer neste livro.

E isso, finalmente, me traz até meus agradecimentos. Notoriamente, os antropólogos são prisioneiros das áreas em que realizam sua pesquisa de campo mais intensa. Quando, em busca de algum item teórico, eles se aventuram fora dessas limitações protetoras tornam-se extremamente ecléticos e são forçados a se apoiar grandemente na generosa orientação de seus colegas. Portanto, ao explorar aqui o êxtase e a possessão utilizei livremente o conhecimento especializado de outros. Primeiramente, no entanto, devo agradecer a afetuosa ajuda e estímulo que recebi, ao iniciar esta empresa, dos Dr. B. W. Andrzejewski, Dra. Mary Douglas, Dra. Phyllis Kaberry e Dr. Peter Ucko. Devo também agradecer ao Professor Isaac Schapera que, convidando-me a fazer a palestra Malinowski em 1966, forneceu o estímulo inicial que me levou a escrever este livro. Ao falecido Professor Al-Tijhani al-Mahi, da Universidade de Karthoum, devo especial crédito por muitas idéias inspiradoras a respeito da possessão. Aproveitei também, grandemente, das discussões com o Dr. William Sargant cujos estudos pioneiros sobre o mecanismo psicológico dos estados de transe não precisam de apresentação; ele me permitiu generosamente utilizar como ilustrações algumas fotografias de sua incomparável coleção sobre o assunto.

Na coleta de material fiz uso abundante das maravilhosas facilidades feitas pela biblioteca do Royal Antropological Institute, presidida genial e atenciosamente por Miss Kirkpatrick. A esse respeito devo também agradecer particularmente ao sr. James Urry por seu generoso e imoderado zelo em fornecer tantas fontes valiosas sobre o assunto, na verdade muito mais do que seria possível utilizar aqui. Agradeço também ao estimulante interesse manifestado pela sra. Pamela Constantinides e Alice Morton, que atualmente desenvolvem pesquisa de campo sobre possessão no nordeste da África. Além de fazerem muitos comentários úteis, muitos colegas ofereceram-me também, gentilmente, fotografias para minhas ilustrações. Nisso sou particularmente penhorado a Dr. Audrey Butt, Sra. Humphries, Dr. Peter Fry, Dr. Francis Huxley, sr. Clive Kessler e Dr. Amnon Orent. Por último o Dr. John Argyle, o Professor Daryll Forde e o Professor Ernest Gellner que generosamente encontraram tempo para ler e comentar versões anteriores deste livro.

I. M. L.

1. POR UMA SOCIOLOGIA DO ÊXTASE

I.

Este livro explora o mais decisivo e profundo de todos os dramas religiosos, a tomada do homem pela divindade. Tais encontros extáticos não são de forma alguma encorajados uniformemente em todas as religiões. No entanto, é difícil encontrar uma religião que não tenha, em algum estágio de sua história, inspirado nos peitos de pelo menos alguns de seus seguidores aqueles transportes de exaltação mística nos quais todo o ser do homem parece se fundir em gloriosa comunhão com a divindade. Experiências transcendentais desse tipo, tipicamente concebidas como estados de "possessão", têm dado aos místicos a reivindicação única de conhecimento experimental direto do divino e, quando isso é reconhecido por outros, a autoridade para agir como privilegiado canal de comunicação entre o homem e o sobrenatural. Os fenômenos acessórios associados a essas experiências, particularmente "o dom das línguas", a profecia, a clarividência, a transmissão de mensagens dos mortos e outros dotes místicos têm, naturalmente, atraído a atenção não apenas de devotos mas também de céticos. Para muitos, de fato, esses fenômenos parecem fornecer provas persuasivas da existência de um mundo transcendente ao da experiência cotidiana comum.

Apesar dos problemas colocados inevitavelmente pela autoridade eclesiástica estabelecida, é fácil compreender a forte atração que o êxtase religioso sempre exerceu dentro e à margem do cristianismo. Podemos perceber também, prontamente, como o moderno espiritismo conquistou o interesse não somente de cristãos de todos os tipos de opinião, mas também de agnósticos e ateus. A confortadora mensagem de que ele "comprova a sobrevivência" tem muito a ver com o apelo dos recentemente falecidos e isso, obviamente, contribui para a popularidade do espiritismo em tempos de guerra e calamidade nacional. Entretanto, os fenômenos com que lida continuam a merecer a séria atenção de cientistas experimentais. E se os cientistas estão preparados para dar seu cauteloso assentimento a alguns fenômenos psíquicos, não podemos nos surpreender que certos religiosos procurem ainda, na sessão, provas conclusivas dos poderes divinos de Jesus Cristo. De fato, nas sessões de subúrbio ou de arrabaldes ainda mais rarefeitos, essas experiências místicas que resistem à interpretação racional plausível são vistas, às vezes mesmo por cínicos, como indícios da possibilidade de existência de forças ocultas.

Há também vasta literatura sobre o oculto que não tem dúvida nenhuma sobre o assunto. O significado metafísico dos estados de transe foram expostos por centenas de escritores em muitas línguas e de diversos pontos de vista. Algo do caráter de muita dessa literatura, ou pelo menos daquela produzida por partidários entusiásticos do oculto, pode ser deduzida das surpreendentes predições feitas pelo editor de recente livro sobre o transe (Wavell, 1967). "Uma vez que o transe seja tão facilmente obtenível quanto a eletricidade", afirma-nos o autor,

imensas e novas possibilidades potenciais de bem e mal estarão abertas para todo mundo. Conquistas que ocorrem à mente são aquelas em que atualmente gastamos muito de nossos recursos — viagens espaciais, guerra física e psicológica, espionagem, música *pop* e diversões massificadas. Sua maior aplicação prática poderá ser na exploração espacial... a barreira da luz... não constituirá obstáculo para o espírito de astronautas desejosos de visitar outras regiões do universo.

Talvez não. No entanto, a idade de ouro do transe, prevista por esse inspirado escritor, não deixa de ter seu lado sombrio. "Seu maior perigo", ele solenemente adverte "está em aparelhar nosso planeta, já dividido em nações hostis, com uma nova dimensão de receptores de espíritos de conflito, em formações maciças manipuladas por xamãs demoníacos que aniquilarão a raça humana e todas as suas esperanças de reencarnação".

Essa notável passagem deve lembrar, num plano astral diferente, o mundo recluso de Orígenes ou qualquer outro dos grandes místicos cristãos. Há apenas uma década isso pareceria, à maioria das pessoas, extremamente ridículo. Hoje em dia, porém, tais posições aparentemente tão avançadas não estão em desacordo com muito do clima de opinião em que vivemos. Longe de ser relegada a obscuras publicações nas poeirentas prateleiras de míseras livrarias, como costumava ser o caso, o oculto é agora parte do cenário contemporâneo. Os jovens, pelo menos, ouvem muito a mensagem do Maharishi — ao menos até o momento que perca a popularidade deslocado por alguma outra marca de misticismo. Na mesma veia, os suplementos dominicais coloridos de alguns jornais "sérios" sentenciosamente nos convocam a contemplar as potencialidades terapêuticas da magia curandeira e a bruxaria "branca"; alguns psiquiatras chegam mesmo a juntar-se ao grito de "O espiritismo comprova a sobrevivência", e um ou dois bispos moderninhos colaboram com seu peso para reforçar.

Outras indicações apontam na mesma direção. A cientologia pode ser mais bem organizada como aventura comercial do que a maioria das igrejas espíritas que promove ao sucesso e, até certo ponto, suplanta. Mas tem muito em comum com elas ao procurar fundir a pseudo-ciência e a experiência oculta no envoltório especial que vende tão bem hoje em dia. Essas e muitas outras novas religiões competem para preencher o vácuo deixado pelo declínio da religião estabelecida e para reafirmar a primazia da experiência mística em face do triste progresso do secularismo. Apelando assim à sempre presente necessidade de excitação mística e drama, essas novas seitas se encontram freqüentemente num conflito, não só umas com as outras, mas também com uma rival estabelecida há mais tempo, a psiquiatria, que já assumiu muitas das funções antigamente desempenhadas pela religião em nossa cultura. Aí, as fanáticas perorações dos cientólogos contra a psiquiatria são testemunho revelador, senão confirmador, da rivalidade de seus interesses comuns.

Tudo isso sugere que vivemos uma era de recrudescência mística marginal, um mundo em que os humanistas parecem positivamente arcaicos. Nosso vocabulário foi enriquecido, ou pelo menos acrescentado, de grande número de expressões místicas populares que, apesar de entronizado nos círculos especiais de *underground,* também transbordam para o uso geral. Sabemos o que são *freak-outs,* o que são *trips* e qualquer um que quiser poderá facilmente participar de *happenings* psicodélicos em salões de de dança de nomes evocativos como Middle Earth. Apesar de muito dessa linguagem se referir ao consumo de drogas, em seu uso original e mais generalizado ela traz também fortes conotações místicas. Certamente, os xamãs esquimós e tungues, que examinaremos depois, seriam muito bem vindos ao setor mais amplamente divulgado de nossa sociedade contemporânea, o cenário *pop.* Nessa subcultura clamorosamente assertiva, longe de serem desprezadas como rusticidades excessivas de valor religioso questionável, as experiências de transe e possessão de povos exóticos são consideradas com seriedade e quase sempre deliberadamente adotadas como excitantes e novas vias para o êxtase. A seu favor e em contraste com certas outras atitudes contemporâneas, a atual busca de excitação religiosa reconhece poucas barreiras culturais ou raciais. Qualquer que seja a fonte, toda experiência exótica é peixe na rede.

II.

Nesse clima eclético poucas justificativas especiais são necessárias para introduzir um estudo antropológico sobre o transe e a possessão que, como o leitor pode prever, tira muitos de seus exemplos de religiões tribais exóticas. Ao contrário do que se poderia esperar, o fato de tanto já ter sido escrito sobre esses tópicos, em grande parte por historiadores da religião, fornece incentivo extra para o desenvolvimento de uma abordagem nova. A maioria desses escritores tinha outros fins em vista e conseqüentemente não se preocupou em colocar o tipo de questão que o antropólogo social automaticamente coloca. Poucos dos trabalhos mais substanciais nessa área de religião comparativa fazem uma pausa para considerar como a produção do êxtase religioso pode se relacionar com as circunstâncias sociais que o produzem; como o entusiasmo pode declinar em diferentes condições sociais; ou que funções podem emanar dele em contrastantes tipos de sociedade. Em poucas palavras, a maioria desses escritores tem estado menos interessada no êxtase como fato social do que como expressão, às vezes questionável, de piedade pessoal. E quando eles se aventuraram fora de sua tradição nativa para considerar as provas de outras culturas, sua abordagem foi geralmente distorcida desde o início por suposições etnocêntricas sobre a superioridade de sua própria religião. Isso não quer dizer que nenhuma conclusão sociológica interessante emerja de qualquer desses trabalhos; mas quando acontecem são mais acidentais que voluntárias.

Ilustremos e ao mesmo tempo coloquemo-nos na posição da qual provêm os argumentos deste livro.

Neste momento o esplêndido trabalho erudito de Ronald Knox sobre o entusiasmo cristão fornece excelente ponto de partida (Knox, 1950). Começando com os montanistas Knox traça a errática história do entusiasmo cristão, que ele define como um tipo definido de espiritualidade. Ele não tenta explicar por referência a outros fatores sociais o fluxo e refluxo dos fenômenos extáticos — possessão, dom de línguas e os demais — cujo curso irregular ele traça ao longo de tantos séculos. Ele os vê como produto de uma tendência humana inerente, quase uma fraqueza — a disposição ao emocionalismo religioso que John Wesley resumiu na expressão "trabalho do coração". "As emoções têm de ser resolvidas em suas profundezas, a intervalos freqüentes, por incontáveis sentimentos de remorso, alegria, paz e assim por diante, senão, como pode alguém estar seguro de que o toque Divino estava trabalhando em seu interior?". Knox está preocupado em apontar a moral de que o êxtase é menos uma "tendência errada" do que uma "falsa ênfase". Mas se ele acentua os perigos de um entusiasmo exagerado e ilimitado, reconhece também que a religião organizada deve deixar algum campo para o êxtase se quer manter sua vitalidade e vigor. Essas são as lições que Knox procura imprimir ao leitor e que encontra pouca dificuldade em ilustrar com o volume de provas que tão habilmente manuseia.

Knox escreve, como ele diz, primordialmente de uma posição teológica. No entanto, alguns interessantes *insights* sociológicos quase se impõem a ele. Assim, com maior perspicácia sociológica que caridade cristã, ele vê o entusiasmo como um meio pelo qual o homem continuamente reafirma a si mesmo e aos outros, que Deus está com ele. Essa visão do êxtase como uma prestigiosa comodidade, que poderia ser prontamente manipulada para fins mundanos, abre as portas ao tipo de tratamento sociológico que esse livro defende e sobre o qual me estenderei brevemente.

Limitando suas atenções à tradição cristã e argumentado, de fato, que a espiritualidade tem de ser julgada por seus frutos, Knox não enfrentou o problema de relacionar as experiências místicas em outras religiões com as da sua religião. Esse item tendencioso foi deixado para atormentar outras autoridades cristãs. Assim, R. C. Zaehner (1957), o orientalista, procurou ousadamente estabelecer um critério para avaliar objetivamente a validade relativa de inúmeros encontros místicos. Os exemplos variam desde relatos de experiências de celebrados místicos cristãos e orientais, em um extremo, aos experimentos com drogas, do próprio autor e de Huxley, no outro. A sofisticação crítica de sua argumentação é impressionante, mas o resultado é muito previsível para ser inteiramente convincente. Na verdade, apenas aqueles que partilham de sua certeza aceitarão a conclusão de Zaehner de que o misticismo cristão representa uma forma de experiência transcendental mais sublime que qualquer outra.

Nem todos os escritores cristãos são tão inflexíveis sobre este assunto, é claro. Onde Zaehner reerige e fortifica as barreiras da complacência cristã, o professor Elmer O'Brien, em recente e útil exame principalmente sobre o misticismo cristão, as derruba de novo (O'Brien, 1965). Talvez por ser um teólogo profissional ele não possa se permitir ser mais tolerante e prático. Mais uma vez, ele se preocupa em estabelecer a autenticidade de diferentes experiências místicas. Mas as receitas caseiras que recomenda que sejam aplicadas à avaliação do místico, não contêm essas suposições brilhantes embutidas da superioridade da experiência cristã ou de qualquer outra. O'Brien sugere que os seguintes testes são cruciais. Primeiro, a experiência reputada como mística deveria ser contrária à posição filosófica ou teológica do sujeito. Assim "quando a experiência (como a de Santo Agostinho) não combina em nada com as suposições especulativas da pessoa, as chances são de que ela seja uma experiência genuína". Segundo, a experiência, que o suposto místico reivindica, é tanto mais convincente se se puder demonstrar que ela contraria seus próprios desejos e não pode assim ser afastada como realização direta de uma vontade. Finalmente, só a experiência dá sentido e consistência às doutrinas do místico.

Aqui, claramente, O'Brien está menos interessado do que Zaehner ao se pronunciar quanto à qualidade da experiência mística em qualquer sentido final ou fundamental. Seu objetivo não é exaltar alguns tipos de misticismo como superiores por serem mais dotados de autenticidade divina que outros, mas simplesmente fornecer novo critério para distinguir entre a vocação mística genuína e simulada. Aqui a involuntariedade e a espontaneidade se tornam as pedras de toque da avaliação. Penso que se pode argumentar que o primeiro critério de O'Brien depende muito diretamente das condições especiais da tradição cristã universalmente utilizável em todos os contextos culturais. Mas não há dúvida que, ao enfatizar a relutância do místico em assumir o peso de sua vocação, o Professor O'Brien está apontando uma característica que, como veremos mais tarde, se aplica amplamente a muitas religiões diferentes. Na verdade é uma condição que a maioria das culturas que encoraja o misticismo e o transe toma como axiomática.

Mas se a catolicidade tolerante de O'Brien pode nos apressar em nosso caminho dirigido ao estudo comparativo da possessão divina em uma ampla série de diferentes culturas, sua posição sobre a incidência do misticismo parece preconizar a decepção de todas as nossas esperanças. Onde Knox assumiu uma constante, apesar de parcialmente lamentável, tendência humana a indulgir no entusiasmo, que varia até certo ponto em sua expressão em diferentes condições sociais, O'Brien sustenta que as aparentes variações do "rendimento" místico em eras diferentes são uma ilusão. A explicação para a aparente falta ou abundância de místicos num dado período "não é que o tempo e lugar favoráveis ao misticismo dêem existência a místicos". Ao contrário, é meramente uma questão de se prestar mais ou menos atenção aos místicos em eras diferentes. Nos locais onde o misticismo é moda e aceito ele é amplamente registrado; onde não é, ninguém se preocupa em manter qualquer registro dele.

Essa teoria constante da produtividade mística divorciaria, se estivesse correta, a experiência transcendental do ambiente social em que ocorre e tornaria totalmente irrelevante o tipo de questões sociológicas que insisti fossem aplicadas aos dados. De fato ela quase fecharia as portas à análise sociológica; pois tudo que restaria para ser discutido seria a significação de modos cambiantes referentes ao desejo ou não de experiências místicas.

Poderosos argumentos contra essa desmerecedora conclusão vêm de uma direção da qual os antropólogos sociais nem sempre gostam de aceitar ajuda — a psicologia. T. K. Oesterreich cujo magistral estudo sobre a possessão tanto dentro como fora da tradição cristã é o mais substancial trabalho de psicólogo nesse campo, assume diferente posição (Oesterreich, 1930). Reconhecendo o caráter universal do fenômeno da possessão, que ele explica em termos de sugestão e desenvolvimento de múltiplas personalidades do eu, Oesterreich enfatiza como a crença na existência de espíritos encoraja experiências psíquicas que são interpretadas como possessão por esses espíritos. Esses encontros transcendentais tendem por sua vez a confirmar a validade de crenças preexistentes na existência de espíritos. Conforme ele diz (p. 377):

Através da provocação artificial da possessão, o homem primitivo até certo ponto apossou-se dela para procurar voluntariamente a presença consciente do metafísico, e o desejo de gozar essa consciência da presença divina oferece forte incentivo para cultivar estados de possessão. Em muitos casos é provável que, exatamente como no moderno espiritismo, os imperiosos desejos de comunicação direta com ancestrais que partiram e outros parentes, também desempenhe seu papel. A possessão começa a desaparecer entre as raças civilizadas assim que a crença nos espíritos perde seu poder. A partir do momento em que param de levar a sério a possibilidade de serem possuídos, já falta a necessária auto-sugestão.

Bastante verdadeiro. Todavia, como vemos em nosso mundo contemporâneo, onde, através de drogas e outros estímulos, as pessoas encontram meios imediatos para conseguir o transe, essas experiências rapidamente se investem de significação metafísica.

Escrevendo há cerca de cinqüenta anos, Oesterreich progride assim no caminho de um estudo intercultural genuinamente objetivo da possessão e do transe, mais do que qualquer das autoridades mais recentes que mencionei. Ele também confirma que estamos certos em perseguir nosso objetivo de relacionar esses fenômenos com as condições sociais mais amplas em que são produzidos. Mas se Oesterreich faz por nós a conexão entre o êxtase nas grandes religiões do mundo e nas religiões tribais estudadas por antropólogos, é naturalmente nas últimas que devemos procurar a direção em nosso próprio campo. Até aqui, porém, os resultados de seus trabalhos têm sido singularmente desapontadores. Apenas um trabalho comparativo de vulto foi produzido — o estudo de Mircea Eliade *Shamanism and Archaic Techniques of Ecstasy* (Eliade, 1951). Aqui, Eliade, que se vê como um historiador das religiões, traça fácil e convincentemente os muitos temas simbólicos comuns que ocorrem em cultos extáticos de diferentes culturas. No entanto, sua preocupação com as estruturas internas desses motivos simbólicos e sua relação histórica lhe deixa pouco espaço para a análise sociológica. Na verdade, ele admite simploriamente que a sociologia do êxtase ainda está por ser escrita. Temos que os vinte anos que se passaram desde que foi feito esse severo julgamento produziram muito pouco que pudesse requerer a sua revisão.

III.

Pelo menos até muito recentemente, os antropólogos demonstraram pela sociologia da possessão e do êxtase, interesse pouco maior que seus colegas que estudaram esses fenômenos sob as vestes de êxtase ou entusiasmo em outras tradições culturais. Com algumas poucas notáveis exceções, eles simplesmente não fizeram importantes perguntas que, como afirmei expressamente acima, rolam das línguas dos antropólogos. Ao contrário, a maioria dos escritores antropológicos sobre a possessão tem estado igualmente fascinada pelos elementos ricamente dramáticos, encantados — quase se poderia dizer, — pelos exercícios xamanísticos mais bizarros e exóticos, e absorvidos em debates quase sempre sem sentido sobre se particulares estados de transe são ou não genuínos. Seu principal interesse tem sido nos aspectos expressivos ou teatrais da possessão, e freqüentemente nem se dão ao trabalho de perguntar a si mesmos muito de perto o que precisamente estava sendo "expressado" — exceto, é claro, o sentido de identidade com a força sobrenatural.

Essa fixação em tudo o que é dramático na possessão contrasta nitidamente com a abordagem dos antropólogos sociais do estudo da feitiçaria e bruxaria. Naquele canto escuro da religião comparativa, onde, pelo menos em minha opinião, a pesquisa sociológica tem tido seu mais bem sucedido impacto, o antropólogo focaliza diretamente o nexo social no qual as acusações de bruxaria e feitiçaria são feitas. Ele ultrapassa as crenças para examinar a incidência das acusações em diferentes contextos sociais. Pode assim demonstrar convincentemente como as acusações de bruxaria fornecem um meio de ataque místico nas relações em tensão, onde outros meios de lidar com o conflito são inapropriados ou não disponíveis. É possível que essa abordagem objetiva e totalmente sociológica, que vê a bruxa acusada como a verdadeira vítima, em vez do sujeito "encantado", seja encorajada pelo simples fato de, em geral, os antropólogos não acreditarem na realidade em bruxaria ou feitiçaria. No que se refere ao êxtase religioso e a todas as suas muitas manifestações acessórias, no entanto, muitos antropólogos parecem demonstrar uma atitude muito mais aberta e, por certo, muito menos desapaixonada. Isso é verdade mesmo naqueles antropólogos que se gabam de seu ateísmo. Pois ateus, no final das contas, freqüentemente acreditam em percepção extra-sensorial, se não em todas as manifestações mais sensacionais do oculto.

Mas quaisquer que sejam as razões, o fato é que os antropólogos sociais têm em geral demonstrado uma relutância bastante notável em fazer as perguntas realmente significativas, ao lidar com a possessão. Isso, é claro, não quer dizer que nenhuma interpretação sociológica tenha sido tentada. Alguns antropólogos consideraram o papel social do sacerdote possuído ou "xamã" e a maneira que o êxtase religioso pode servir como base para a autoridade de um líder carismático. Outros enfatizaram a significação da evasão de responsabilidade mortal implicada quando as decisões não são feitas pelos homens, mas pelos deuses falando por suas bocas. E se alguns frisaram o emprego de revelações extáticas para conservar e fortalecer a ordem social existente, outros demonstraram como elas podem ser igualmente bem aplicadas para autorizar a inovação e a mudança.

Esse breve catálogo, no entanto, praticamente exaure a gama de preocupações mais correntes no estudo sociológico da possessão. Prosaicas questões cruciais, ainda estão para serem feitas. Como se relaciona a incidência do êxtase com a ordem social? É a possessão uma coisa inteiramente arbitrária e idiossincrática ou são particulares categoriais sociais de pessoas mais ou menos propensas a serem possuídas? Se assim é e se se pode demonstrar que a possessão corre em determinados canais sociais, que se conclui disso? Por que as pessoas de certas posições sociais sucumbem à possessão mais prontamente que outras? O que é que o êxtase lhes oferece? São esses os itens básicos referentes ao contexto social da possesão que este livro examina.

Referi-me anteriormente à possível relevância da equação pessoal do antropólogo influenciar sua abordagem dos dados. Apresso-me portanto a dizer que a adoção dessa linha de pesquisa sociológica não implica necessariamente que se presume não terem os espíritos uma realidade existencial. Acima de tudo, não é sugerido que tais crenças devam ser desprezadas como ficções das imaginações desordenadas de pessoas crédulas. Para aqueles que acreditam nelas, as forças místicas são realidades tanto de pensamento como de experiência. Meu ponto de partida, conseqüentemente, é precisamente o grande número de pessoas de diferentes partes do mundo que acredita em deuses e espíritos. E certamente não pretendo contestar a validade de suas crenças ou implicar, como fazem certos antropólogos, que tais crenças são tão patentemente absurdas que aqueles que as sustentam não acreditam "realmente" nelas. Meu objetivo não é explicar exaustivamente a religião. Ao contrário, meu propósito é tentar isolar as particulares condições sociais e outras que encorajam o desenvolvimento da ênfase mística na religião.

Nem, é claro, tenho qualquer ambição de seguir Zaehner ou outros escritores etnocêntricos na busca de distinções entre formas "superiores" e "inferiores", ou "mais" ou "menos" autênticas de experiência extática. A tarefa do antropólogo é descobrir em que acreditam as pessoas e relacionar operacionalmente suas crenças e outros aspectos de sua cultura e sociedade. Ele não tem nem a capacidade nem a autoridade de se pronunciar sobre a "verdade" absoluta das manifestações extáticas em diferentes culturas. Nem é de sua conta avaliar se as percepções dos outros sobre a verdade divina são mais ou menos compatíveis com as que compõem sua própria herança religiosa, qualquer que seja seu sentimento em relação à última. Na verdade eu iria mais longe. Tais julgamentos poderiam ser deixados com mais propriedade para a jurisdição das forças que são tidas como inspiradoras do sentimento religioso. Certamente, não é, pelo menos, tarefa do antropólogo tentar usurpar o papel dos deuses cujo culto ele estuda.

Portanto, se o leitor espera qualquer cálculo intercultural da relativa autenticidade das experiências extáticas discutidas neste livro será desapontado. Os julgamentos referentes à verdade ou falsidade da inspiração só serão relevantes à nossa análise sociológica na medida em que são feitas pelos povos em cujo meio essas experiências ocorrem. Somente onde os próprios atores sustentam que algumas experiências extáticas são falsas enquanto outras, são verdadeiras fará essa avaliação parte das provas que temos de considerar.

Talvez eu devesse também acrescentar que ao tratar as crenças tribais e cristãs e algumas vezes as de outras religiões mundiais, dentro do mesmo quadro de referência, não se pretende nenhum desrespeito aos membros de quaisquer dessas fés. Só posso pedir que a validade de minhas comparações sejam julgadas pela sua plausibilidade inerente e pela extensão em que contribuem para a compreensão da experiência religiosa.

IV.

Faço essas declarações porque o estudo do entusiasmo religioso é particularmente sensível ao julgamento subjetivo. Meu lema, se é que ainda é necessário, é: que os que acreditam em espíritos e possessão falem por si mesmos! Vamos agora resumir meu argumento que, repito, é baseado na suposição de que, não obstante todos os aspectos ricamente dramáticos e, por um lado seu caráter altamente pessoal, o entusiasmo religioso pode ser tratado como fenômeno social. Começo o próximo capítulo tentando desemaranhar muitas confusões, em grande número semânticas, que atrapalham a comparação objetiva das experiências extáticas, demonstrando como uma concepção não-mística do transe sustentada pela ciência médica é partilhada por alguns povos tribais, mas não por outros. Aqueles para quem o transe conota um estado místico tendem a adotar uma de duas teorias parcialmente conflitantes. Eles consideram que o transe é devido ou à temporária ausência da alma do sujeito ("perda de alma") ou que representa possessão por força sobrenatural. A primeira interpretação reforça a perda de força vital, uma "despossessão", a segunda enfatiza uma intrusão de força estranha. Em algumas culturas ambas essas posições são mantidas simultaneamente, de tal forma que uma pessoa "despossuída" é "possuída" por um espírito ou poder. Em sua maior parte, porém, nosso interesse neste livro é com aqueles que encaram o transe primordialmente como uma forma de possessão sobrenatural. Se uso o termo "transe" para denotar algum grau de dissociação mental, é extremamente importante que compreendamos que em outras culturas considera-se, freqüentemente, que alguém está possuído estando muito longe do estado de transe. Geralmente o estabelecimento de uma doença é visto como possessão por força mística exterior, muito antes da vítima estar em algo semelhante ao estado de transe. Possessão tem, assim, uma gama muito mais ampla de significados do que nosso desnaturado termo transe.

Em seguida a isso, passo a examinar brevemente alguns dos elementos comuns mais marcantes da imagística e simbolismo partilhadas por tantas religiões extáticas diferentes. Se persigo aqui apenas aqueles temas que se relacionam diretamente com minhas preocupações sociológicas e ignoro outros que são mais tangenciais, faço-o deliberadamente e não porque considere os últimos sem importância. Quem quiser um tratamento mais completo do conteúdo simbólico da possessão, encontra-lo-á prontamente no livro de Eliade.

Depois dessas preliminares necessárias, começo no terceiro capítulo a examinar de perto os contextos sociais em que florescem o êxtase e a possessão. Longe de serem arbitrários e ocasionais em sua incidência, veremos ali como uma forma generalizada de possessão, que é vista inicialmente como doença, é em muitos casos virtualmente restrita às mulheres. Essas "aflições" de possessão femininas são regularmente tratadas não pela expulsão permanente da entidade possessora, mas sim encontrando-se uma acomodação viável com ela. O espírito é domado e domesticado em vez de exorcizado. Esse tratamento é usualmente obtido através da indução das mulheres afetadas a um grupo de culto feminino que promove experiências de possessão regulares entre seus membros. Dentro de um grupo de culto recluso, a possessão perde assim sua significação maligna.

Portanto, o que os homens consideram doenças, demoníacas, as mulheres convertem em êxtase clandestino. E essa é, evidentemente, minha justificativa para tratar como experiência religiosa algo que, na superfície, parece ser precisamente seu oposto. Se o leitor ainda sente que essa dramática apoteose não é convincente, ele deve se lembrar quão freqüentemente os grandes místicos do cristianismo e de outras religiões mundiais receberam sua primeira iluminação ou em situações de extrema adversidade ou numa forma que parecia inicialmente uma abrasadora aflição. Deve-se lembrar também quão adequadamente a concepção desse primeiro chamado como doença temida vai ao encontro dos requisitos de autenticidade mística tão claramente formulados pelo Professor O'Brien. Além de toda sua dedicação à doença e seu tratamento, tais cultos de possessão femininos são também acredito, movimentos de protesto tenuemente disfarçados dirigidos contra o sexo dominante. Eles desempenham assim papel significativo na guerra dos sexos nas sociedades e culturas tradicionais em que as mulheres não têm meios mais óbvios e diretos para promover seus objetivos. Até um ponto considerável eles protegem as mulheres contra os abusos masculinos e oferecem veículo eficiente para a manipulação de maridos e parentes masculinos. Essa interpretação coincide inteiramente com o aparte brilhante de Ronald Knox, apesar de cáustico, de que no cristianismo, "a partir do movimento montanista, a história do entusiasmo é, em grande parte, a história da emancipação feminina e não é nada tranqüilizadora". Não endosso o último julgamento, mas essa conclusão — que Knox não procura sistematicamente — oferece forte corroboração, vinda de parte algo inesperada, da validade de nossas descobertas em circunstâncias culturais bastante diversas.

Até este ponto nada dissemos sobre o caráter dos espíritos envolvidos nesse tipo de possessão. Acredito que seja de grande interesse e importância que esses espíritos são tipicamente considerados como amorais: eles não têm nenhuma significação moral direta. Cheios de maldade e malícia como são, acredita-se que eles atacam de maneira inteiramente caprichosa e sem nenhuma base de referência ao caráter e conduta moral de suas vítimas. Assim, as mulheres que sucumbem a essas aflições não podem se auto-ajudar e ao mesmo tempo não têm nenhuma responsabilidade por todos os incômodos e gastos envolvidos no subseqüente tratamento. Elas estão, assim, totalmente inocentes; nenhuma responsabilidade cai sobre elas, mas sim sobre os espíritos.

Por não desempenharem nenhum papel na sustentação do código moral das sociedades de que recebem tantas atenções, chamo esses espíritos de "periféricos". Eles quase sempre são também periféricos em outro sentido. Pois, tipicamente, acredita-se que esses espíritos são originados *fora* das sociedades cujas mulheres eles assolam. Freqüentemente são espíritos de povos vizinhos hostis, de maneira que as animosidades entre comunidades locais rivais são refletidas na expressão mística. E se suas vítimas favoritas são usualmente mulheres que, como minorias jurídicas em sociedades tradicionais, também ocupam posição em certo sentido periférica, temos aqui concordância bastante direta entre os atributos dos espíritos, a maneira pela qual são avaliadas as aflições que causam e o *status* de suas vítimas humanas. Periferalidade, segundo o uso que faço do termo, tem esse caráter triplo.

Tais cultos periféricos, conforme tento demonstrar no Cap. 4, também abarcam comumente categorias oprimidas de homens que estão sujeitas a fortes discriminações em sociedades rigidamente estratificadas. A possessão periférica está, conseqüentemente, longe de ser um monopólio seguro das mulheres e não pode assim ser explicada plausivelmente em termos de qualquer tendência inata para a histeria por parte delas. E onde os homens de baixa posição social estão envolvidos apesar de existirem ostentivamente apenas para curar doenças, tais cultos expressam os protestos dos politicamente impotentes. Nossa própria experiência contemporânea de grupos e cultos de protesto marginais deve nos ajudar a apreciar o que está envolvido nesse caso.

Em sua função social primária a possessão periférica emerge assim como uma estratégia agressiva oblíqua. A pessoa possuída está doente sem nenhuma culpa pessoal. A doença requer tratamento que seu (ou sua) mestre(a) tem de fornecer. No estado de possessão o paciente é pessoa altamente privilegiada: permitem-se-lhes muitas liberdades com aqueles que em outras circunstâncias têm de ser tratados com respeito. Além disso, por mais custosa e inconveniente que seja para aquele cujo *status* normal o faz subserviente, a cura é sempre incompleta. Ocorrem recaídas sempre que aparecem dificuldades com seus superiores. Claramente, nesse contexto, a possessão funciona como auxílio aos interesses dos fracos e oprimidos que de outra forma contam com poucos outros meios efetivos para pressionar suas reivindicações por atenção e respeito.

Essa interpretação da possessão periférica como forma de ataque místico sugere imediatamente paralelos com o emprego de acusações de bruxaria para expressar agressão entre rivais e inimigos. Acusar alguém de tê-lo enfeitiçado é no entanto, atacá-lo muito mais aberta e diretamente e representa estratégia muito mais drástica que a que está implícita nas tortuosas manobras da possessão periférica. A pessoa possuída manipula seu superior sem questionar radicalmente sua superioridade. Ele ventila suas animosidades reprimidas sem questionar a legitimidade última das diferenças de *status* compreendidas na ordem hierárquica estabelecida. Se a possessão periférica é assim um gesto de desafio, é também de desesperança. Conclui-se dessas distinções que deveríamos esperar que essas duas estratégias distintas deveriam funcionar em diferentes contextos sociais, e isso é em grande parte o que encontramos na prática. No entanto, atinge-se também uma síntese altamente significante entre ambas. Descobriremos que aqueles que, como mestres de espíritos, diagnosticam e tratam doenças em outros, correm eles mesmos o risco de serem acusados de bruxos. Pois se seu poder sobre os espíritos é tal que eles podem curar os doentes, por que não poderiam também, algumas vezes, causar o que curam? Pensando dessa maneira o sistema manipulado que tolera relutantemente crises de doenças de possessão incontroladas entre seus dependentes, volta-se contra os líderes desses cultos rebeldes e denuncia-os firmemente como bruxos. Assim acredito, os membros mais ambiciosos e agressivos desses cultos insurretos são mantidos em cheque, atingidos, por assim dizer, por suas próprias armas.

Ficará claro que quaisquer que sejam os benefícios místicos ou psicológicos conferidos pela possessão periférica, ela consegue também outras recompensas mais tangíveis. Continuando isso, seguimos para os Cap. 5 e 6 para explorar as funções da possessão nos locais onde ela deixou de ser apenas o recurso dos fracos e humilhados e se tornou a expressão mística em cujos termos homens de substância competem pelo poder e autoridade na sociedade em geral. Aqui o entusiasmo emerge de sua reclusão às margens da sociedade para a luz clara do dia. Agora estamos em território mais familiar desde que estamos tratando com aspectos extáticos das religiões principais. O caminho que seguiremos já nos foi indicado pela observação de Knox de que os líderes religiosos se voltam para o êxtase quando querem fortalecer e legitimar a sua autoridade. Enquanto os cultos que chamamos de periféricos envolviam espíritos que eram sublimemente indiferentes à conduta moral da humanidade, agora tratamos de forças místicas que são vistas abertamente como rigidamente moralistas. Ao inspirarem os homens a altas posições, agem também como censores da sociedade. Sua intervenção nos negócios humanos é produto direto das ofensas humanas e da comissão de erros morais. Sua tarefa é exaltar e sustentar a moralidade pública.

Em distinção aos cultos periféricos com suas funções mais limitadas e especializadas, referir-me-ei a esses sistemas inteiramente moralizadores de crenças extáticas como "religiões de possessão da moralidade principal" ou, mais simplesmente e menos barbaramente, como "religiões de possessão central". Distinguirei dois tipos: aquelas que envolvem espíritos ancestrais (Cap. 5) e aqueles que envolvem divindades mais autônomas que não são apenas versões sacralizadas dos viventes (Cap. 6). Em ambos os casos, examinaremos como os sacerdotes inspirados ou xamãs, que têm acesso privilegiado a essas forças sobrenaturais, diagnosticam os pecados e prescrevem as penitências apropriadas. A autoridade política e legal exercida por esses detentores das posições religiosas é, como veremos, em grande parte uma função da disponibilidade de outras entidades mais especializadas de controle social e político. Em sociedades altamente atomizadas sem posições políticas claramente definidas e seguras, o xamã se estabelece como líder onicompetente, regulando o relacionamento tanto entre os homens como entre os homens e os espíritos.

Se certas religiões extáticas permitem assim que o êxtase regule a maior parte dos aspectos das vidas de seus membros, todas as provas indicam que quanto mais alicerçadas e fortemente baseadas se tornam as autoridades religiosas, mais hostil vem a ser em relação à inspiração casual. Novas crenças podem anunciar seu advento com um florescimento de revelações extáticas, mas uma vez que estão seguramente estabelecidas têm pouco tempo ou tolerância para o entusiasmo. Pois o entusiasta religioso, com sua reinvidicação direta de conhecimento divino, é sempre uma ameaça à ordem estabelecida. Quais são então os fatores que inibem o desenvolvimento dessa atitude em relação ao êxtase e mantêm a possessão em ebulição? As provas empíricas, que revisamos, sugerem que pelo menos parte da resposta está nas pressões sociais e ambientais agudas e constantemente recorrentes que militam contra a formação de grupos sociais grandes e seguros. Pois, como veremos, as sociedades em que cultos de possessão central persistem são geralmente aquelas compostas de unidades sociais pequenas, fluidas, expostas a condições físicas particularmente severas ou comunidades conquistadas sob o jugo de opressão externa. Assim, igual aos cultos periféricos, as circunstâncias que encorajam a resposta extática são precisamente aquelas em que os homens se sentem constantemente ameaçados por pressões severas que não sabem como combater ou controlar, exceto através dos heróicos vôos do êxtase através dos quais tentam demonstrar que são iguais aos deuses. Assim, se o entusiasmo é uma resposta à opressão e repressão, aquilo que ele procura proclamar é o domínio humano triunfante de um ambiente intolerável.

Isso nos traz diretamente à questão crucial da significação psicológica da possessão. Se releguei a discussão das interpretações psicológicas do êxtase a meu capítulo final, isso não se deve ao fato de que as considere sem importância. Meu objetivo é finalmente trazer-nos de volta ao nosso mundo, relacionando essas experiências em grande parte exóticas de culturas externas às nossas condições contemporâneas através da psicologia e psiquiatria, uma vez que é dentro do assunto estudado por essas disciplinas que encontramos material diretamente comparável hoje em dia. Como já revelei muito do que pretendo tratar neste livro, deixo para o leitor explorar por si mesmo os argumentos do capítulo final. Gostaria de acrescentar apenas que tal é a incidência da pressão mental e da doença em nossa cultura contemporânea, que fazemos bem em ponderar como tantas crenças e experiências, que relegamos à psicologia anormal, encontram em outras culturas uma válvula de escape segura e satisfatória no êxtase religioso.

Finalmente, minhas desculpas, se desculpas são necessárias, pois o extenso sumário dos argumentos deste estudo é aquele em que se procura abrir uma linha de abordagem em grande parte nova e examinar velhos dados de um novo ângulo; o autor deve-as ao leitor ao indicar a direção geral que pretende seguir. Não gosto, em particular, dos termos analíticos "periférico" e "central" que achei tão úteis. Mas desde que mantenho posições muito definidas a respeito das realidades a que considero que eles se referem, pareceu-me essencial tornar, desde o início, perfeitamente clara a maneira como são aplicados esses conceitos. Pode-se perceber que muito do meu tratamento das provas sobre possessão e xamanismo correspondem de perto à abordagem agora em voga, que é quase sempre dignificada com o título de "análise transacional". Pelo que ele possa valer, meu próprio lema, mais limitado, no presente contexto é, que até um ponto significativo, a possessão é aquilo que a possessão faz.

Apontando assim certas funções sociais preenchidas pela possessão não quero afirmar que isso esgote as capacidades funcionais do fenômeno, nem considero que em sentido completo isso explique sua existência. Uma vez demonstrado o que é feito com fins seculares em nome da religião, alguns antropólogos ingenuamente supõem que nada resta para ser dito. Assim, eles deixam sem explicação os aspectos místicos característicos que distinguem a religião do secular, e fracassam ao considerar a rica diversidade dos conceitos e crenças religiosas. Apesar de minhas ambições não chegarem a querer explicar esses aspectos particulares das religiões extáticas, procuro revelar algumas de suas fundações, tanto psicológicas como sociais, sobre as quais é baseada a resposta mística. Perseguindo esses alvos, compreendo, evidentemente, que devo parecer algumas vezes permitir-me ser levado a conclusões que forçam um pouco as provas existentes. Quando isso acontece só posso argumentar que o entusiasmo é contagioso.

2. TRANSE E POSSESSÃO

I

Rasmussen, o grande explorador do Ártico e etnógrafo dinamarquês, narra como um dos padres inspirados, ou xamãs esquimós, que encontrou, havia procurado em vão instruções para a sua vocação mística junto a outros xamãs. Finalmente, como Santo Antão, o fundador dos anacoretas, esse neófito esquimó buscou inspiração no isolamento e partiu para uma vigília solitária no deserto. "Pouco depois de chegar lá", disse a Rasmussen, fiquei melancólico. Às vezes, caía em prantos e me sentia infeliz, sem saber por quê. Depois, sem razão alguma, tudo mudava subitamente e eu sentia uma grande e inexplicável alegria, tão forte que não conseguia controlar e tinha de cantar, um canto forte, com espaço para apenas uma palavra: alegria, alegria! E tinha de usar a força total de minha voz. E então, em meio a um tal ataque de misterioso e arrebatador prazer, tornei-me um xamã, sem que eu mesmo soubesse como aconteceu. Mas eu era um xamã. Podia enxergar e ouvir de maneira totalmente diversa. Eu recebera minha iluminação, a luz xamanística do corpo e da mente e isso de uma tal maneira que não era apenas eu que podia ver através das trevas da vida, mas a mesma luz intensa também emanava de mim, imperceptível aos seres humanos mas visível a todos os espíritos da terra e do céu e do mar, e esses vinham agora a mim para se tornarem meus espíritos auxiliadores (Rasmussen, 1929, p. 119).

Essa vívida recordação de um xamã esquimó evoca inúmeras descrições de experiências extáticas similares tanto nas religiões universalistas do mundo, quanto nas religiões tribais mais exóticas das quais este livro se ocupa primordialmente. É também diretamente análoga ao crescente volume de relatos de experiências místicas provocadas pelas chamadas "drogas sacramentais" do tipo do LSD. Um indivíduo americano, por exemplo, apresentou recentemente a mesma resposta a uma sessão com essa droga, narrada em linguagem semelhante se bem que mais pretensiosa:

Mas então, num estalo de iluminação, compreendi que esse gênio perfeito que eu concebera nada mais era que um minúsculo e miserável microcosmo, contendo apenas um vago reflexo do infinitamente mais complexo e enormemente vasto macrocosmo, a Mente de Deus. Entendi que apesar de toda sua maravilhosa precisão esse homem-mente, mesmo no exercício absoluto de todas as suas faculdades, nunca poderia ser mais que um débil reflexo do Deus-mente, à imagem do qual o homem-mente foi tão miraculosamente criado. Enchi-me de temor a Deus enquanto meu Criador e depois de amor a Deus enquanto Aquele que me sustenta, da mesma forma como eu parecia alimentar de imagens a minha própria mente... E maravilhei-me ainda mais com o sentimento que tinha agora de que, de alguma forma, a atenção de Deus se focalizava em mim e que eu era iluminado por Ele. Vieram-me lágrimas aos olhos e eu os abri para uma sala em que me parecia que cada objeto havia sido, de alguma forma, tocado pela sublime Presença de Deus (Masters & Houston, 1967, p. 264).

As tentativas de subestimar esse misticismo induzido por drogas, rotulando-o de "religião instantânea", não nos deve deter aqui. Nem devemos impropriamente perturbar-nos pelo fato dos arquivos psiquiátricos abundarem em descrições de experiências místicas semelhantes, avaliadas subjetivamente. A distinção entre loucos e místicos, que abordaremos mais adiante, é um problema com o qual se depara a maior parte das religiões.

Para os nossos propósitos, tudo que precisamos notar no momento é a universalidade da experiência mística e a notável uniformidade da linguagem e simbolismo místicos. No entanto, precisamos também de um termo neutro que denote o estado mental do paciente de tais experiências. Empregarei aqui a palavra "transe", utilizando-a em seu sentido médico geral que o *Penguin Dictionary of Psychology* define convenientemente como: "estado de dissociação, caracterizado pela falta de movimento voluntário, e, freqüentemente, por automatismo de ato e pensamento, representados pelos estados hipnótico e mediúnico". Assim entendido, transe pode compreender dissociação mental completa ou apenas parcial e é, freqüentemente, acompanhado de visões excitantes ou "alucinações", cujo conteúdo nem sempre é lembrado subseqüentemente de maneira tão clara quanto nas duas experiências citadas anteriormente.

Como bem se sabe, estados de transe podem ser imediatamente induzidos na maioria das pessoas normais por uma série de estímulos, aplicados separadamente ou combinados. Técnicas consagradas pelo uso incluem a ingestão de bebidas alcoólicas, sugestão hipnótica, rápido aumento do ritmo respiratório, inalação de fumaças e vapores, música e dança; e a ingestão de drogas como a mescalina ou ácido lisérgico e outros alcalóides psicotrópicos. Mesmo sem contar com esses recursos, o mesmo tipo de efeito pode ser produzido, se bem que mais lentamente, devido à natureza dos meios empregados, através de mortificações e privações, quer auto, quer externamente impostas, tais como o jejum e a contemplação ascética (*e.g.* "meditação transcendental"). O efeito inspirador da privação sensorial, implícito na típica "fuga" para o deserto, também tem sido bastante documentado em recentes experimentos de laboratório.

Sejam quais forem os métodos empregados, nossa preocupação imediata é com a interpretação dada pelas diferentes culturas aos estados de transe. Colocamos aqui a questão do significado culturalmente estandardizado, e portanto "normal", do transe em diferentes comunidades. Conformes à nossa própria tradição cristã, tendemos a equacionar transe e possessão, seguindo assim o que é — como veremos a seguir — uma das mais difundidas explicações da dissociação mental. Entretanto, o cristianismo ortodoxo, assim como outras religiões estabelecidas, tem em geral procurado diminuir as interpretações místicas do transe quando aqueles que o experimentaram reivindicam seu reconhecimento como revelação Divina. E por isso, apesar de dificilmente se poder ignorar as inúmeras visões dos místicos cristãos, nos casos em que a Igreja aprovou ou honrou essas figuras ascéticas, isso quase sempre se deu com base em outros fatos. A sanção da heresia funcionou como poderoso inibidor na repressão e descrédito das experiências místicas estritamente pessoais. Na verdade, é principalmente no contexto de estados de transe atribuídos à obra do Diabo que se encontra o reconhecimento eclesiástico oficial da possessão. Hoje em dia, porém, dentro da Igreja Católica, o grande número de casos que na Idade Média seria prontamente diagnosticado como possessão demoníaca, se limita aos poucos exemplos que os psiquiatras católicos não se sentem capacitados a explicar em termos mais prosaicos. Esse pequeno resíduo é tudo o que resta do vasto espectro de comportamento histérico e de transe que eram antigamente atribuídos ao trabalho do Diabo e seus agentes. Todos os outros casos são tratados como "pseudopossessão" explicável em termos da ciência moderna.

Fora da Igreja Católica, para a maioria dos psiquiatras e psicanalistas, a verdadeira possessão não existe em nosso mundo moderno. Todos os casos que envolvem a ideologia da possessão são considerados satisfatoriamente explicáveis sem recorrer à crença na

1a.
Mulheres dançando num ritual dionisíaco, de um vaso grego, século V a.C. Os cultos de êxtase clandestino sempre atraíram seguidores entre os fracos e oprimidos e particularmente entre as mulheres de sociedades dominadas por homens.

1b.
Atualmente, no norte da República do Sudão o culto *zar* envolve de forma semelhante as mulheres que não participam como iguais do mundo islâmico dos homens. A foto mostra a líder de um grupo *zar* com o tambor em que são tocados os ritmos dos diferentes espíritos.

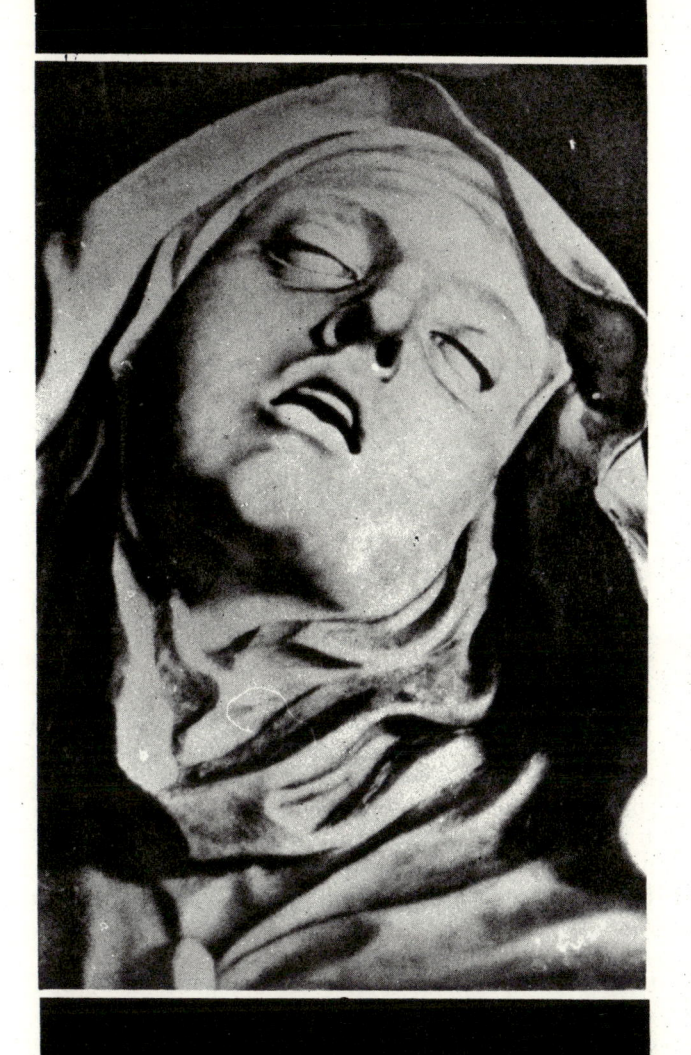

2.
O êxtase de Santa Teresa, de uma escultura de Bernini. Como outros místicos cristãos, Santa Teresa descreveu sua experiência extática como um "transporte" com seu "Esposo" (Cristo), culminando na exaltação espiritual que ela chamou de "ferida de amor".

existência do Diabo — ou de Deus. De fato, a própria psiquiatria utiliza atualmente uma ampla gama de terapias que são especificamente destinadas a provocar estados de transe, ou semelhantes ao transe, nos quais o paciente, liberado por drogas ou hipnose de suas repressões costumeiras, libera-se para poder vomitar experiências traumáticas reprimidas através de catarse. Nisso, para a maioria dos psiquiatras, senão para todos os psicanalistas não há nenhuma implicação de que essas técnicas sejam inerentemente místicas. Pelo contrário, sustenta-se que elas atuam no sistema nervoso central através de processos científicos que, apesar de ainda não totalmente conhecidos, não são de forma alguma impenetráveis.

Essa interpretação secular não-mística do transe e da dissociação, que evidentemente não é totalmente aceita pelos espíritas ocidentais, pelos pentecostais, por alguns quacres e por muitas das novas seitas *pops,* não é, de maneira alguma, monopólio da ciência moderna. Entre os conservadores nômades pastorais samburus do Quênia do Norte, Paul Spencer (Spencer, 1965) descreve vividamente estados de transe que no próprio meio cultural local não envolvem nenhuma etiologia mística. Ali os homens samburus, entre quinze e trinta anos, que compõem o grupo de guerreiros solteiros chamados *morans,* caem prontamente em transe em determinadas circunstâncias. Esses "sorteados", suspensos entre a infância e a idade adulta, numa adolescência incomodamente prolongada, caem em transe regularmente, sacudindo o corpo em extrema agitação, diante de situações frustrantes. Circunstâncias precipitadoras típicas são: quando um grupo de *morans* é superado nas danças por um grupo rival diante de garotas; ou quando uma de suas garotas é levada em casamento; durante a iniciação; ou quando estão para ser substituídos por um novo grupo de homens mais jovens. De maneira semelhante, fora desses cenários tradicionais, os soldados samburus podem sofrer os ataques durante desfiles, ou quando emboscados. Todas as evidências nesse caso mostram conclusivamente que essa é a resposta culturalmente condicionada à tensão e ao perigo, que não é interpretada misticamente e, na realidade, considerada pelos samburus como um sinal de virilidade e auto-afirmação. Uma vez ultrapassado o grau de *moran*, casados e amadurecidos, eles param de sofrer os ataques. Para o homem adulto já não é culturalmente apropriado apresentar esse tipo de resposta. Em todas essas experiências de transe, não há nenhuma implicação de que todos aqueles que sofrem ataques estão possuídos por espíritos. A possessão não faz parte de ideologia samburu.

De maneira bastante semelhante, na tribo abelam da Nova Guiné (Forge), os jovens solteiros em privações apresentam às vezes todos os sintomas que em muitas outras sociedades seriam interpretados como sinais de possessão. Denominados, nesse estado, por uma palavra que significa literalmente "surdo" e que descreve com clareza sua dissociação, esses homens apresentam gestos histericamente agitados e (aparentemente) violência incontrolável. Tais crises são toleradas naqueles que ocupam essa posição e, na verdade, granjeiam-lhes respeito especial, até certo ponto. Mas aqui também não há qualquer idéia de que esse estado seja devido à possessão por espíritos. Apesar de não haver total evidência, o mesmo caso parece se dar na Nova Guiné com um fenômeno mais amplo, conhecido como "loucura de cogumelo", na qual o comportamento de transe é associado à ingestão de certos fungos.

Essa interpretação não-mística do transe aplica-se também, apesar de não inteiramente, à mania de dança medieval chamada tarantismo, que, no século XV, assolou a Itália, no despertar da Peste Negra. Essa foi a versão italiana da extraordinária epidemia que um pouco antes havia contagiado a Alemanha, Holanda e Bélgica. Nesses países a doença foi associada aos nomes de São Vito e São João Batista, pois era nos altares dedicados a esses santos que os dançarinos buscavam alívio a suas aflições. Quer fosse conhecida como Dança de São Vito, quer como tarantismo, seus sintomas e as circunstâncias em que ocorreu eram geralmente os mesmos. Nas épocas de privação e miséria, os membros mais abusados da sociedade sentiam-se tomados de uma irresistível vontade de dançar selvagemente, até atingirem o estado de transe e tombarem exaustos — e, em geral, curados, pelo menos temporariamente. Relatos da época contam como os camponeses abandonavam seus arados; os mecânicos, suas oficinas; as donas-de-casa, os seus afazeres domésticos; as crianças, os seus pais; os criados, seus patrões — e todos mergulhavam de cabeça na bacanal. A dança frenética se estendia por horas seguidas, com os dançarinos berrando e gritando e, quase sempre, com a boca espumando. Muitos gozavam de estranhas visões apocalípticas, pois os céus pareciam se abrir diante de seus olhos, mostrando o Salvador em Seu trono, com a Santa Virgem a seu lado. Algumas vezes os indivíduos eram tomados primeiro por ataques epileptiformes. Arquejando, lutando para respirar, caíam convulsos para só levantar de novo para dançar com fortes movimentos convulsivos.

Apesar dessa "mania dançarina", conforme Hecker a chama, ter sido notadamente uniforme em seu caráter e incidência, não era interpretada da mesma maneira em todos os lugares. Nos Países Baixos, a doença era normalmente vista como uma forma de possessão demoníaca e freqüentemente tratada por exorcismo. O mesmo método era também empregado algumas vezes pelos padres na Itália. Mas ali, como seu nome local — tarantismo — indica, era mais freqüentemente atribuída à picada venenosa da tarântula que à possessão do Demônio. Como nos outros lugares, os que sofriam da doença apresentavam extrema sensibilidade à música e, ao som da ária apropriada, dançaçvam até atingir o transe, depois do que, tombavam exaustos e, pelo menos momentaneamente, curados. Uma vez descoberta a canção apropriada à estimulação do paciente, uma única aplicação dessa terapia de dança e música bastava para anular a aflição por um ano inteiro.

No século XV havia na Itália a crença generalizada de que, dançar ao som de pífanos, clarinetas e tambores, especialmente ao ritmo vivo da tarantela (batizada em honra da aranha) fazia com que o veneno da picada da tarântula circulasse pelo corpo da vítima, vindo a ser expelido inofensivamente através da pele, na transpiração. De fato, até o século XVII, grupos de músicos costumavam percorrer o país nos meses de verão, quando a doença atingia seu ponto mais alto, tratando os taranti das diversas vilas e cidades em enormes reuniões. Devido à marcante predominância de vítimas femininas, essas reuniões passaram a ser conhecidas como "Carnaval de Mulheres". Apesar da incidência do tarantismo haver declinado muito desde então, ele ainda sobrevive numa forma atenuada nas vilas mais remotas e atrasadas do sul da Itália (de Martino, 1966).

Examinarei mais amplamente esse interessante fenômeno num capítulo posterior. Minha preocupação agora é apenas frisar que, contrastando com a Dança de São Vito e de São João, o tarantismo sempre foi considerado por muitos como uma doença causada pela picada tóxica da tarântula, não envolvendo nenhuma etiologia mística. Pesquisas mais recentes estabeleceram que há dois tipos de tarântulas e que somente um é, na verdade, venenoso, com uma picada capaz de produzir os sintomas encontrados no tarantismo. Paradoxalmente, não é esse tipo venenoso, mas sim a outra variedade de tarântula totalmente inofensiva, maior e mais ameaçadora em aspecto, que parece predominantemente no tarantismo. Voltaremos mais tarde às implicações desta descoberta.

Finalmente, mesmo em culturas onde o transe é regularmente e, na verdade, normalmente interpretado misticamente, alguns casos podem ser explicados em termos não místicos. Entre os pastores tungues de renas da Sibéria, que fornecem o *locus classicus* do xamanismo (pois xamã é palavra tungue), os estados histéricos, apresentando tremores e imitação compulsiva de palavras e gestos, não são sempre necessariamente atribuídos à ação de espíritos. De fato, o termo *olon* (de um verbo que significa estar amedrontado) é usado para designar as pessoas que exibem esse comportamento mas não são consideradas possuídas por espíritos. Nesse caso, os sujeitos são, algumas vezes, mulheres jovens que repetem incontrolavelmente expressões obscenas, tabus na presença de velhos e homens. Essas donzelas recatadas empregam então uma linguagem reservada normalmente aos mais velhos e superiores; e acrescentam o insulto à injúria ao fazê-lo na companhia daqueles aos quais deveriam respeitar e honrar. Isso envolve, portanto, um elemento de comportamento rebelde e ostentivo, que está muito claro em meu favorito exemplo desse fenômeno. Refere-se ao escândalo do Terceiro Batalhão de Cossacos Transbaicalianos (da Tungúsia). O batalhão ouvia um violento discurso de seu irascível coronel russo quando, de repente, começou a repetir todas as suas ordens e gestos e, quando estas não foram obedecidas, arremedaram também a torrente de palavrões que se seguiu. Não se sabe o que aconteceu depois e isso, de qualquer forma, é irrelevante aqui. Devemos notar, no entanto, que comportamentos desse tipo, não interpretados como de origem mística, adquirem rapidamente, entre os tungues, aspectos onde uma etiologia mística é invocada.

II

O estado de dissociação mental (que pode variar muito consideravelmente em grau) e que, por conveniência, chamamos aqui de transe, está, conforme as circunstâncias em que ocorre, sujeito a diferentes controles culturais e a diversas interpretações culturais. De fato, da mesma forma que se dá com a adolescência, o transe está sujeito a definições tanto fisiológicas quanto culturais. Algumas culturas seguem o mesmo espírito de nossa própria prática médica, se bem que não em detalhe, encarando essa condição como um estado de aberração mental que não envolve nenhum favor místico. Outras culturas vêem o transe como misticamente provocado; e outras ainda interpretam o mesmo fenômeno fisiológico de diferentes maneiras em diferentes contextos. A existência de interpretações rivais e, aparentemente, mutuamente opostas do transe, ocorre evidentemente em nossa própria sociedade. Com o progresso da ciência médica, a incidência de estados de transe interpretados pela Igreja como casos de possessão tem decrescido progressivamente desde a Idade Média. Mesmo assim, fora desses rígidos limites da religião estabelecida, cultos paralelos cada vez mais retomam a interpretação mística do transe como sinal de inspiração divina. Certamente é esta a maneira como o transe é dominantemente compreendido em movimentos de predicantes tais como a "Liga Bíblica" nos Estados Unidos, e parece também estar crescendo em significação nas seitas de protesto mais recentes que empregam drogas como o LSD e outros estimulantes psicotrópicos.

O salto ideológico de uma avaliação não-mística para uma avaliação mística do transe pode•ser ilustrado pelo culto *Indian Shaker**, fundado por John Slocum no Estado de Washington, no fim do século passado (Barnett, 1957). Aqui, a agitação corporal incontrolável e estados de transe obtidos em serviços religiosos de alta carga emocional, eram chamados de "tremor", da mesma maneira que já registramos na tribo samburu do Quênia. Mas, enquanto para os samburus essa situação não tinha nenhuma implicação mística, entre os *Shakers* (assim como com os primeiros quacres) cada ataque representa uma manifestação do Espírito Santo. O transe é personalizado e objetivado, de tal forma que o índio se refere ao "seu tremor" como um poder ou força vital específica e as pessoas dirão em apoio às suas convicções: "Tal e tal é verdade, porque o meu tremor me revelou". Aqui o transe se tornou possessão divina.

No entanto, se a possessão por um espírito ou uma entidade externa pode ser uma explicação do transe, não se pode concluir que todas as possessões por espírito envolvam necessariamente o transe. Muitas das confusões que se fazem na literatura referente à possessão por espíritos resulta diretamente da suposição de que esses dois estados são sempre e necessariamente equivalentes. Como veremos progressivamente, em muitas culturas onde a possessão por espírito é a interpretação única ou principal do transe, a possessão pode ser diagnosticada muito antes do verdadeiro estado de transe ser atingido. Freqüentemente uma doença, por exemplo, é vista como uma forma de possessão e, no entanto, o paciente possuído está longe de estar em transe. Regularmente, na verdade, somente no real tratamento da possessão, seja por exorcismo, seja por outro procedimento que vise uma acomodação viável

* Tremor Índio (N. do T.)

entre a vítima e a entidade possuidora, é que se induz o transe em seu sentido próprio. Conforme notou T. K. Oesterreich, grande estudioso alemão do aspecto médico da possessão, a respeito dos tratamentos medievais, freqüentemente era apenas no ápice do exorcismo clerical que a "possessão" (i. é. transe) ocorria no sentido clínico real. Essa penetrante observação corresponde muito bem às provas das experiências de Charcot no hospital mental de Salpêtière em Paris, na segunda metade do século XIX. Ali, como agora parece claro, era o grande médico, ele próprio, quem induzia freqüentemente as mais extravagantes manifestações de "grande histeria" em seus pacientes!

A possessão por espírito abarca, portanto, uma gama de fenômenos mais ampla que o transe e é regularmente atribuída a pessoas que nem de longe estão mentalmente dissociadas, apesar de poderem chegar a isso no tratamento a que subseqüentemente se submetem. É uma avaliação cultural da condição da pessoa e significa precisamente o que diz: uma invasão do indivíduo por um espírito. Portanto, não nos cabe julgar quem está ou não realmente "possuído". Se alguém é, em seu próprio meio cultural, considerado em termos gerais como possuído por um espírito, então essa pessoa está possuída. Esta é a definição simples que seguiremos neste livro. Com isso, evidentemente, não se nega que há vários graus de possessão. Como veremos a seguir, essa definição é amplamente reconhecida nas culturas que empregam essa etiologia mística.

A possessão por espírito é, portanto, uma das principais e mais amplamente divulgadas interpretações do transe e de outros estados associados. A outra grande teoria mística é a que atribui esses estados a uma ausência temporária da alma da vítima e, em conseqüência, é normalmente conhecida em antropologia como "perda de alma". O antropólogo belga Luc de Heusch argumentou, recentemente, que essas duas explicações místicas são interdependentes (de Heusch, 1962). A possessão só pode ocorrer se, ao mesmo tempo, acontecer uma "despossessão" do eu, tal como ocorre na teoria da perda da alma. À primeira vista isso parece fazer muito sentido. Mas, na prática, descobrimos que, enquanto essas explicações podem co-existir em algumas culturas ou em alguns contextos de transe numa sociedade determinada, outros povos, mesmo definindo explicitamente essa inferência lógica, não se preocupam em ressaltá-la. O caso se complica ainda mais com o fato de que, em muitas culturas, considera-se que o homem possui não uma, mas sim várias almas. Uns poucos exemplos mostrarão a complexidade da situação.

Os índios yaruros da Venezuela seguem claramente a lógica de Heusch. Eles acreditam que, quando seus xamãs viajam para a terra dos espíritos, deixam atrás de si apenas uma casca de sua personalidade. Esse resíduo serve como um elo no canal de comunicação que eles estabelecem com os poderes espirituais quando em transe. Nesse estado de despossessão são possuídos por um espírito auxiliar visitante. Aqui, clara e bastante explicitamente, a perda da alma é vista como uma condição prévia necessária para a possessão do espírito. Os caribes akawaios da Guiana adotam um ponto de vista bastante semelhante que expressam de maneira muito imaginativa. Acreditam que, no transe, induzido pela mastigação de tabaco, o espírito (ou alma) do xamã torna-se muito pequeno e leve, sendo capaz de desligar-se de seu corpo e voar aos céus, com o auxílio de "espíritos ascensores". Um papagaio de papel com rabo da andorinha, conhecido coloquialmente como "mulher clarividente", ajuda o espírito do xamã a voar muito alto para se comunicar com outros espíritos. Ao mesmo tempo, seu corpo, que é abandonado como um receptáculo vazio, se enche de vários espíritos da floresta. São estes que agora possuem o corpo e falam através dele. No entanto, para complicar ainda mais, os akawaios acreditam também que o corpo do xamã pode ser ocupado concomitantemente por vários fantasmas ou espíritos, assim como por sua própria alma ou espírito. De fato, os familiares de um xamã bem sucedido, permanecem com ele o tempo todo. Assim, ele pode estar em um estado de possessão latente constante, mas só ocasionalmente, em sessões, chegar ao transe completo (Butt, 1967).

Da mesma forma, no vodu haitiano, pelo menos segundo as doutrinas dos próprios sacerdotes xamanistas, quando um espírito *loa* se introduz na cabeça de um indivíduo, ele expulsa primeiro seu *gros bon ange,* uma das duas almas que cada pessoa carrega dentro de si. Essa evasão temporária da alma "anjo bom" provoca tremores e convulsões, que são características de estágios iniciais da possessão e do transe. De forma semelhante, entre os membros da tribo saora, de Orissa, na Índia, quando o xamã entra em transe e os espíritos baixam nele, a própria alma é temporariamente expelida e o espírito toma o seu lugar no coração ou no pomo de Adão. Finalmente, nessa mesma veia, os tungues árticos acreditam que cada homem tem duas ou três almas. A primeira alma pode deixar o corpo provocando inconsciência, mas nada mais sério. No entanto, a ausência prolongada da segunda alma, provoca a morte; depois da morte, essa alma vai para o mundo dos mortos. A terceira alma permanece com o corpo até que ele esteja decomposto e então deixa-o para continuar vivendo com os parentes do morto. O xamanismo tungue, como veremos, compreende a possessão que pode ser acompanhada pelo deslocamento de uma dessas três almas.

Entre numerosos outros povos, com os quais nos ocuparemos neste estudo, entretanto, a implicação de que a possessão por um agente externo só pode ocorrer quando a alma do paciente foi temporariamente deslocada não é enfatizada e, algumas vezes, não chega a receber reconhecimento explícito. Essa é, por exemplo, a posição dos nômades muçulmanos somalis do nordeste da África, onde a possessão é concebida como "penetração" por um espírito, sem nenhuma doutrina que compreenda a ausência de alma da pessoa. Acreditam que esta, em todo caso, deixa o corpo humano somente na morte. E mesmo quando, como em alguns casos que examinaremos mais tarde, acredita-se que uma pessoa possui outra — sendo o agente possessor, em certo sentido, uma emanação de uma pessoa viva — isto não envolve necessariamente o deslocamento de alma de nenhum dos participantes. Essa ausência de preocupação explícita com o mecanismo interno da possessão é, de fato, uma característica geral de grande número de culturas onde a doutrina da possessão é acentuada.

Ao contrário, em muitas outras sociedades em que a possessão recebe pouca ênfase na interpretação do transe e da doença, a perda de alma é um dos elementos primordiais para a explicação desses fenômenos. Na África, esse padrão de explicação, que compreende a perda de alma sem possessão, parece, em geral, raro. Um bom exemplo, no entanto, que servirá para ilustrar essa distinção, nos vem dos caçadores e tribais bosquímanos, do deserto de Calaari, na África do Sul. Nesta cultura, os estados de transe são monopólio dos homens. São usados terapeuticamente para liberar o poder do espírito no corpo humano na luta contra as forças do mal que causam a doença e para curar a doença dos aflitos. Nas cerimônias terapêuticas, dançadas ao som de cantos e palmas, os adultos se auto-induzem a um estado de transe. Nessa atmosfera estimulante, o espírito (ou alma) ferve no corpo do homem e sobe-lhe à cabeça. A percepção é alterada. As coisas parecem menores que o usual e parecem flutuar no ar. Conseqüentemente o espírito abandonará temporariamente o corpo e se lançará à luta contra os poderes que o bosquímano teme como causa da doença e da morte. Nesse estado espiritualmente ativo, os homens pousam as mãos no paciente e friccionam suor em seu corpo até que ele seja dado como curado. O transe de perda de alma ocorre algumas vezes espontaneamente, como reação a um susto ou a uma experiência aterrorizante. A presença de um leão atacante, por exemplo, pode denotar esses estados de transe. Como entre os samburus, cuja concepção não-mística do transe foi examinada anteriormente, os bosquímanos associam o transe de perda de alma com expressões de medo e agressão (Marshall, 1969, pp. 347-81).

A ênfase culturalmente determinada na perda de alma, mais do que na possessão por espírito, é um tema religioso altamente desenvolvido em muitas sociedades de índios norte-americanos. Fora dessa área, a possessão é o elemento dominante ou coexiste, em vários graus de intensidade, com a perda de alma, na explicação do transe e de fenômenos associados. É principalmente com essa ideologia da possessão que nos interessamos neste livro.

III

Fizemos já livre uso do termo original tungue "xamã" e de seu conveniente derivado antropológico "xamanismo". "Xamã" é amplamente empregado por antropólogos norte-americanos, mas, raramente, por seus colegas britânicos, para denotar uma série de funções sociais, cujo mais baixo denominador comum é o de sacerdote inspirado. Estamos agora em posição de examinar mais detalhadamente as conexões entre o xamã, assim concebido, e a possessão.

Segundo Mircea Eliade, os traços diagnosticáveis do xamanismo, no sentido ártico clássico, são bastante específicos. O xamã é um sacerdote inspirado que, em transe extático, ascende aos céus em "viagens". No decorrer dessas jornadas, ele persuade ou até mesmo luta com os deuses, a fim de assegurar benefícios para seus semelhantes. Aqui, na opinião de Eliade, a possessão por espírito não é característica essencial e nem sempre está presente. Como ele próprio coloca:

> O elemento específico do xamanismo não é a incorporação de espíritos por parte do xamã, mas o êxtase provocado pela ascensão ao céu ou pela descida ao inferno: a incorporação de espíritos e possessão por eles são fenômenos espalhados universalmente, mas não pertencem necessariamente ao xamanismo em sentido estrito (Eliade, 1951, p. 434).

Além disso, segundo Eliade, diversos elementos do complexo xamanístico podem ser atribuídos a diversos estágios do processo histórico:

> Está fora de dúvidas que a ascensão celestial do xamã é um remanescente, profundamente modificado e, às vezes, degradado, da arcaica ideologia religiosa que se centrava na fé em uma Entidade Celestial Suprema e na crença de comunicações concretas entre o céu e a terra... A descida ao inferno, a luta contra os espíritos do mal e também as relações progressivamente familiares com os espíritos que visam sua incorporação ou a possessão do xamã por eles, são todas inovações, em sua maior parte bastante recentes, além de serem atribuídas à transformação geral do complexo religioso (Eliade, 1951, p. 438).

Assim, como outros fenômenos religiosos, o xamanismo está obviamente sujeito ao processo histórico e à mudança. Isso está fora de discussão. Mas alguém que se dê ao trabalho de examinar os dados ficará impressionado pelo caráter frágil e ambíguo das provas que servem de base a essa particular interpretação, tão confiantemente, proferida. Não é necessário, aos nossos propósitos, no entanto, entrar em nenhuma discussão detalhada das probabilidades dessa específica teoria evolucionária do desenvolvimento do xamanismo asiático. Nossa preocupação é verificar se Eliade está certo ao procurar colocar uma distinção entre a possessão por espírito e o xamanismo. Outros escritores desse assunto aceitam claramente sua afirmação. Assim, em seu interessante estudo comparativo, Luc de Heusch procurou desenvolver suas idéias em uma teoria ambígua, e formalista dos fenômenos religiosos. Nela o xamanismo (no sentido de Eliade) e a possessão por espírito são tratados como processos antitéticos. O primeiro é uma ascensão do homem aos deuses; o segundo uma descida dos deuses ao homem. Xamanismo, segundo de Heusch, é, portanto, uma "metafísica ascendente" — um movimento de "orgulho" no qual o homem se vê como um igual dos deuses. A possessão, por outro lado, é uma encarnação. De Heusch desenvolve com isso e outras distinções alegadas, um elaborado complexo de antíteses estruturais que ele, um pouco grandiloqüentemente, descreve como "geometria da alma". Por mais logicamente satisfatórios que esses contrastes hegelianos possam parecer, a questão crucial é descobrir aqui se as provas empíricas sustentam ou refutam a distinção que Eliade e de Heusch procuram fazer entre xamanismo e possessão por espírito.

Para assentar esse ponto temos de nos reportar aos primeiros relatos de xamanismo ártico utilizados por Eliade e também por de Heusch. Quando examinamos essas fontes cuidadosamente descobrimos que essa distinção é, de fato, insustentável. O xamanismo e a possessão por espírito regularmente ocorrem juntas e isso é verdadeiro particularmente para o Ártico, *locus classicus* do xamanismo. Assim, tanto entre os esquimós como entre os chukchee da Sibéria oriental, os xamãs são possuídos por espíritos. Ainda mais significativamente, isso é também verdadeiro para os tungues árticos de cuja língua deriva a palavra xamã e que, portanto, podemos tomar como epítome dos fenômenos em discussão. Comecemos do princípio. A palavra tungue *xamã* (pronunciada *samã* entre os vizinhos manchus) significa literalmente "alguém que está excitado, comovido ou elevado" (e isto, incidentalmente, é muito semelhante às conotações de outras palavras em outras línguas, empregadas para descrever a possessão). Mais especificamente, xamã é uma pessoa de qualquer sexo que dominou os espíritos e que pode, à sua vontade, introduzi-los em seu próprio corpo. De fato, ele freqüentemente encarna esses espíritos e pode controlar suas manifestações, caindo em estados controlados de transe em circunstâncias apropriadas. Como coloca Shirokogoroff, grande autoridade russa nos tungues, o corpo do xamã é um "posto" ou receptáculo para os espíritos. De fato, por seu poder sobre os espíritos que encarna é que o xamã consegue tratar e controlar males causados por espíritos patogênicos em terceiros.

O xamanismo está ligado à estrutura do clã tungue, do qual é, de fato, um componente essencial. Os clãs tungues são unidades pequenas, patriarcais, isoladas umas das outras, raramente contando com mais de mil membros. Além de chefes de família e de linhagem, ou patriarcas e "grandes homens" politicamente significativos que se preocupam primordialmente com a vida secular do grupo, cada clã conta normalmente com pelo menos um xamã coletivamente reconhecido. Esse "mestre dos espíritos" é essencial para o bem-estar do clã, pois ele controla os espíritos ancestrais do próprio clã e outros espíritos forasteiros que foram adotados à sua hierarquia espiritual. Quando em liberdade, esses espíritos são extremamente perigosos para o homem. A maioria é hostil e patogênica e é vista como fonte das muitas doenças que afligem os tungues.

Assim, consideram que a maior parte das doenças tem base mística na ação desses espíritos nocivos. Enquanto o xamã do clã estiver fazendo devidamente o seu trabalho, encarnando esses espíritos e controlando-os pela contenção, tudo vai bem. Na realidade, com o incentivo de oferendas regulares, esses espíritos domados são considerados protetores do clã contra o ataque de outros espíritos forasteiros e também como garantidores da fertilidade e prosperidade de seus membros. Esses espíritos "controlados" podem, portanto, ser utilizados para lutar ou superar outros espíritos hostis que ainda não se tornaram inofensivos através da encarnação humana. Com a ajuda dos espíritos domados, o xamã do clã pode prognosticar e tratar todas as doenças e aflições que afetarem seus parentes. O xamã é assim, em certo sentido, um refém dos espíritos, e Shirokogoroff enfatiza em particular o caráter estrênuo e exigente de seu chamado.

Apesar do xamã trabalhar também em outros contextos, seu centro principal de atividade é a sessão. As sessões podem ser realizadas para manter contato com os espíritos dos mundos superior ou inferior. Por exemplo, o xamã pode ser consultado pelos homens de seu clã para revelar as causas do aparecimento de uma doença, ou para descobrir a razão de uma onda de má sorte na caça. Isto requer que ele invoque os espíritos ao seu corpo e, tendo estabelecido a causa do infortúnio, tomar as devidas ações. Ele pode, por exemplo, julgar apropriado o sacrifício de uma rena aos espíritos do mundo inferior e procurar persuadi-los a remover as dificuldades que seus companheiros estão experimentando.

Outras sessões são dedicadas aos espíritos do mundo superior ou aos espíritos que vivem neste mundo. Os ritos xamanísticos dedicados a espíritos desta última categoria podem compreender: livrar uma pessoa ou clã dos espíritos de um xamã ou clã hostil, ou de outras fontes externas; sacrifícios aos espíritos benevolentes ou malevolentes; e o prognóstico de uma ampla série de aflições com a ajuda dos espíritos do xamã. Algumas vezes, o xamã pode praticar sua arte de maneira muito mais informal, concentrando sua força com a ajuda de um espelho de bronze, que é uma das encarnações mais comuns dos familiares dos xamãs tungues. Neste caso, o êxtase poderá se limitar a tremores. Contudo, a sessão é sempre o principal ritual dramático do xamanismo e inclui a possessão. Shirokogoroff dá uma viva descrição da atmosfera em que ela é realizada, a qual coincide com os relatos de sessões de muitos dos outros cultos da possessão que discutimos neste livro.

A música ritmada e o canto, e depois a dança do xamã, gradualmente envolvem mais e mais cada participante numa ação coletiva. Quando a platéia começa a repetir os refrões junto com os assistentes, só os que são aleijados deixam de se juntar ao coro. O ritmo da ação aumenta, o xamã possuído por um espírito não é mais um homem comum ou parente, mas um "posto" (i.é. encarnação) do espírito; o espírito age junto com a platéia e isso é sentido por todos. O estado de muitos dos participantes é agora próximo ao do próprio xamã e só mesmo a profunda convicção de que na presença do xamã o espírito só pode entrar nele, impede que os participantes sejam possuídos em massa pelo espírito. Esta é uma condição muito importante da xamanização que, no entanto, não reduz a suscetibilidade coletiva à sugestão, alucinação, e atos inconscientes produzidos num estado de êxtase coletivo. Quando o xamã sente que a platéia está com ele e o acompanha, torna-se ainda mais ativo e esse efeito se transmite à platéia. Depois da xamanização, a platéia relembra vários momentos da *performance*, a grande emoção psicofisiológica e as alucinações de visão e audição que experimentaram. Sentem então profunda satisfação — muito maior que aquela produzida pelas emoções dos espetáculos de música e teatro, literatura e fenômenos artísticos em geral do complexo europeu, porque na xamanização a platéia ao mesmo tempo atua e participa (Shirokogoroff, 1935).

Essa atmosfera psicológica altamente carregada da sessão faz com que, quando aplicada à cura de doentes, ela seja de fato altamente eficiente no tratamento de certos distúrbios neuróticos ou psicossomáticos. E como também aponta Shirokogoroff, mesmo no caso de doenças orgânicas, ela provavelmente exerce considerável influência, reforçando o desejo de cura do paciente. Portanto, tanto desse ponto de vista, como em seus aspectos puramente rituais, o xamanismo ocupa um papel altamente significativo na vida do clã tungue. Nenhum clã está em segurança sem o seu xamã. Conseqüentemente, quando as forças de controle sobre os espíritos de um xamã começa a se desvanecer, inicia-se a urgente busca de um sucessor. Se o velho xamã perde inteiramente, seus poderes ou morre antes que possa ser substituído, os espíritos estarão em liberdade para espalhar a ruína no clã. Isso tem de ser evitado a todo custo. Na verdade, o posto pode ser herdado ou pode ser conquistado por um xamã jovem não aparentado que tenha dado amplas provas de seu domínio da técnica extática e controle sobre os espíritos. A extensão em que essa instituição está ligada à vida do clã pode ser medida pelo fato de que, quando um clã cresce e se parte em dois novos grupos exogâmicos, cada novo clã nascente deve ter seu próprio xamã. O xamanismo e os espíritos são parte do patrimônio do clã.

Entre os tungues, pois, a possessão por espíritos patogênicos é uma explicação comum da doença (se bem que não a única) e, ao mesmo tempo, o caminho normal para o xamã assumir seu chamado. A indicação básica da possessão inicial de uma pessoa por um espírito é o comportamento culturalmente estereotipado de "histérico" (apesar desse comportamento poder, como já vimos, ser também interpretado não misticamente). Os sinais dessa "histeria ártica", como é geralmente conhecida na literatura, são: esconder-se da luz, gritar e cantar com exagero histérico, sentar-se passivamente na cama ou no chão em estado de alheamento, correr histericamente (convidando outros), esconder-se em pedras, subir em árvores, etc. A menos que existam indicações contrárias, as pessoas que exibem esses sintomas de fuga histérica estão sujeitas a serem consideradas possuídas por um espírito e poderão ou não serem encorajadas a se tornarem xamãs. Se, de fato, recebem apoio e estímulo, aprendem rapidamente a cultivar o poder de experimentar o êxtase visível. E quando, em resposta a estímulos apropriados como tambores e canto, conseguem produzir voluntariamente esse estado, já estão a caminho do reconhecimento público como "mestres de espíritos". A produção controlada do transe é tomada como prova do controle da possessão por espírito. Devemos notar aqui, apesar da distinção não ser unívoca, conforme veremos, que os tungues fazem distinção entre a pessoa possuída (involuntariamente) por um espírito e o espírito possuído (voluntariamente) por uma pessoa. O primeiro é o transe descontrolado, encarado como doença; o segundo é o transe controlado, requisito essencial para o exercício da vocação xamanística.

Podemos ver agora que, ao contrário do parecer de Eliade e de Heusch, o xamanismo em sua forma tungue compreende a possessão controlada por espíritos e que, de acordo com o contexto social, o xamã encarna espíritos tanto de forma latente como de forma ativa, mas sempre de maneira controlada. Seu corpo é um veículo para os espíritos. Podemos também verificar que a vocação do xamã é normalmente anunciada por um estado inicial de possessão descontrolada: uma experiência traumática associada com o comportamento extático, histeróide. Isso, penso eu, é um traço universal da assunção dos papéis xamanísticos e está presente, apesar de estar de forma modificada, mesmo quando esses passam por herança de um membro a outro. Assim, no caso daqueles que persistem no chamado xamanístico, a possessão inicial, descontrolada, não-solicitada, conduz a um estado onde a possessão pode ser controlada e pode ser ligada e desligada à vontade nas sessões xamanísticas. Essa é a fase controlada da possessão na qual, como dizem os tungues, o xamã "possui" seus espíritos (apesar deles também o possuírem).

Luc de Heusch procurou separar essas duas fases em termos de uma distinção muito mais ampla e completa entre o que chama de possessão "inautêntica" e "autêntica". Ele vê a primeira como uma doença não desejada, uma funesta intrusão do espírito, que só pode ser tratada pela expulsão ou exorcismo da entidade invasora. A segunda, em contraste, é o próprio recheio da experiência religiosa: uma "alegre epifania dionisíaca". Esse almejado estado de exaltação é obtido através do que, na verdade, é um "teatro sagrado". Assim, para de Heusch, essas não são meras fases separadas, como eu as distingui, dentro do processo de assumir o chamado xamanístico; mas, ao contrário, experiências totalmente opostas, pertencentes a dois tipos separados de culto. Ao seu ver, o primeiro culto está baseado no exorcismo, e, o segundo, no cultivo deliberado dos estados extáticos. Erica Bourguignon, ao contrário, entende corretamente que esses estados não são, necessariamente, experiências totalmente opostas, características de diferentes tipos de culto religioso, e chama-as de possessão "negativa" e "positiva" (Bourguignon, 1967).

Prefiro os termos analiticamente mais neutros de possessão "incontrolada" e " controlada", ou possessão "não-solicitada" e "solicitada" que, espero, se tornarão progressivamente mais claros e terão grande utilidade explanatória.

Ficará evidente, então, que as provas tungues desmontam a asserção de que xamanismo e possessão por espírito são fenômenos totalmeste separados, pertencentes, necessariamente, a sistemas cosmológicos diferentes e a estágios distintos de processo histórico. Sem procurar estender excessivamente a presente questão, podemos indicar de passagem que esse engano desencaminhador tem sido amplamente aplicado a outros contextos. Dessa forma, em sua discussão da religião grega, E. R. Dodds toma a perda da alma como uma característica definitiva do xamanismo. Com base nisso, ele trata do aparecimento de xamãs, entre os quais cita Pitágoras, como um desenvolvimento posterior, ideologicamente distinto da religião grega, que vem substituir o primitivo mundo inspirado por espíritos dos oráculos apolíneos e o culto de Dionísio (Dodds, 1951). Os estudiosos do classicismo saberão se as mudanças cosmológicas inferidas por Dodds são justificadas. Mas, desde que, pelo menos, a distinção conceitual nos termos em que elas são descritas não o é, parece possível que a imposição de um modelo deturpador possa ter distorcido sua interpretação.

Podemos ver agora que estamos perfeitamente justificados ao aplicar o termo xamã para indicar, conforme Raymond Firth (Firth, 1959, pp. 129-48) acertadamente sublinha um "mestre de espíritos", com a implicação de que esse sacerdote inspirado encarna espíritos, vindo a ser possuído voluntariamente em circunstâncias controladas. A evocativa expressão polinésia "caixa de deus" exprime muito exatamente a relação entre o xamã e o poder que ele encarna. Todos os xamãs são médiuns e, como dizem expressivamente os caribes negros das Honduras Britânicas, tendem a funcionar como uma "ligação telefônica" entre o homem e Deus. Evidentemente, não se pode concluir que todos os médiuns são necessariamente xamãs, apesar de como será demonstrado no próximo capítulo, essas duas características estarem usualmente ligadas. As pessoas que sofrem regularmente possessão por um espírito particular podem ser consideradas, como médium para aquela divindade. Alguns, mas nem todos os médiuns, se graduarão a ponto de se tornarem controladores de espíritos e, uma vez "dominando" essas forças de maneira controlada, serão xamãs propriamente ditos. Portanto, o que tão freqüentemente começa como a intrusão de um espírito hostil pode ser posteriormente avaliado como o primeiro sinal de graça na assunção do chamado xamanístico. Nem todas essas experiências traumáticas têm necessariamente esse resultado. Mas todos os xamãs parecem ter experimentado algo desse trauma inicial. Essas são, portanto, com bastante freqüência, fases de um processo progressivo, mais que símbolos de tipos de culto totalmente distintos. Talvez o leitor aceite isto no momento e se ainda não convencido, suspenda o julgamento final até que o problema seja explorado mais completamente nos capítulos posteriores.

IV

Devemos agora examinar os diversos tipos de relações que diferentes povos de diferentes culturas acreditam existir entre xamãs e médiuns e seus familiares possuidores. Entre os tungues dá-se alguma ênfase a idéia de que uma redação contratual liga o xamã e os espíritos que encarna. Essa concepção de um acordo ou contrato, envolvendo algumas vezes a renúncia a própria alma do xamã (como na lenda de Fausto), é marcada entre os esquimós. Ali, um aspirante a xamã, que recebeu o chamado espiritual, desiste de sua alma em favor dos espíritos, que dali em diante se ligam a ele como familiares. Assim, relata Rasmussen, a primeira coisa que o instrutor do neófito tem de fazer é extrair a alma dos olhos, cérebro e entranhas do discípulo, e ofertá-la aos espíritos auxiliadores que se tornam então familiares. O xamã aprendiz deve também aprender como obter iluminação ou "luz", esse misterioso fogo luminoso que o xamã sente subitamente em seu corpo e que lhe permite enxergar o que é de outro modo, oculto aos olhos mortais.

O dom da iluminação em troca da desistência do eu ou de parte do eu, descrita na clássica linguagem do misticismo como gnose — fusão do homem e da divindade — é parte da possessão por espírito controlada, em todos os lugares. Em alguns casos, a relação imediata pode se dar inicialmente com forças menores ou espíritos tutelares — os "controles" ou "guias" do espiritismo ocidental, cuja ajuda capacita o xamã a encarnar ou comunicar-se com forças e divindades mais altas. Em outros casos, poderá haver uma relação mais direta, sem esses intermediários, com uma divindade central ou "refração" daquela divindade e muito freqüentemente, quando o poder do xamã aumenta, seu repertório de espíritos encarnáveis aumenta na mesma medida. Quaisquer que sejam os detalhes conceituais envolvidos, o xamanismo supõe uma relação especial com a divindade ou divindades, uma relação que, evidentemente, é realizada mais dramaticamente na encarnação total quando a personalidade do possuído é totalmente apagada. A comunhão extática é, portanto, essencialmente uma união mística; e tal como os Cantares de Salomão e outras poesias místicas ilustram tão abundantemente, as experiências desse tipo são descritas, freqüentemente, com termos emprestados do amor erótico. De fato, como justamente observou Ernest Jones (1949) a noção de que "a relação sexual pode ocorrer entre mortais e seres sobrenaturais é uma das crenças mais difundidas da humanidade".

Essas imagens não estão de forma alguma ausentes no difundido simbolismo da possessão segundo o qual o espírito, quando encarnado em seu hospedeiro terreno, está montado em seu "cavalo". Dessa forma, no culto altamente dramático de possessão por espírito dos boris, povos de língua hausa na África ocidental (que investigaremos mais completamente a seguir), por exemplo, as mulheres possuídas são descritas como "Éguas dos Deuses". Os espíritos as "montam"; mas elas também "montam" nos espíritos. Entre as tribos sidamo da Etiópia do sul, essa expressão chega a ser diferenciada para a possessão de homens e mulheres. Os homens são "cavalos" dos espíritos e as mulheres são "mulas". Essas sutis distinções não são feitas em toda parte.

Essa expressiva linguagem dos estábulos, que é amplamente empregada nos cultos de possessão e contém freqüentemente nuanças sexuais, pode ter vários componentes. Assim, em muitas culturas encontramos a noção de que, num estado de possessão latente ou incipiente anterior ao transe real, o espírito fica empoleirado nos ombros ou no pescoço de seu recebedor. Ele monta na cabeça ou em algum outro centro do corpo, assumindo possessão total de seu receptáculo somente quando ocorre o transe completo. Desse modo, o oráculo grego de Delfos era montado pelo deus Apolo que cavalgava em sua nuca; e as mesmas imagens aparecem no vodu haitiano e em outros lugares. A possessão completa, em si, é largamente considerada como uma forma de morte temporária, algumas vezes chamada de "meia-morte" ou "pequena morte". Ao mesmo tempo, apesar de não ser de forma alguma universal, os ataques de possessão extática são, algumas vezes, explicitamente interpretados como relações sexuais místicas entre o sujeito e seu espírito possuidor. Entre os daiaques do sul de Bornéu, em rituais públicos nos quais os sacerdotes e sacerdotisas da comunidade são possuídos pelas duas deidades supremas do cosmos — o Búcero * do mundo superior e a Cobra-d'água do mundo inferior — isso é representado como um coito divino. Esse tema é diretamente evocado nos cantos de acompanhamento e reproduzidos em atitudes de coito entre a congregação. Como expressam os hinos que são cantados: "A jornada de Jata (a Cobra-d'água) em sua barca dourada chegou ao fim; Mahatala (o Búcero) chegou em seu barco de jóias. Eles enfiam a vara na vagina da Cobra-d'água; elas baixam o mastro do Búcero para dentro do gongo aberto" (Scharer, 1963, p. 135). A relação entre o devoto e o espírito que ele ou ela encarna regularmente é, freqüentemente, representado diretamente em termos ou de casamento ou de camaradagem. Até certo ponto, a escolha dessas **expressões parece depender da identidade sexual e cará**ter tanto do sujeito quanto do espírito participantes. Dessa forma, xamãs masculinos que encarnam espíritos

* Búcero — (*Hornbill*). Grandes pássaros da África, sul da Ásia e Índias Ocidentais que constituem a subordem dos bucerotes. Alimentam-se de carne e vegetais; têm plumagem branca e preta e um enorme bico geralmente terminado em uma espécie de capacete ósseo. (N. do T.)

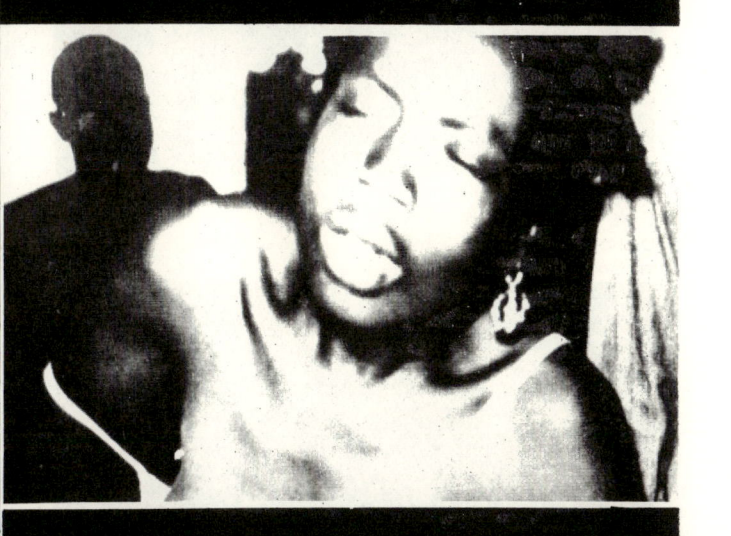

3a.
Moça haitiana no ponto máximo do transe em que ela foi possuída por um dos deuses ou "mistérios" vodus.

3b.
Uma mulher americana em transe, Dolley Pond Church of God, Tennessee.

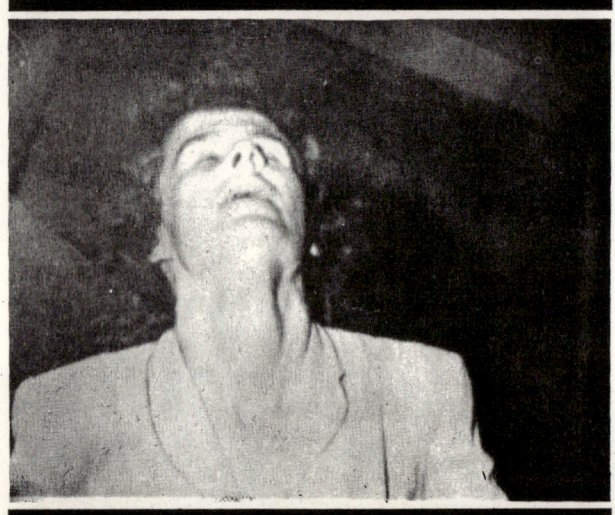

4a, b.
Possessão num ofício de vodu haitiano.

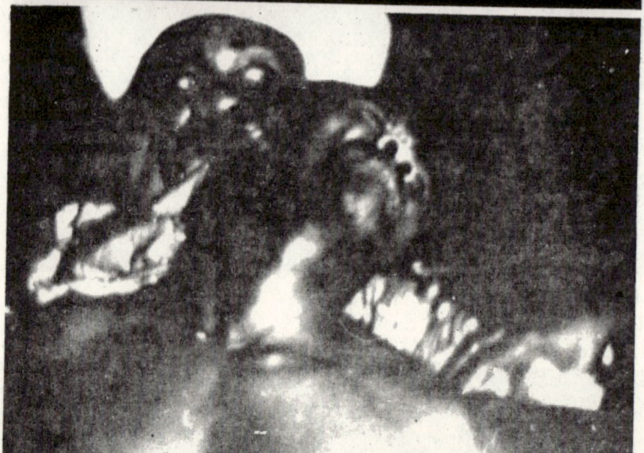

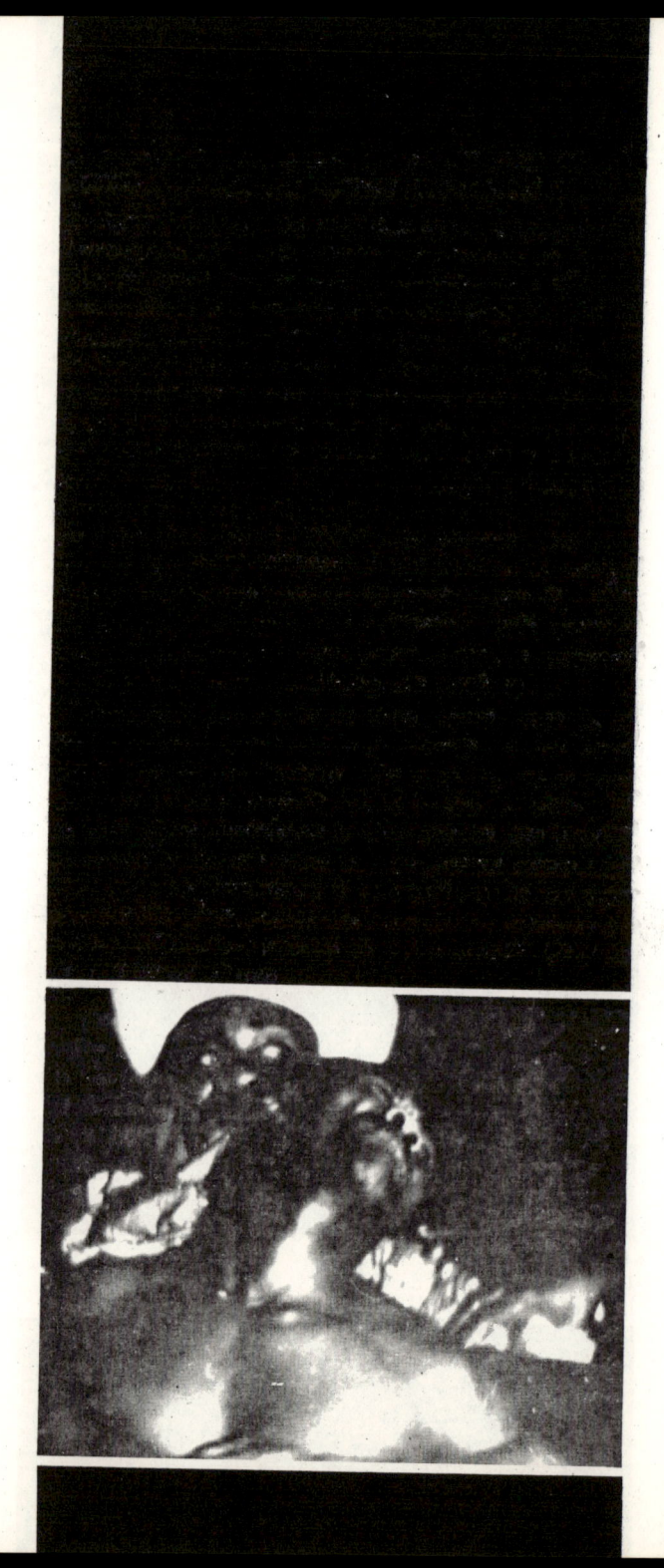

de seus próprios ancestrais dificilmente conceberiam seu relacionamento mútuo em termos outros que de descendência. Mal se pode imaginar o que poderia ocorrer além do incesto homessexual em tal situação! Contrariamente, a expressão casamento parece ser favorecida quando se enfatiza mais a natureza contratual que a biologicamente determinada nessa relação, e quando o sujeito possuído e o espírito possuidor são de sexos opostos. Entretanto, o "casamento" entre homens e divindades masculinas não está totalmente excluído.

A metáfora do casamento espiritual nos é familiar em nossa própria tradição cristã. Essa é a relação tradicionalmente postulada entre a Igreja e Cristo; e, como se sabe, as freiras estão especificamente ligadas em união espiritual com o Noivo Sagrado. Muitos místicos cristãos têm usado a mesma expressão. São Bernardo, por exemplo, escreveu que Cristo era o noivo de sua alma; e essa simbologia tem sido freqüentemente empregada pelos místicos islâmicos tanto em relação ao profeta Maomé, quanto ao próprio Alá. Esse uso, no entanto, não é de forma alguma monopólio dessas religiões.

No mundo inteiro, se encontra essa concepção de união espiritual, imitando o casamento humano, usada para simbolizar a relação entre o espírito e seu devoto regular. Tais uniões, tal como suas contrapartidas humanas, são, além disso, freqüentemente abençoadas com prole. Poucos antropólogos tiveram o privilégio de descobrir isto tão diretamente quanto o professor Raymond Firth o fez na ilha polinésia de Tikopia. Ali, depois de uma doença que foi considerada pelos tikopianos como sinal de que ele havia sido "tomado" pelo poderoso espírito feminino Pufine-i-Vaisicu, Firth se surpreendeu ao descobrir que inadvertidamente havia gerado vários filhos espirituais. Isso ocorreu durante seu primeiro trabalho na ilha em 1929. Quando voltou vinte e três anos depois, descobriu que o incidente ainda era lembrado. Perguntou por seus filhos espirituais (que presumivelmente tinham crescido no intervalo) e eventualmente conseguiu entrar em contato com eles através de um médium amigo (Firth, 1967, p. 319).

Essa simbologia uxoriana é também empregada no vodu haitiano; entre os índios akawaios de língua caribe da Guiana onde o xamã, "aquele que percebe", tem um papagaio de papel com rabo de andorinha como companheira; em Bali, com os cultos de possessão altamente teatrais; nos elaborados cultos de possessão do Daomé e Songhay na África ocidental; na Etiópia; e em muitos outros cultos de possessão africanos de outras regiões. Com distribuição tão vasta, uma enumeração detalhada de exemplos não serviria a nenhum propósito e tornaria maçante a leitura. Vários casos, no entanto, levantam pontos de maior significação e merecem portanto serem discutidos brevemente.

Entre as tribos saora, em Orissa (Índia), que vivem à margem da sociedade de castas hindu, o xamã é escolhido, em geral, pela intervenção direta de um espírito feminino, casamento esse que efetua a sagração do novo sacerdote. Assim, como conta chorosamente um xamã, "eu também tinha muito trabalho antes de casar, pois várias moças tutelares (*i.e.* espíritos) andavam atrás de mim..." E outro homem feliz no casamento com seu cônjuge espiritual contou a Verrier Elwin como, a conselho de um xamã estabelecido, havia se casado com uma moça espiritual (Elwin, 1955). O casamento resultou frutífero e o xamã tinha assim conseguido três bons espíritos meninos, numa contrapartida celestial de sua família terrena de três filhos e uma filha. Significativamente, consideram que essas esposas espirituais são hindus, em contraste com suas companheiras terrenas, e exercem um estrito código de comportamento sobre seus esposos. Antes de qualquer sacrifício importante, por exemplo, o xamã deve jejuar e abster-se de relações sexuais terrenas. Quando ele morre, é "levado embora" por sua cônjuge tutelar e junta-se a ela no mundo inferior. No processo, ele mesmo se torna espírito e hindu, e é, portanto, separado de sua esposa mortal que, quando morre por seu turno, não pode se juntar a ele.

Assim a união espiritual do xamã não somente define sua dedicação a um espírito em particular, mas também separa-o dos outros membros de sua sociedade e impõe uma barreira em suas relações com mulheres mortais. Isto é mais marcante no caso de mulheres que se tornam xamãs. Os parceiros espirituais de tais mulheres vêm regularmente deitar-se com elas e tendem a monopolizar suas afeições. Desde que, além disso, o marido espiritual é hindu, isso representa uma ascensão social para sua esposa mortal. Como pode ser logo imaginado, além de valorizar o *status* e liberdade da mulher, isso a torna também um excelente partido para os homens comuns. Deveremos examinar as implicações desta situação comum mais completamente no próximo capítulo.

Entre os chukchees árticos há maiores complicações dentro do mesmo tema. Aqui o xamã masculino sexualmente normal tem quase sempre uma esposa espiritual que julga participar da vida cotidiana da família, à qual ela é assim incorporada. Xamãs femininos estão, no entanto, em posição de desvantagem, desde que seus familiares espirituais se abstêm de qualquer contato quando do nascimento de crianças. Dessa maneira, as mulheres com vocação xamanística sentem desvanecerem seus poderes quando têm crianças e não os recobram inteiramente até não mais gerarem. Essa oposição entre a maternidade mundana e celestial ocorre freqüentemente nos cultos de possessão por espírito e têm significativas implicações, como veremos mais tarde. Seu efeito entre os chukchees é, evidentemente, o de fortalecer o controle masculino da profissão de xamã, a qual está, no entanto, igualmente aberta a homens, homo ou heterossexuais. Os primeiros, conhecidos como "homens macios", pertencem a diversas categorias de acordo com o grau de feminilidade que exibem. Alguns xamãs homossexuais extremados, que são grandemente temidos por sua força mística, têm "maridos" espirituais assim como maridos humanos com os quais vivem. Os últimos, no entanto, não ocupam posição muito invejável, pois são mantidos na linha pelo esposo espiritual que é considerado como o verdadeiro chefe da família (Bogoras, 1907). Portanto, as ligações espirituais estão evidentemente adaptadas a todos os gostos, e apresentam tanta variedade quanto as relações mortais que refletem. Como nos lembra Milton, no *Paraíso Perdido*: "Spirits when they please, can either sex assume, or both!"*

* "Espíritos quando querem, assumem qualquer dos sexos, ou ambos!" (N. do T.)

Finalmente, examinemos brevemente o uso bastante explícito que fazem os *zar* etíopes e os vodus haitianos do casamento celestial como um meio regular de indução às fileiras dos possuídos crônicos. Na Etiópia, o novo acólito, longe de ser ainda um xamã, é referido como "noiva" e recebe dois protetores humanos ou "padrinhos", tal qual nas uniões mortais a noiva é assistida por dois protetores aos quais ela pode, depois, solicitar auxílio se tiver dificuldades com o marido. Ela então toma como companheiro espiritual um espírito do sexo oposto.

O tema marital tem um desenvolvimento ainda mais elaborado nos cultos vodus do Haiti. Ali a pessoa que quer assegurar a proteção permanente de um dos *loa* ou "mistérios" pode fazer uma proposta formal de casamento, assim como também pode o deus. Ezili, a deusa padroeira dos amantes, é particularmente casamenteira e oferece regularmente sua mão a qualquer homem que a sirva zelosamente, principalmente se ele está prestes a tomar uma esposa mortal! Ela então insiste em casar-se primeiro com o devoto, no caso de que ele venha a esquecê-la. Tais casamentos são celebrados em elaboradas cerimônias que Métraux registrou em detalhe (Métraux, 1959). As uniões mortais são reproduzidas fielmente chegando ao extremo de se expedir um certificado de casamento (vide abaixo). Nas uniões espirituais a aplicação dos votos do casamento é particularmente reforçada. Quando o deus e seu companheiro ou companheira mortal pronunciaram as frases rituais e trocaram anéis (por procuração) como símbolo de compromisso de fidelidade, eles repartem um destino comum. O dever do *loa* é velar pelo esposo, mas deve receber presentes em troca. A noite do dia consagrado ao culto deve ser também reservada a ele e não compartilhada com companhias mortais. Alguns esposos humanos preparam uma cama separada para seu espírito e dormem nela na noite prescrita.

Certidão de casamento vodu registrando a união mística de uma mulher com seu espírito (DAMBALLAH).
LIBERTÉ, ÉGALITÉ, FRATERNITÉ
República do Haiti, 5847 — O ano de 1949 o sexto dia do mês de janeiro às 3 horas da tarde. Nós, Jean Ju-

meau, Escrivão de Registros de Port-au-Prince, certifica (sic) que os cidadãos Damballah Toquan Miroissé e Madame Andrémise Cétoute compareceram perante nós para serem unidos pelo laço indissolúvel do sacramento do matrimônio. Porquanto Madame Cétoute deve, sempre sem nenhuma mácula, consagrar às terças e quintas-feiras a seu marido Damballah, ficando entendido que é dever de Monsieur Damballah encher sua esposa de boa sorte, de tal forma que Madame Cétoute não conheça nunca um dia de pobreza; o marido Monsieur Damballah é responsável por sua mulher e lhe deve toda a proteção necessária conforme estabelece este contrato. É com trabalho que se acumulam propriedades espirituais e materiais. Em execução ao artigo 15.1 do Código Haitiano. Eles aqui presentes concordaram no afirmativo diante das testemunhas qualificadas abaixo. (Assinaturas).

(*De Métraux*, 1959, p. 215)

Como em outros casos, tanto homens como mulheres contraem essas uniões que são muito mais rígidas e fortemente sancionadas que aquelas da sociedade mortal. A extensão de seu caráter solidário é particularmente evidente naqueles casos especiais que têm uma qualidade mais sinistra envolvendo, como fazem, um pacto com um espírito com a finalidade específica de obter sucesso e riqueza. Aqui o tema faustiano é fortemente enfatizado e a pessoa que procura aumentar sua fortuna através de um "compromisso" poderá contar apenas com um determinado número de anos antes de ser "levado" pelo espírito do mal, ou "ponto quente" (*point chaud*) ao qual está comprometido.

Como disse anteriormente, apesar dessa simbologia marital ser amplamente utilizada para representar a relação entre homem e espíritos, os laços da união mística podem também ser expressados em termos de uma relação sangüínea direta. Nesse caso, o xamã ou devoto é descrito como filho (ou filha, de acordo com o sexo), ou ocasionalmente, como irmão mais novo do espírito. Essa expressão é empregada em partes da América do Sul, por exemplo, nas sociedades de possessão conhecidas como *candomblés* no Brasil. Algumas vezes, esse simbolismo genético ocorre junto com a simbologia matrimonial que acabamos de discutir, sendo os devotos do culto chamados coletivamente de "filhos" dos espíritos, tendo porém, cada indivíduo, o seu próprio parceiro ou parceira espiritual. Ambas essas imagens estão, evidentemente, presentes no cristianismo onde o xamã Jesus é "Filho" de Deus, resultado direto da união mística da "Virgem Maria" com Deus; e a própria Igreja tradicional, encarnada no Espírito Santo, une-se, mais além, ao seu noivo espiritual, Cristo. Não precisamos estender mais essas intrincadas relações familiares aqui. Já foi dito o suficiente para ilustrar o caráter das duas principais metáforas, nas quais se configura o laço entre o homem e o espírito.

V

Começamos este capítulo observando a universalidade dos estados de consciência alterada e dissociação, e vimos que eles podem ser explicados em diferentes culturas tanto mística como não-misticamente (e algumas vezes de ambas as maneiras em diferentes contextos). Possessão por espírito e perda de alma (algumas vezes descrita mais acuradamente pelo termo de Linton "projeção de alma") são as duas explicações místicas principais. Apesar de poderem existir lado a lado, geralmente a ênfase é colocada numa ou noutra, e evidentemente é a etiologia da possessão que nos interessa principalmente. A possessão é tomada tanto como involuntária (ou incontrolada) e voluntária (ou controlada). Os que praticam a possessão controlada, "dominando" os espíritos, são conhecidos no contexto ártico como "xamãs". Retenho esse termo para homens e mulheres que exercem uma ampla gama de funções sociais nessa base.

A obtenção do chamado xamanístico é normalmente o clímax de uma série de experiências traumáticas e "curas" no decorrer das quais a extensão de seu controle sobre o transe aumenta progressivamente. Ele acaba por adquirir uma relação estável com o espírito, a qual é formulada ou em termos de casamento ou de **parentesco direto.**.

Finalmente, por bizarra e excêntrica que a possessão possa nos parecer, não se pode enfatizar excessivamente o fato de que, nas religiões que exploramos neste livro, a possessão seja uma experiência culturalmente normativa. Para os nossos propósitos, estejam ou não verdadeiramente em transe, as pessoas só são "possuídas" quando consideram que estão, e quando outros membros da sociedade endossam essa reivindicação. Portanto, como coloca Stewart:

> Pouco importa se as manifestações de possessão são na realidade devidas a anormalidades físicas ou psíquicas ou se se elas são na realidade induzidas por auto-sugestão. O fator essencial da possessão é a crença de que uma pessoa foi invadida por um ser sobrenatural e está portanto temporariamente fora de autocontrole, estando seu ego subordinado ao do intruso. (Stewart, 1946, p. 325).

A experiência subjetiva da possessão nesse sentido, apesar de ocorrer no contexto do espiritismo ocidental que é apenas marginalmente normativo em nossa cultura secular, foi muito bem descrito pela médium de Genebra, Hélène Smith, a seu investigador Flournoy. Este dá o seguinte relato em seu interessante livro *Des Indes à la Planête Mars* (Paris, 1900):

> Hélène já me descreveu mais de uma vez como tem a impressão de se tornar e ser momentaneamente Leopold (Leopold Cagliostro, mágico do século XVIII). Isso lhe acontece à noite e particularmente ao despertar pela manhã; ela tem primeiro uma visão fugidia de seu cavaleiro e depois ele parece passar gradualmente para dentro dela: ela o sente como se invadisse e penetrasse em toda a sua substância orgânica, como se ele se tornasse ela ou ela ele. Resumindo, trata-se de uma encarnação espontânea...

Nos cultos que lidaremos a seguir, as interpretações pessoais desse tipo são culturalmente estandardizadas e fazem parte da crença ortodoxa, cotidiana.

3. A AFLIÇÃO E SUA APOTEOSE

I

A possessão por um espírito intruso não é, de forma alguma, invariavelmente recebida de modo tão caloroso como foi evidentemente no caso de Hélène Smith. A experiência inicial da possessão, em particular, é com freqüência uma experiência perturbadora, traumática mesmo, e não raro uma resposta à aflição pessoal e à adversidade. Até certo ponto, esse é o caso mesmo nas sociedades em que a posição do xamanismo está firmemente instituída e passa, mais ou menos automaticamente, ao herdeiro apropriado, em lugar de ser pessoalmente conquistada. Em primeiro lugar, em tais circunstâncias, nem todos os herdeiros estão tão desejosos de suceder à posição de seu predecessor quanto os espíritos anseiam em efetuar essa transição. Quando o sucessor mostra relutância em assumir seus onerosos deveres, os espíritos recordam-lhe energicamente as obrigações, atormentando-o com tentações e tribulações até que ele experimenta a derrota e aceita o insistente desafio. Encontramos exemplos dessa chantagem espiritual em todas as sociedades onde, como entre os tungues, a posição de xamã é vista como uma função hereditária. Um exemplo dos machas gallas da Etiópia servirá para ilustrar essa situação geral. O xelho xamã de um dos clãs macha enviou seu filho a Adis-Abeba para ser educado. Lá o Imperador o auxiliou e ele conseguiu boa educação. Estando ainda em Adis-Abeba sob a proteção do Imperador, o pai morreu e ele imediatamente caiu doente. Não tinha forças e não queria voltar ao lar para assumir a posição do pai como xamã do clã. Depois de longo período de doença, no entanto, o Imperador o aconselhou: "Você não vai sarar aqui e sua educação não lhe dá nenhuma alegria. Retorne à terra de seu pai e viva segundo seus costumes exigem". Então o filho voltou para casa e se tornou um xamã e logo se recuperou (Knutsson, 1967, p. 74).

No entanto, nessas sociedades em que, teoricamente, a posição de sacerdote inspirado é um dote hereditário, na prática ela pode também ser conquistada, se bem que apenas em casos excepcionais, através da iniciativa individual. E, quanto menos qualificado é, por direito de nascimento, o xamã aspirante, mais violentas e dramáticas serão as possessões que ele procura para demonstrar a eficácia de sua vocação. Conforme é reconhecido no vodu haitiano, em tais casos o novo devoto é como um cavalo chucro, sacudindo a si mesmo e a seu cavaleiro espiritual com saltos violentos, selvagens.

Assim, enquanto que alguns xamãs vestem sem protestos o manto de seus predecessores, ou são convocados por sonhos e visões ao seu chamamento, isso não é de forma alguma o padrão universal de recrutamento.

Muito freqüentemente, como com São Paulo, a estrada de assunção da vocação xamanística atravessa aflições valentemente suportadas, e finalmente, transformadas em graça espiritual. Em Bali, muitos dos médiuns do templo são recrutados depois de uma doença que, mais tarde, é reinterpretada como inspiração benigna. No Haiti, de modo semelhante, a possessão e a iniciação no culto dos mistérios *loa* vêm em seguida a uma doença séria ou outra aflição. E aí é muito evidente que aqueles cujas vidas correm tranqüilas, sem muita dificuldade ou esforço, raramente são convocados pelos espíritos. Para os menos afortunados, somente através da penetração no grupo do culto *loa* é que proteção e segurança podem ser garantidas. Conseqüentemente, aqueles que foram severamente experimentados encontram conforto e alívio no cuidado sempre presente de seu espírito guardião. Se estão famintos, o *loa* aparece-lhes dizendo: "Coragem; você terá dinheiro". E o prometido auxílio vem. (Métraux, 1959, p 95).

Ali, a iniciação às fileiras dos possuídos crônicos tem a natureza de cura. Além disso, como em outros lugares, o devoto está propenso a experimentar a possessão em situações difíceis e penosas, para as quais não haveria outra saída satisfatória. Assim, Métraux relata que o paciente haitiano de uma operação dolorosa pode obter, ficando possuído, uma anestesia mais completa que a que é dada pelas autoridades médicas. O choque proveniente de acidentes de trânsito pode, de forma semelhante, manifestar-se algumas vezes, como possessão pelo *loa*. E mesmo marujos naufragados, vagando desamparadamente no mar, foram algumas vezes, visitados por espíritos e assim levados em segurança para a costa. Da mesma exata maneira, a possessão por espíritos no culto Shango ocorre convenientemente, em Trinidad, em situações difíceis e em conflitos, e não é desconhecida sua ocorrência em audiências de casos na justiça. (Mischel, 1958, pp. 249-60).

De maneira semelhante, no Ártico, há relatos semelhantes da mesma associação ambígua entre a aflição, ou doença, e a inspiração divina. Os chukchees, por exemplo, comparam o período preparatório à assunção do chamamento xamanístico a uma longa e severa doença, e de fato o chamado dos espíritos é, com freqüência, conseqüência direta de uma doença, infelicidade ou perigo real. Um chuckchee que harpoava focas num banco de gelo escorregou a caiu na água e teria, como ele disse depois, com certeza morrido afogado se não fosse a miraculosa aparição de uma morsa amiga que o confortou e ajudou a recuperar o equilíbrio sobre o gelo, para que ele pudesse arrastar-se a local seguro. Posteriormente, cheio de gratidão por sua salvação, ele fez oferendas à morsa e tornou-se um xamã com essa criatura como seu espírito auxiliador.

A biografia de um xamã chukchee chamada *Scratching Woman**, citada por Bogoras, ilustra o mesmo tema (Bogoras, 1907, p. 424). O pai desse xamã era um sujeito pequeno e doentio com umas poucas renas que ele finalmente perdeu num nevoeiro denso. Ele morreu de fome na busca às renas perdidas, mas sua mulher e filho sobreviveram e foram cuidados por parentes. Seguiram-se muitos anos de privação e miséria para o filho. Em criança, ele transportava combustível num trenó para pessoas mais ricas e era pago com um pouco de carne e sangue. O que podia ganhar assim era, no entanto, longe do adequado e ele ficou fraco e doentio. Então, um dia, começou a tocar o tambor (usado pelos chukchees para invocar espíritos) e a chamar os espíritos. Um por um, todos os seres sobrenaturais apareceram diante dele e ele se tornou um xamã. O espírito da Estrela Imóvel lhe apareceu em sonho e disse: "Deixe de ser tão fraco. Seja um xamã e seja forte, e terá bastante comida!" Com essa orientação e exortação inspiradora, *Scratching-Woman* logo descobriu que a sorte havia mudado para o seu lado. Ele rapidamente acumulou uma grande manada de renas e casou em uma família de posses. Quando o sogro morreu, sendo sua mulher a filha mais velha, ele se tornou o chefe da família. Assim de sua origem baixa de órfão, os espíritos o fizeram um bem sucedido xamã e dono de rebanhos.

Entre os esquimós há muitos casos semelhantes de ascensão à fama e fortuna de xamãs cujas origens eram

---

* "Mulher Arranhadora" (N. do T.)

cheias de miséria e privação. De fato, os esquimós iglulik contaram a Rasmussen como o primeiro xamã havia surgido numa época de desesperada aflição e adversidade. E em muitas das biografias que coletou, os espíritos auxiliares fizeram sua primeira aparição molestando a pessoa que mais tarde favoreceriam e transformariam em xamã. Assim, o mais temido dos espíritos auxiliares, o arminho-marinho, atacaria os homens quando saíam em seus caiaques, deslizando-se para dentro das mangas de suas roupas e correndo sobre os corpos, enchendo-os de "tremendo horror". Tais encontros, perigosos e aterrorizadores, figuravam freqüentemente como prelúdio à assunção da vocação xamanística (Rasmussen, 1929, p. 122).

Temas semelhantes abundam, é claro, em nossa própria cultura. As tradições do Novo Testamento enfatizam a origem humilde do Carpinteiro de Nazaré e Seus trabalhos espirituais iniciais, particularmente a tentação pelo Diabo, na montanha; e tais temas reaparecem nas biografias dos inspirados, em um sem-número de figuras posteriores e menos cristãs. Se foi somente depois de sua morte na fogueira que se atribuiu autencidade final às ambíguas "vozes" de Joana D'Arc, outros místicos cristãos mais recentes, de *background* semelhante, foram algumas vezes mais afortunados.

Um dos menos conhecidos, mas não menos interessante, foi a filha de um alfaiate sueco, Catharina Fagerberg, nascida em 1700. Depois de certo tempo como empregada doméstica, ela aprendeu a tecer linho e, enquanto seguia esse ofício, rejeitou as propostas de um trabalhador em couro que queria casar-se com ela. Seguiram-se, então, sete anos de severo tormento físico e espiritual, durante os quais era freqüentemente visitada por um "bom espírito", que lhe explicava que sua angústia se devia à possessão por diabos, enviados por um mago negro para molestá-la a pedido do pretendente recusado. Gradualmente, no entanto, inspirada — segundo acreditava — por Deus, Catharina adquiriu o poder de conter sua aflição e diagnosticar e curar doenças em outros. Sua reputação como curandeira logo se espalhou e ela, inevitavelmente, entrou em conflito com as autoridades eclesiásticas. Porém, num século em que a caça às bruxas estava ultrapassada, foi absolvida, deixando que suas manifestações espirituais fossem desacreditadas por céticos oponentes, como fantasias mórbidas. No entanto, em um mundo onde muitos acreditavam ainda em espíritos do mal e bruxaria, assim como em inspiração divina, Catharina gozou de amplo sucesso como curandeira xamanística local. Atribuíam-se a encarnação de "bons" e "maus" espíritos e, pelo envio de seu próprio "espírito de vida", a adivinhação de eventos distantes. (Edsman, 1967).

Estes exemplos nos relembram como, com freqüência, àqueles que os deuses chamam, eles primeiro humilham com aflição e desespero. Além disso, como vimos entre os tungues, os poderes em questão são, freqüentemente, quer direta ou indiretamente, tanto a causa do infortúnio quanto os meios para sua cura. Aqueles que se tornam xamãs assim o fazem baseados em um rude ditado: se não se pode vencê-los, junte-se a eles. É, além disso, precisamente pela demonstração de seu próprio sucesso no domínio dos problemas aflitivos que o xamã estabelece a validade de seu poder de cura. Essa concepção do xamã como um "cirurgião ferido", tomando emprestada a memorável frase de T. S. Eliot, será examinada mais completamente a seguir. No momento, tudo que precisamos notar é que, enquanto todas as religiões são, em seu sentido real, cultos da aflição, no chamamento inspirado essa associação particular e pungente. Na linguagem teológica, a crise inicial do xamã representa a paixão do curandeiro ou, como colocam os próprios índios akawaio, "um homem tem de morrer antes de se tornar xamã".

II

O laço entre a aflição e sua cura como uma nobre estrada na assunção da vocação xamanística é assim bastante direta nas sociedades onde os xamãs desempenham o maior ou principal papel na religião e onde a possessão é altamente valorizada como experiência religiosa. Aí, o que começa como doença ou experiência de alguma outra forma profundamente perturbadora, termina em êxtase; a dor e o sofrimento da crise inicial são obliterados, em suas subseqüentes reavaliações como um sinal singularmente eficaz do favor divino. Em outras sociedades, no entanto, onde os xamãs desempenham apenas um papel menor e se ocupam com espíritos portadores de moléstias que não são centrais à vida religiosa da comunidade, essa apoteose, apesar de ainda ocorrer, é deixada como pano de fundo. De fato, nessas circunstâncias, a conexão entre o sofrimento e a possessão é tão poderosa que, à primeira vista, parece constituir um fim em si mesma, em vez de um fim e um princípio.

Aqui, pelo menos ostensivamente, a possessão conota infortúnios e doenças e a atividade do culto se dedica, em primeiro lugar, mais ao alívio dos problemas que à obtenção do êxtase. A ênfase recai sobre a doença e sua cura e não, pelo menos abertamente, na aflição como um meio de obter exaltação mística. É este aspecto, como vimos no capítulo precedente, que levou alguns escritores a caracterizar tais cultos terapêuticos como referentes somente a possessão "inautêntica" ou "negativa" e contrastá-los com religiões onde a possessão "autêntica" é entendida como êxtase divino. Para elucidar essa antítese enganadora, e em última análise, falsa, devemos olhar mais de perto tais cultos aparentemente "negativos".

Esse aspecto negativo se reflete fortemente no caráter dos espíritos envolvidos. Pois, para aqueles que acreditam neles, mas na verdade adoram outros deuses, esses espíritos malignos e patogênicos são tidos como extremamente capciosos e caprichosos. Eles atacam sem quê, nem porquê ou pelo menos sem nenhuma razão substancial que se refira à conduta social. Eles não se preocupam com o comportamento do homem em relação a seu próximo. Não têm nenhum interesse em defender o código moral da sociedade e aqueles que sucumbem às suas mal-recebidas atenções são moralmente inocentes. Ao mesmo tempo, estão sempre à espreita de uma desculpa conveniente para assolar suas vítimas e são desordenadamente sensíveis à invasão humana. Topar inadvertidamente com um deles ou incomodá-los involuntariamente de alguma outra forma é suficiente para inflamar a tal ponto a ira do espírito que ele ataca imediatamente, possuindo o invasor, tornando-o doente ou causando infortúnio. Essas características pouco atraentes são demonstradas por todos os espíritos hostis, quer sejam de natureza antropomórfica, quer sejam duendes.

Desde que são tão decididamente indiferentes à conduta humana, seria razoável supor que esses espíritos desagradáveis seriam bastante indiscriminados na seleção de suas vítimas humanas. No entanto, está longe de ser esse o caso. Ao contrário do que se podia esperar eles demonstram especial predileção pelos fracos e oprimidos e, de fato, por todos aqueles cujas condições já são tão reduzidas que essa carga adicional assume o aspecto de uma injustiça final e esmagadora. No entanto, estaremos errados se saltarmos imediatamente para uma avaliação pessimista da obra da providência nesses casos. Pois, como veremos, é justamente sucumbindo a essas visitações aparentemente turbulentas que as pessoas de baixa condição asseguram alguma medida de ajuda e socorro. Assim, em completo contraste com a sublime indiferença à condição humana que eles deveriam demonstrar, tais espíritos são, de fato, agudamente sensíveis ao estado dos menos privilegiados e oprimidos. Essas asserções podem, felizmente, ser confirmadas. Tudo que temos a fazer é examinar de perto algumas sociedades onde a doença é interpretada como possessão maligna, prestando particular atenção às categorias de pessoas mais vulneráveis e às condições em que mais freqüentemente sucumbem à possessão. Desde que, em primeiro lugar, nossa preocupação é com a incidência da doença, deveremos, de fato, seguir o que em linguagem médica se chamaria de abordagem epidemiológica.

Comecemos com dados dos somalis pastorais do nordeste da África que coletei durante trabalho de campo onde é hoje a República da Somália (Lewis, 1969). Em sua sociedade muçulmana fortemente patriarcal, a bruxaria e feitiçaria, tal como são conhecidos esses fenômenos em todas as partes, não figuram com destaque na interpretação da doença e do infortúnio. Sua vida religiosa se dedica principalmente ao culto de Alá, que os somalis abordam por intermédio do profeta Maomé, um grande número de ancestrais de linhagem mais imediatos e outras figuras de piedade real ou imputada que, como no catolicismo romano, desempenham papel vital como santos mediadores. Como em outros países muçulmanos, esse culto público é quase que exclusivamente dominado por homens, que ocupam todas as principais posições de autoridade e prestígio religioso. As mulheres são, na verdade, excluídas das mesquitas, nas quais os homens fazem sua devoção e o papel delas na religião é pouco mais que o de espectadoras passivas. Em termos mais gerais, no esquema da situação somali, as mulheres são vistas como criaturas fracas e submissas. E esse é o caso apesar da extenuante natureza da vida nômade e do caráter árduo das tarefas pastorais delas, cuidando dos rebanhos de carneiros, cabras e camelos de tiro, que levam suas tendas e pertences de acampamento em acampamento.

Nessa cultura machista e altamente puritana, a possessão por espírito, que é vista como uma entre outras causas de uma ampla série de queixumes (desde ligeiros mal-estares a agudas doenças orgânicas como a tuberculose), ocorre em poucos e bem definidos contextos. O primeiro deles, que discutirei aqui, diz respeito a casos de amor e paixão frustrados e envolve emoções que, especialmente da parte dos homens, não são tradicionalmente reconhecidas ou abertamente aceitas. Do ponto de vista do macho tradicional, a demonstração aberta de afeição e amor entre homens e mulheres não é masculina e sentimental, devendo ser suprimida. A expressão de amor a Deus, por outro lado, é uma emoção altamente aprovada que é amplamente encorajada e arrebatadoramente fraseada na poesia mística somali. Mas a demonstração direta de sentimentos similares entre homens e mulheres está totalmente deslocada. Assim, se uma moça rejeitada pelo rapaz que amava e que, privadamente, prometera casar-se com ela, revela sintomas de extrema lassidão, entrega, ou mesmo sinais mais distintos de doença física, é provável que seu estado seja atribuído à possessão pelo objeto de sua afeição. Aí, como em todos os outros casos de possessão somali, a vítima é descrita como tendo sido "entrada". (Apesar de, neste caso ser estritamente a personalidade de seu ex-amado tida como "possuidora" dela, em lugar de uma entidade espiritual livre, não me desculpo por mencionar esse tipo de possessão desde que ele serve de prólogo útil ao que se segue).

Essa interpretação do desapontamento de uma moça é consistente com a moralidade sexual tradicional, onde a concepção de ligação romântica foi, como indiquei, excluída. Só nos últimos vinte anos é que essa rígida atitude começou a mudar — especialmente nas cidades que, em toda parte da África, são o foco de mudanças sociais e de modernidade. Ali, hoje, entre as novas gerações, o reconhecimento explícito e aceitação do amor romântico é um tema popular, que recebe ampla divulgação na poesia contemporânea somali e nas canções populares através do rádio que escandalizam os homens de gerações mais velhas. Com essas aberturas, os jovens somali de hoje, educados à ocidental, descrevem tais casos de possessão de mulheres jovens com a expressão shakesperiana de "doença do amor". A atitude tradicional, por outro lado, mantém-se muito mais como aquela exibida pelos sacerdotes católicos franceses do século XVII ao lidarem com o célebre caso da histérica Madre Joana dos Anjos, priora do convento escola de Loudon e sua frustrada paixão pelo notoriamente libertino cônego Urbain Grandier. Conforme recordarão os leitores da viva evocação de Aldous Huxley em *The Devils of Loudon,* o estado da pobre freira foi atribuído a espíritos malevolentes e Grandier foi feito responsável. Ele foi condenado por bruxaria e morto na fogueira em 1634.

Na República da Somália, esses assuntos são tratados menos drasticamente e nenhuma ação legal pode ser tomada contra o homem envolvido. A interpretação sugerida por esses fatos é virtualmente aquela fornecida pelos próprios jovens somalis instruídos. A uma moça recusada não resta tradicionalmente nenhum outro meio institucionalizado para manifestar seus sentimentos ultrajados. Pois é somente quando um noivado formal foi contratado, com o consentimento das duas famílias, que qualquer ação legal pode ser tomada, por quebra de promessa. A decepção das emoções e sentimentos particulares da moça são de pouca importância para o mundo legal dos homens.

Dessa forma, a doença, e o cuidado e a solicitude que ela traz, oferecem ao menos algum alívio a seu orgulho ferido. Sobre o tratamento administrado à moça possuída tudo que se precisa dizer é que, como com a madre Joana dos Anjos, a família invadida poderá ser exorcizada por um clérigo — neste caso um religioso muçulmano.

O outro contexto da possessão somali é, de maneira similar, encarado como doença e envolve sintomas paralelos que variam da histeria branda a desordens orgânicas reais. Nesses casos, no entanto, esses distúrbios são inequivocamente atribuídos ao ingresso de um espírito hostil ou demônio. Como em todo o resto do mundo islâmico, os somalis acreditam que *jinns* antropomórficos se ocultam em todos os cantos escuros e desertos, prontos a atacar caprichosamente e sem avisar o transeunte descuidado. Pensa-se que esses fantasmas malevolentes são consumidos pela inveja e avareza e perseguem principalmente comidas finas, roupas luxuosas, jóias, perfumes e outros requintes. No contexto que irei descrever eles são conhecidos geralmente como *sar*, palavra que descreve tantos os próprios espíritos quanto a doença atribuída a eles. Diz-se da vítima afligida que ela foi "entrada", "tomada" ou "possuída" pelo *sar*.

Os alvos principais das malquistas atenções desses espíritos malignos são as mulheres, particularmente as casadas. A situação epidemiológica básica é a da esposa muito pressionada, lutando para sobreviver e alimentar seus filhos no rude ambiente nômade e passível de algum grau de negligência, real ou imaginário, da parte de seu marido. Sujeita a ausências frequentes, súbitas e não raro prolongadas do marido que exerce suas funções pastorais masculinas, aos ciúmes e tensões da poligamia que não são ventiladas nas acusações de bruxaria e feitiçaria e sempre ameaçada pela precariedade do casamento numa sociedade em que o divórcio é freqüente e facilmente obtível pelos homens, a situação da mulher somali oferece pouca estabilidade ou segurança. Estes, me apresso a acrescentar, não são julgamentos etnocêntricos deduzidos dos dados por um antropólogo ocidental de coração mole, mas sim, conforme sei por minha própria experiência direta, avaliações que afloram prontamente aos lábios das mulheres somalis e que freqüentemente ouvi serem discutidas. As mulheres das tribos somalis, estão longe de ser tão ingênuas quanto os antropólogos (vide *e.g.* Wilson, 1967, pp. 67-68) que supõem que a vida tribal condiciona seus membros femininos a uma passiva aceitação da dureza e a um mudo endosso da posição que lhes é atribuída pelos homens.

Nessas circunstâncias, não é nada surpreendente que as penas femininas, quer acompanhadas de sintomas físicos definíveis ou não, sejam tão prontamente interpretadas por elas como possessão por espíritos *sar* que reclama roupas luxuosas, perfumes e requintes exóticos de seus companheiros masculinos. Essas demandas são formuladas de maneira nada insegura pelos espíritos que falam pelos lábios das mulheres afligidas e proferidas com uma autoridade que seus passivos receptáculos podem raramente atingir por si mesmos. Os espíritos têm, é claro, a sua própria linguagem mas esta é prontamente traduzida (pelo preço devido) por xamãs mulheres que sabem como lidar com eles. Somente quando os dispendiosos pedidos foram atendidos, e feitas todas as despesas de montagem da dança catártica ("bater o *sar*") assistida por outras mulheres e dirigidas pela xamã, pode o paciente ter esperanças de se recuperar. Mesmo depois de tais gastos, o alívio da aflição do *sar* poderá ser apenas temporário.

Significativamente, em alguns casos o estabelecimento da doença do espírito coincide com os primeiros passos do marido para tomar mais uma esposa; e em todos os exemplos que encontrei as mulheres envolvidas tinham algum ressentimento de seu companheiro. Dificilmente será necessária uma elaborada técnica de discussão para descobrir o que está envolvido no caso, e, com muita propriedade, os homens somalis tiram suas conclusões. O que as mulheres chamam de possessão pelo *sar* seus maridos chamam de fingimento e interpretam essa aflição como mais um recurso do repertório de truques que acham que as mulheres empregam regularmente contra os homens. Esse ataque nada galante é defendido pelos homens com a alegação

5a.
Xamã malaio possuído por espírito familiar que o ajuda a invocar outros espíritos que o auxiliam no diagnóstico de doenças.

de que a incidência da doença é marcadamente mais alta entre as esposas de homens ricos que entre as dos pobres. As mulheres, por sua vez, rebatem essa insinuação com a engenhosa sofisticação de que há alguns espíritos *sar* que atacam apenas os ricos, enquanto outros molestam os pobres. Não surpreende o fato de que os espíritos *sar* detestam os homens.

A despeito de seu ponto de vista essencialmente sociológico da situação, as atitudes masculinas são, de fato, ambivalentes. Eles acreditam na existência dos 'espíritos *sar* (para os quais o Corão fornece garantia de escritura, desde que sejam assimilados aos *jinn*), porém, com típico pragmatismo somali, são céticos quando suas próprias mulheres e bolsas são afetadas diretamente. Dependendo das condições do casamento e do valor da esposa em questão, a reação normal do marido é aceitar com relutância alguns golpes desse tipo, especialmente se não são muito freqüentes. Mas se a aflição se torna crônica, como é de hábito, e a esposa se torna um membro mais ou menos regular de um círculo de devotos do *sar,* então, salvo em circunstâncias especiais, a paciência do marido é capaz de se acabar. Se uma boa surra não resolve (e, em geral, parece bastante eficiente), existe sempre a ameaça do divórcio, e a menos que a esposa realmente o deseje (o que pode se dar) ou esteja realmente doente, fisicamente ou gravemente perturbada psicologicamente, essa ameaça em geral funciona. Deixando de lado, no momento, as implicações mais amplas da afiliação a uma associação regular de devotos do *sar,* é evidente que essa aflição caracteristicamente feminina funciona, entre os somalis, como um limitado inibidor dos abusos de negligência e danos numa relação conjugal que é pesadamente desequilibrada em favor dos homens. Quando recebem pouca segurança doméstica ou são, de alguma outra forma, mal protegidas das pressões e extorsões masculinas, as mulheres podem assim recorrer à possessão por espírito como meio de arejar obliquamente seus agravos e ganhar alguma satisfação.

As mulheres somalis têm um sentido forte e explícito de solidariedade sexual e sentimentos de desagravo e antagonismo aos homens que, por seu

5b.
Xamã índio akawaio agitando os feixes de folhas usados para ritmo e efeitos de som em suas sessões.

lado, vêem o sexo oposto como possuidor de especial talento para estratagemas e traições. Poder-se-ia mesmo argumentar, sem esticar demais os fatos, que aqui, assim como em outras sociedades onde a diferenciação sexual é da mesma maneira tão fortemente marcada, há efetivamente duas culturas — o mundo dominante dos homens e a esfera subordinada das mulheres. É certamente, em termos de uma dicotomia tão ampla que os homens somalis vêem a possessão das mulheres como uma estratégia especializada destinada a satisfazer os interesses femininos às suas custas. O aspecto de "guerra dos sexos" da situação é muito evidente na seguinte estória que, quer seja relato de um episódio verdadeiro ou não, tem uma moral muito clara.

A esposa de um oficial de boa posição estava se sentindo fora de ordem uma manhã, sentada morosamente em sua casa, onde havia incidentalmente, cinqüenta libras, em dinheiro, pertencentes a seu marido. Uma velha (especialista em *sar*) veio visitar a desanimada esposa e logo convenceu-a de que ela estava possuída por um espírito *sar* e precisava gastar muito dinheiro para a montagem de uma dança catártica, se queria sarar. A requerida especialista em *sar* foi logo contratada, comida comprada e as mulheres vizinhas convocadas para participar da festa. Quando o marido voltou, ao meio-dia, para o almoço, surpreendeu-se ao encontrar a porta da casa fortemente fechada e um grande tumulto no interior. A xamã ordenou a sua mulher que não o deixasse entrar, sob pena de séria doença, e depois de bater furiosamente por algum tempo o marido perdeu a paciência e foi almoçar em uma casa de chá. Quando, de noite, o marido finalmente voltou do trabalho a festa havia acabado. A esposa, que havia sarado incrivelmente depressa, encontrou-o e explicou que subitamente ela havia caído doente. A possessão pelo *sar* tinha sido diagnosticada e, consequentemente, ela, infelizmente, tivera de gastar todo o dinheiro dele para pagar pela cerimônia de cura. O marido aceitou essas notícias perturbadoras com surpreendente controle.

No dia seguinte, que era feriado, enquanto a mulher estava fazendo compras no mercado, o marido levou todas as suas jóias de ouro e prata e sua querida

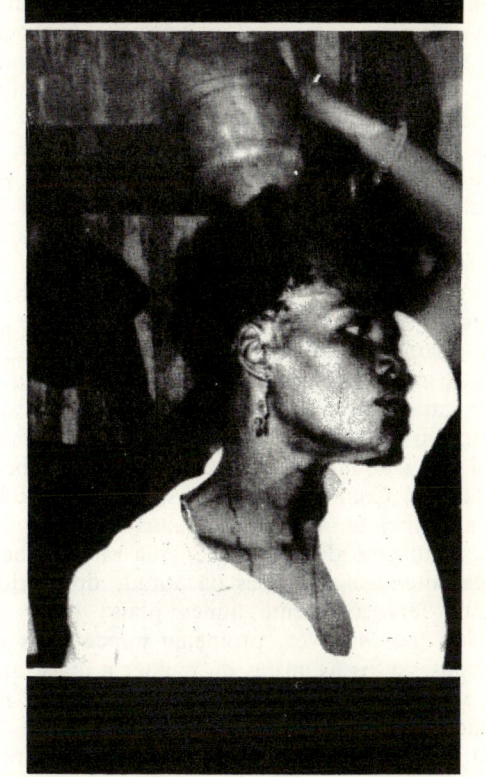

6a.
Mulher haitiana possuída por
seu par espiritual, a
deusa-serpente, Damballah.

máquina de costura a um agiota e recebeu uma substancial quantia. Com esse dinheiro ele convocou um grupo de homens santos e xeques e os recebeu com realeza em sua casa. Quando sua esposa voltou mais tarde, encontrou a porta firmemente fechada e ouviu sons de exuberantes cantos de hinos no interior. Depois de tentar entrar, sem sucesso, ela, por sua vez, foi intrigada perguntar aos vizinhos o que estava acontecendo. Quando finalmente voltou para casa mais tarde, encontrou seu marido sentado sozinho, calmamente, e perguntou-lhe o que tinha acontecido. "Ah", disse ele, "fiquei doente de repente e para sarar tive de reunir um grupo de homens santos para rezar e cantar hinos em minha intenção. Agora, graças a Deus, estou melhor; mas, infelizmente, como não havia nenhum dinheiro em casa tive de empenhar todas as suas jóias e até a sua máquina de costura a fim de receber meus convidados." Com essas palavras, como se pode imaginar, a mulher se lamentou em altas vozes. Mas depois de um curto período de reflexão sua raiva se acalmou, pois ela entendeu as razões da atitude do marido. Ela prometeu fervorosamente nunca mais "bater o *sar*". O marido, por sua vez, prometeu nunca mais receber os homens santos às custas da mulher e mais tarde resgatou seus pertences. E assim, presumimos, o casal continuou vivendo amigavelmente.

O uso feito pelas mulheres da possessão pelo *sar*, que essa pequena estória ilustra tão bem, não se confina apenas à Somália muçulmana. Esse tipo de possessão existe também na Etiópia (com o nome de *zar*), de onde parece ser originário, e no Sudão muçulmano, Egito, partes da África do Norte e Arábia, onde ele chegou mesmo a penetrar na cidade sagrada de Meca. Na Etiópia cristã, seus aspectos psicológicos e dramáticos foram descritos pelo poeta surrealista e etnógrafo Michael Leiris (Leiris, 1958). Aí, no entanto, o antropólogo americano Simon Messing (Messing, 1958, pp. 1120-7), trouxe maior clareza à sua significação social. Messing relata como as esposas usam o culto de estilo somali para extorquir sacrifícios econômicos de seus maridos, ameaçando recaídas se seus pedidos são ignorados. Bastante igual parece ser o caso das mulheres economicamente deprimidas no Cairo, apesar da possessão pelo *zar* parecer atrair também as

6b.
Uniões místicas com os deuses seguem o curso do amor terreno. Esta gravura do século XV, inglesa, mostra uma mulher tendo relações com o seu espírito familiar — neste caso o diabo.

mulheres ricas, quando se defrontam com problemas e dificuldades domésticas. Esse tema é ainda mais explicitamente demonstrado nos subúrbios de Kartum, capital da República do Sudão. Ali, relata um recente observador, as esposas possuídas por espíritos *zar* podem não somente exigir presentes, inclusive num caso vários dentes de ouro, mas também censurar abertamente seus maridos em termos que não seriam tolerados se fossem expressos diretamente pelas mulheres.

III

As mulheres (quer consciente ou inconscientemente), evidentemente, empregam a possessão pelo *zar* como um meio de insinuar seus interesses e demandas diante da repressão masculina. Algumas vezes, estão, claramente, competindo com outras mulheres (*e. g.* co-esposas) por uma parcela maior de atenção e consideração do marido; em outros casos, onde não há outras mulheres envolvidas, elas estão lutando, diretamente, por maior consideração e respeito e, algumas vezes, realmente competindo com o chefe da família por uma fatia maior do orçamento doméstico. Esses aspectos de "guerra dos sexos" não se restringem, de forma alguma, ao complexo *zar*. Sem tentar nenhum levantamento completo de cultos semelhantes em outros lugares, examinemos brevemente uns poucos exemplos escolhidos que são esclarecedores em vários aspectos.

Na etnografia africana, uma das primeiras e mais vívidas descrições é dada por Lindblom em seu estudo dos kamba da África oriental (Lindblom, 1920). Nessa sociedade é feita uma nítida distinção entre os espíritos ancestrais locais, que sustentam a moralidade e representam interesses correntes de seus descendentes, e os outros, espíritos caprichosos. Estes últimos demônios são típicas representações espirituais dos povos vizinhos — Masai, Galla e outras tribos —, inclusive europeus. Esses espíritos externos ou "periféricos" de origem estrangeira não são cultuados diretamente como o são os ancestrais, mas eles, regularmente, assolam as mulheres kamba. Como em outros lugares, as mulheres aflígidas "falam em línguas", em dialeto estrangeiro de acordo com a proveniência do espírito invasor. As demandas do espírito são, no entanto, bastante claras. O que eles buscam são presentes e atenções de seus companheiros masculinos, usualmente dos maridos, cada espírito solicitando coisas que refletem sua identidade tribal. Assim, os espíritos swahili pedem chapéus de estilo árabe ricamente bordados e os espíritos europeus artigos que os kamba tomam como símbolos da identidade européia. Roupas femininas são um pedido popular, de forma que os espíritos ajudam a ampliar os guarda-roupas daquelas que possuem. Que há algumas vezes dissimulação consciente nesses casos, fica claramente demonstrado por uma pungente estorinha registrada por Lindblom. Uma mulher que ansiava por carne só conseguia obter o consentimento de seu marido para o abate de animal recorrendo à possessão, na qual o desejo era formulado pelo espírito. Infelizmente, no entanto, uma vez satisfeito seu desejo, ela cometeu o grave erro de se vangloriar de sua bem sucedida dissimulação tão abertamente que isso chegou aos ouvidos de seu marido o qual, ultrajado, mandou-a de volta para seu pai.

Casos paralelos são registrados na Tanzânia, onde, há cerca de trinta anos, Koritschoner descreveu a alta incidência entre as mulheres de uma aflição popularmente chamada de "doença do diabo" em swahili. Novamente o espírito possuidor, que manifesta sua presença pela histeria e outros sintomas exige presentes que refletem sua origem. Aí o tratamento é, geralmente, um negócio demorado e envolve não somente as custosas danças catárticas mas também a presença, por algum tempo, do terapeuta no seio da família da mulher afligida. Nessa iluminada terapia, a mulher doente se sente o centro das atenções e o seu marido pode até mesmo ser forçado a mudar seu comportamento em relação à esposa (Koritschoner, 1936, pp. 209-217).

Uma vez mais, entre os luo do Quênia um relato muito recente descreve um culto semelhante de espíritos amorais, malévolos, de origem externa, existindo paralelamente ao culto dos ancestrais que sustenta a moralidade local. Os ancestrais luo provocam doença e infortúnio entre seus descendentes quando as pessoas, negligenciando as regras costumeiras, cometem pecados. Mas os espíritos estrangeiros, não-ancestrais, que selecionam particularmente as mulheres para suas atenções, não se preocupam com a administração do código social. Eles provocam uma ampla gama de aflições que vão da doença orgânica a problemas menores como a prisão de ventre. O tratamento, que como sempre é caro e envolve danças e festas, é feito por uma mulher xamã que invoca o espírito possuidor da paciente e descobre o que ele deseja. Com freqüência a vítima tem de ser temporariamente "hospitalizada" na casa da xamã, gozando assim de uma agradável pausa do mundo laborioso de uma oprimida dona-de-casa luo. No curso da terapia, a entidade espírita em questão é, não só permanentemente expulsa quanto colocada sob controle. E uma vez dada como boa e restituída ao seio da família, a esposa deve, daí em diante, ser tratada com respeito e consideração para que não retorne à temida aplição (Whisson, 1964).

Finalmente na África oriental, entre os taita, Grace Harris descreveu aflições semelhantes na possessão de uma mulher por espíritos diferentes daqueles que sancionam a moralidade e funcionam de maneira bastante semelhante exercendo pressão sobre os homens. Aqui um elemento que está presente em muitos dos rituais catárticos e que, neste caso, é particularmente acentuado, é a assunção por parte das mulheres possuídas de posturas e roupas masculinas. Aqui também há evidência direta, que nem sempre é tão bem elucidada, de que as mulheres, na verdade, invejam e se ressentem da dominação masculina e que, segundo alguns antropólogos, elas deveriam estar condicionadas a suportar com equanimidade e passiva aceitação (Harris, 1957, pp. 1046-66).

O número de cultos desse tipo na África é enorme e devemos ter ainda espaço aqui para apenas mais um exemplo, da África ocidental, que é particularmente elaborado e bem desenvolvido. Como seu análogo oriental *zar,* o culto hausa do espírito *bori* da Nigéria e Níger espalhou-se pelo norte da África e tem ampla distribuição. O culto se baseia em um imponente panteão de cerca de duzentas divindades individualmente nomeadas e relacionadas entre si de uma maneira que lembra os deuses da antiga Grécia. Esses espíritos abarcam, em ordem descendente de grandeza, desde o poderoso "Rei dos *jinns*" até um pequeno grupo de fantasmas conhecidos com familiaridade como "os manchinhas", os quais, apesar do nome inocente, são responsáveis não apenas por um número de indisposições menores, mas também pela varíola. Como em muitas de suas contrapartidas menos amplas, essa galáxia *bori* é, assim, não apenas um agrupamento de forças espirituais, mas igualmente um dicionário médico. Cada espírito está associado com um grupo particular de sintomas, apesar de haver, inevitavelmente, algumas sobreposições.

Tanto entre os hausa muçulmanos da África ocidental quanto em suas extensões na Tunísia, Tripolitânia e Egito, novamente, esse culto é predominantemente feminino. As mulheres são os devotos regulares dos exercícios xamanísticos destinados a curar e controlar as bases de suas doenças. Aqui, como em outros lugares na família poligâmica, as mulheres sucumbem a aflições provocadas por esses espíritos patogênicos em situações de conflito e contenda domésticos. Quando possuídas, esposas são tratadas com uma deferência e respeito que não se lhes concede de outra forma. Assim, como coloca o autor de um recente relato, as esposas.

manipulam os episódios *bori* de forma a reduzir as dificuldades sociais e econômicas dos maridos. Dessa forma o *bori* não é um meio apenas simbólico mas também real de desafiar o domínio masculino que permeia a sociedade hausa. No *bori* as mulheres encontram uma saída do mundo dominado por homens e através do *bori* o mundo das mulheres temporariamente subjuga e humilha o mundo dos homens. (Onwuejeogwu, 1969).

Não é minha intenção prolongar essa relação de querelas femininas indefinidamente. Uns poucos exemplos de fora da África devem, no entanto, ser dados mesmo que apenas para indicar que o que estamos discutindo está longe de ser uma síndrome exclusivamente africana. Nas regiões polares, as mulheres são especialmente vulneráveis a contrair a "histeria ártica" que pode ser diagnosticada como possessão por um espírito. A incidência dessa aflição é mais alta nos ásperos meses de inverno, quando a luta pela sobrevivência é mais aguda. Gussow, que, recentemente, interpretou esse estado em termos freudianos, refere-se à fuga histérica, à qual estão propensas todas as afligidas, como manobras sedutoras inconscientes e convite à corte masculina. Isso é, ele argumenta, o recurso das mulheres que em circunstâncias de adversidade e frustração buscam afirmação amorosa. Despida de suas cadências freudianas essa interpretação é proximamente paralela à linha de análise que vimos seguindo (Gussow, 1960).

De forma semelhante, em partes da América do Sul, onde deidades tradicionais ainda sustentam a moralidade dos costumes e são monopolizadas por homens, encontramos mulheres propensas ao ataque de espíritos periféricos do tipo que antecipamos. Esse é o caso, por exemplo, entre os mapuche do Chile, onde as mulheres assim afligidas podem, com o correr do tempo, se graduar para se tornarem xamãs femininos. As mulheres negras caribe das Honduras Britânica, são da mesma maneira assoladas por vários espíritos do mal que não têm nenhuma conexão com os ancestrais que, dentro de uma estrutura cristã, sustentam a moralidade. Um desses é uma criatura dos arbustos, um demônio que se oculta nos lugares escuros e é atraído, particularmente, por mulheres grávidas ou menstruadas. Ele corteja as mulheres em seus sonhos e inflige a doença. Mas o mais temido de todos esses espíritos nessa cultura é aquele descrito como o "devorador", que se diz ser conhecido em inglês pelo fantástico título de *belzing-bug**. Essa terrível criatura pode assumir as mais variadas formas tais como caranguejo, cobra, galinha, tatu ou iguana, e possui moças, fazendo-as dançar. O tratamento para essas aflições, como já aprendemos a esperar, é tão vantajoso para as mulheres molestadas quanto economicamente danoso a seus maridos ou companheiros masculinos (Taylor, 1951).

---

* *Belzing-bug*. Sendo *bug* usado para designar pequenos insetos como o percevejo, a expressão se refere a algum tipo feroz de inseto, com óbvia referência ao nome "Belzebu". (N. do T.).

A síndrome do sexo ligado à possessão, que estamos traçando, parece prevalecer igualmente na Índia e no sudeste da Ásia em geral. Porém, com a atual e infortunada escassez de estudos sociológicos sobre a incidência da aflição mística nessas áreas, na maior parte dos casos isso só pode ser inferido de indicações breves e parciais. No entanto, dois bons estudos recentes da Índia retomam o ponto. Em Uttar Pradesh espíritos malévolos não afiliados, ou fantasmas, perseguem os fracos e vulneráveis e aqueles cujas condições sociais são precárias. Assim a jovem noiva "assediada pelas saudades de casa, temerosa de que não seja capaz de dar filhos a seu marido e sua família, poderá rotular seus pesares como uma forma de possessão por fantasma". E "se ela tem sido ignorada e subordinada, a possessão por espírito poderá assumir uma forma ainda mais dramática e estridente como compensação pela obscuridade sobre a qual ela tem trabalhado" (Opler, 1958). Entre os brâmanes havik de Misore, onde até vinte por cento de todas as mulheres são passíveis de experimentar possessões periféricas em algum momento de suas vidas, o padrão é semelhante. Aí, são, de novo, principalmente noivas jovens e inseguras (ou mulheres mais velhas, estéreis) que estão mais expostas a essa forma de possessão. Em termos mais gerais, as mulheres como classe são consideradas fracas e vulneráveis e por isso facilmente submetidas por espíritos que, lisonjeiramente, se acredita serem atraídos por sua beleza. Na possessão, o espírito exprime "suas" exigências, fazendo o marido e sua família montarem uma dispendiosa cerimônia destinada a aplacá-lo e persuadi-lo a abandonar seu hospedeiro doente. Até que as mulheres tenham garantidas posições mais seguras nas famílias em que se casaram e tenham gerado herdeiros, a moléstia é passível de recaída, concedendo assim à mulher doente todas as atenções e influência que de outra forma lhe é negada (Harper, 1963, pp. 165-177).

No Ceilão rural, o mesmo padrão de possessão reaparece; as mulheres subordinadas são freqüentemente assediadas por demônios que causam doença e formulam muito claramente as demandas das hospedeiras afligidas. Aí, como vimos em exemplos prévios, há também provas explícitas de que as mulheres se ressentem da posição que lhes é atribuída pelos homens: o alívio parcial que obtêm pela possessão não exaure seu antagonismo. Assim, as mulheres oram, freqüentemente, para renascer como homens e dão outras indicações de sua insatisfação com sua classe enquanto sexo (Obeyesekere, 1970). Novamente, em Burma, como mostrou Spiro recentemente, o culto dos amorais espíritos *nat*, que é liderado por mulheres possuídas, complementa a religião budista oficial, dominada por homens, e permite àquele sexo proteger e promover seus interesses (Spiro, 1967). De forma semelhante, numa das raras análises sociológicas desses fenômenos na Indonésia, Freeman relata os mesmos padrões de sofrimento espiritual das mulheres casadas, entre os ibans do Bornéu ocidental, que, nesse caso, são atribuídos à possessão por pesadelos com homens sensuais (Freeman, 1965).

Na cultura chinesa tradicional também, as mulheres são, como sempre, especialmente vulneráveis à possessão por espíritos não afiliados e, como é bem sabido, desempenham importante papel como médiuns e xamãs. Assim, recente estudo psiquiátrico em Hong Kong (ao qual farei referência mais adiante), mostra que as mulheres em situação de pressão doméstica e conflito empregam a mesma estratégia feminista com resultados similares (Yap, 1960, pp. 114-37).

E finalmente no Japão — conforme nos conta um recente estudante do assunto —, ao longo de toda a história escrita, as esposas e filhas dos Imperadores eram, reconhecidamente, propensas à possessão, enquanto que entre a gente comum as sacerdotisas possuídas *miko* (muitas das quais eram cegas) quase sempre combinavam sua vocação extática com a prostituição (Fairchild, 1962). Aqueles que leram a tradução feita por Arthur Waley da Fábula de Genji também se lembrarão, sem dúvida, como uma das amantes de Genji ficou possuída por ciúmes de uma outra.

IV

Estará claro agora, penso eu, que estamos lidando com uma difundida estratégia empregada pelas mulheres para obter os fins que não podem conseguir prontamente de maneira mais direta. As mulheres estão, de fato, fazendo especial virtude da adversidade e da aflição e, com freqüência, bastante literalmente, capitalizando suas misérias. Esse culto da fragilidade feminina que, em sua forma diagnosticada, nos é suficientemente familiar nos desmaios sofridos pelas mulheres vitorianas em circunstâncias semelhantes, está admiravelmente adaptado à situação de vida daqueles que o empregam. Sendo involuntariamente tomadas de uma aflição arbitrária, pela qual não podem ser responsabilizadas, essas mulheres possuídas recebem atenção e consideração e, dentro de limites definidos e variáveis, manipulam com sucesso seus maridos e companheiros masculinos.

Desde que as doenças de que sofrem são interpretadas como possessões malignas nas quais sua personalidade e volição são obliteradas pelas dos espíritos, é óbvio que não são as próprias mulheres que fazem essas enfadonhas e custosas demandas aos homens. Apesar dos espíritos, falando em várias línguas, todos, monotonamente, enunciarem as mesmas tediosas exigências, sua enunciação dessa maneira oblíqua torna possível aos homens ceder a eles, sem se submeterem ostensivamente a suas esposas nem arriscar a sua posição de domínio. E se, nos rituais de possessão, as mulheres, conforme fazem freqüentemente (sem dúvida, muitas vezes, como caçoada), assumem as roupas e trajes masculinos e comportam-se pelo menos tão agressivamente quanto seus companheiros, não é a imitação a forma mais sincera de lisonja?

Assim, dentro dos limites que não são infinitamente elásticos, tanto homens quanto mulheres ficam mais ou menos satisfeitos: nenhum dos sexos perde a pose e a ideologia oficial da supremacia masculina é preservada. Desta perspectiva, a tolerância dos homens aos assaltos periódicos, mas sempre temporários, à sua autoridade, praticados pelas mulheres, parece ser o preço que eles têm de pagar para manter sua invejável posição.

Nessa conjuntura a verdadeira identidade conceitual dos espíritos em geral envolvidos parece altamente significativa. Na maioria dos casos, esses espíritos são ou mal vindos estrangeiros, originários dos povos vizinhos, ou duendes da natureza existindo fora da sociedade e da cultura. Em outros casos em que essa proeminente característica de externalidade é mais estreitamente definida, eles são ou fantasmas irriquietos, não-afiliados, ou ancestrais pertencentes a grupos outros que aquele em que causam tanta devastação. Numa palavra, são espíritos de outros povos. Eles são assim dissociados das normas sociais patentes às comunidades em que figuram tão freqüentemente como fonte de aflição. Essa qualidade mais amoral que imoral os faz particularmente apropriados para portadores de doenças, pelas quais aqueles que a elas sucumbem não podem ser culpados. E novamente, tanto os homens quanto as mulheres têm clara consciência disso[1].

Ao mesmo tempo, a especial predileção que esses espíritos periféricos demonstram pelas mulheres parece **também peculiarmente apropriada**. Pois, quer sejam ou não vistas como penhores nos jogos do casamento que Lévi-Strauss e outros entusiastas da teoria da aliança insistem que os homens estão sempre a jogar, não há dúvida que em muitas, senão na maioria das sociedades, as mulheres são, de fato, tratadas como criaturas periféricas. A periferialidade das mulheres nesse sentido é, não importa qual o sistema de descendência adotado, uma característica geral de todas as sociedades nas quais os homens mantêm monopólio seguro das principais posições de poder e negam a suas companheiras uma efetiva igualdade jurídica. Em certo sentido, existe aí, é claro, uma óbvia e vital contradição desde que qualquer que seja a sua posição legal, as mulheres são essenciais à perpetuação da vida e dos homens. São elas que produzem e criam as crianças e desempenham o principal papel em seu treinamento e educação iniciais. Assim, o tratamento das mulheres como pessoas periféricas nega, ou ao menos ignora, sua fundamental importância biossocial e, em termos sociais, se choca com seu profundo compromisso com uma sociedade e cultura particulares.

---

1. Para apreciar a total significação dessa ação evasiva temos de nos reportar a Jó, no Velho Testamento. Como ele, a maioria das comunidades tribais supõe que alta proporção de infortúnios e doenças devem ser interpretadas como punição pelos pecados. A possessão por um espírito periférico provê assim uma explicação para a doença que não carrega essa implicação de culpa.

(Essa avaliação, como descobri depois, é quase idêntica, até mesmo em terminologia, à que é feita da posição da mulher na sociedade ocidental moderna pelas líderes de agressivas organizações feministas como o *Women's Liberation Workshop*. Apesar desse paralelo levantar itens que são muito extensos para discutir adequadamente aqui, parece pouco surpreendente que, tanto na sociedade tribal quanto na moderna, as mulheres devam, em algum nível de experiência, se sentir subprivilegiadas em relação aos homens. As possibilidades de ação feminista diretamente militante são, sem dúvida, maiores em nossas condições contemporâneas. Mas nem todo mundo é igualmente articulado e, certamente, não é apenas em condições tribais que quem se sente oprimido recorre a estratégias compensatórias oblíquas. É altamente significativo, por exemplo, que em nosso mundo a incidência de neurose entre as mulheres é muito mais alta que entre homens.)

Voltando agora ao nosso argumento anterior, se é em termos da exclusão das mulheres de completa participação nos negócios sociais e políticos e de sua sujeição final aos homens que deveríamos procurar compreender de seu marcado destaque na possessão periférica, devemos também lembrar que esses cultos que expressam as tensões sexuais ainda assim existem por permissão dos homens. Parece possível que essa tolerância dos homens por esses cultos, assim como a licença ritual e bênção também dadas de modo mais geral às mulheres, podem refletir um simbólico reconhecimento da injustiça dessa contradição entre o "status" oficial da mulher e sua real importância na sociedade. Resumindo, se as mulheres, algumas vezes, mesmo em sociedades tribais tradicionais, invejam explicitamente os homens, o sexo dominante reage também de maneiras que sugerem seu reconhecimento de que as mulheres têm alguma razão para reclamar.

Esses aspectos são talvez mais evidentes quando **consideramos as elaborações mais amplas das possessões** periféricas femininas. Apesar de ter usado repetidamente o termo "culto", até o momento concentrei-me no uso feito pelas mulheres em suas situações domésticas de aflições de possessão como uma estratégia de protesto oblíquo contra maridos e companheiros masculinos. Sua possessão é diagnosticada e tratada como doença. A ênfase primeira está, algumas vezes inicialmente na expulsão ou exorcismo do espírito patogênico intruso. Mas desde que tais queixas tendem a se tornar habituais, o que eventualmente se consegue freqüentemente tem mais a natureza de uma acomodação entre a paciente cronicamente possuída e seu familiar. A paciente aprende, com efeito, a viver com o espírito. O espírito é assim finalmente "domado" e trazido sob controle, mas em geral só às custas de cerimônias periódicas em sua honra. Esse processo é, normalmente, realizado pela mulher em questão, afiliando-se a um clube ou grupo de outras mulheres de posição similar sob a direção de um xamã feminino. Tais sociedades se reúnem periodicamente para realizar danças e festas para os espíritos, nas quais seus membros encarnam seus familiares e celebram rituais em sua honra.

Enquanto mantivermos a posição oficial — que os homens endossam — de que todas essas atividades são designadas a combater moléstias e doenças, podemos considerá-las como diretamente terapêuticas em intenção. Elas são essencialmente curas e, em termos psiquiátricos, as reuniões do culto assumem muito do caráter das sessões de terapia de grupo. (Este é um aspecto de seu caráter que discutiremos mais completamente a seguir.) No entanto, dos relatos dos elaborados, se não furtivos, procedimentos rituais envolvidos — e dos quais os homens são rigorosamente excluídos —, fica muito claro que tais ocasiões têm, mais para as mulheres, a natureza de serviços religiosos. Assim o culto terapêutico é, para seus participantes, uma religião clandestina e as mulheres estão, pelo menos uma vez, exercendo um duplo *standard*. O que os homens aceitam relutantemente sob fachada de doença e cura, o sexo frágil goza como drama religioso. O que é inicialmente para ambos uma doença, torna-se assim para as mulheres uma indução traumática a um grupo de culto. Conseqüentemente, temos uma subcultura femininista, com uma religião extática restrita a mulheres e protegida do ataque masculino através de sua representação como terapia para doença. Da mesma maneira que nos outros cultos de possessão envolvendo homens, que ocupam posição central na sociedade e a nobre estrada à eleição divina passa pela aflição, também aqui o que começa em sofrimento termina em êxtase religioso.

Esses elementos aparentemente contraditórios, mas na realidade altamente compatíveis, estão todos presentes no tarantismo tal como sobrevive hoje no sul da Itália. Este, como vimos no capítulo anterior, é oficialmente uma doença provocada pela mordida da temida aranha tarântula. Mas desde que, das duas aranhas tarântula, aquela de picada inofensiva é que é selecionada como causa ostensiva da doença, há mais coisas debaixo do tarantismo do que parece à primeira vista. Outras considerações confirmam em cheio essa suspeita. Aqueles que foram "picados" uma vez, reexperimentam os efeitos da "picada" a intervalos regulares, freqüentemente anuais. A picada pode também atingir até mesmo famílias. Sua primeira ocorrência coincide com a experiência pela vítima de pressão e conflito. E as mulheres, apesar de terem na verdade menos chances de estar em contato com a tarântula verdadeira que poderia causar os sintomas, são muito mais propensas a contrair a doença do que os homens. Que estamos lidando aqui com algo muito mais exaltado e secreto que os efeitos de uma real picada de aranha, fica ainda mais confirmado pela rica mitologia e ritual que existem no âmago do tarantismo, apesar da etiologia aparentemente não mística da aflição.

Em primeiro lugar, a aranha em questão não é um inseto comum mas sim uma macabra invenção cultural ambiguamente conetada com São Paulo. Depois do celebrado incidente com as serpentes em Malta, este é o único santo creditado com o dom de curar a picada; e o que ele cura, ele também causa. Assim o Apóstolo Paulo é, ambivalentemente, assimilado à mística aranha e em Apúlia os ritos de exorcismo são agora celebrados principalmente em altares dedicados a ele. Na província de Salente, onde o tarantismo foi recentemente estudado *in loco* pelo italiano de Martino, as cerimônias principais são realizadas na capela de São Paulo na igreja em Galatina. Aqui os participantes se reúnem anualmente no dia do santo, em junho e cantam e dançam acompanhados pelo ritmo de palmas. Aqueles que procuram a cura e os que chegam para celebrar sua recuperação, chamam o santo com a invocação: "Meu São Paulo dos Tarantistas que pica as moças em suas vaginas; Meu São Paulo das Serpentes que pica os moços em seus testículos".

Essa identificação estranhamente incongruente da aranha libertina com o apóstolo ascético não é tão caprichosa quanto parece. Pois em séculos mais afastados as orgias dos tarantistas tinham certamente um caráter altamente erótico, ecoando a frenética dança das mênades de Dionísio, da qual há razão para se supor que elas tenham, na verdade, evoluído. E desde que o tarantismo envolve hoje em dia a possessão pelo híbrido aranha-santo (pois é isso que a "picada" significa de fato), sua expressão na linguagem do amor físico é, como já vimos com freqüência, nada desusada. O reconhecimento do poder especial do santo para curar a aflição enobreceu dessa maneira o que, provavelmente, é, na origem, um culto popular pré-cristão ou possivelmente ainda dionisíaco, a fim de acomodá-lo à prática local do cristianismo.

O que está claramente envolvido neste caso é um culto periférico, frouxamente cristianizado, praticado principalmente pelas mulheres camponesas. Assim como em outros exemplos que já consideramos, o ingresso ao culto é conseguido sucumbindo a uma doença, pela qual a mítica tarântula é responsabilizada. O tratamento consiste dos usuais rituais de dança catártica, realizados na própria casa do paciente ao ritmo da tarantela, mas atualmente, cada vez mais celebrado na capela do santo. Como em todos os outros lugares, tudo isso é um negócio custoso, pois, enquanto a igreja (assim como o paciente) lucra, pesadas despesas caem sobre o marido e parentes masculinos da vítima. Normalmente, uma vez picada, a vítima fica ligada ao santo pelo resto da vida. Os sintomas reaparecem a intervalos regulares, sendo interpretados como novas picadas pela aranha original e desaparecem apenas depois que a dança em sua honra tenha sido celebrada. A associação da aranha com São Paulo e das principais cerimônias de cura com a festa de seu dia, incorporam o culto ao celendário da Igreja.

Um típico exemplo do estabelecimento e subseqüente tratamento da picada demonstrará como tudo o que foi dito anteriormente desses cultos se aplica igualmente a este caso (de Martino, 1966, pp. 75 e 76). Uma moça, cujo pai morrera quando ela tinha treze anos, foi criada em condições de pobreza por um tio e tia. Com a idade de dezoito anos Maria se apaixonou por um rapaz que, desde que a família não aprovava a união por causa da pobreza da moça, abandonou-a subseqüentemente. Maria sofreu muito com isso. Um domingo ela estava calmamente olhando à janela, quando foi "picada" pela aranha e sentiu-se compelida a dançar. Quase ao mesmo tempo, uma mulher do distrito começou a pensar em Maria como uma possível esposa para seu filho. Ao se apresentar a ocasião propícia, a mãe pediu a Maria que aceitasse seu filho em casamento. Para ganhar tempo, Maria, que não se sentiu atraída pela proposta, alegou que não tinha dinheiro suficiente para fazer o enxoval, por causa de seus gastos com os músicos de seu tratamento de danças tarantistas.

Nesse ponto, São Paulo providencialmente apareceu, ordenando a Maria que não se casasse e convocando-a a uma união mística com ele. Logo depois, no entanto, mãe e filho conseguiram atrair Maria para uma fazenda deserta e forçaram-na a ali viver em vergonha. Pouco tempo depois, deu-se uma briga quando seu marido mortal lhe ordenou bruscamente que passasse suas roupas. E ao sair para devolver o ferro que tinha emprestado de um vizinho, ela encontrou São Pedro e São Paulo que lhe disseram: "Deixe o ferro e venha conosco". E quando Maria respondeu "Que será de meu marido?", lhe disseram para não se preocupar com isso. Esse incidente ocorreu num domingo, exatamente à mesma hora do dia em que ela tinha sido picada antes. Depois de ouvir as palavras dos santos, Maria se ausentou durante três dias, vagando pelos campos. Ao voltar ela dançou por nove dias, como resultado de uma segunda picada. Com essa curiosa picada amorosa o santo procurou lembrá-la de seu sagrado compromisso. Finalmente, Maria conseguiu um compromisso entre os interesses rivais de seus esposos humano e espiritual. Ela concordou com o casamento formal com seu sedutor humano, continuando a celebrar sua união espiritual com uma recrudescência anual de sua aflição a tempo de participar das cerimônias do dia da festa do santo.

Assim, constrangida pelas circunstâncias a casar com um homem que ela não queria, Maria continuou a pagar tributo periódico à tarântula e ao santo, revivendo em cada ocasião, no simbolismo do rito, a aventura original da picada do amor e, ao mesmo tempo, sendo curada pela graça de seu esposo celestial. O que começara como uma aflição atribuída à demoníaca aranha, encontrou sua apoteose numa comunhão particularmente íntima com São Paulo. E enquanto Maria pôde assim controlar sua doença através da participação anual nos ritos paulinos em Gaiatina, todo esse padrão de ação foi altamente expressivo de seu estado. Através de ataques periódicos, seguidos de tratamento no altar, Maria conseguiu sustentar sua condenação a um casamento forçado, tornando difícil a vida conjugal, impondo severa pressão econômica à família que ela não amava e chamando, flagrantemente a atenção pública para seus problemas. Se ela não podia remediar radicalmente a situação, podia ao menos continuar a protestar contra ela numa linguagem religiosa que os homens indultam como terapia sancionada divinamente.

V

Para entender completamente a dinâmica deste e de outros cultos terapêuticos periféricos, temos de distinguir claramente entre as fases "primária" e "secundária" do estabelecimento e tratamento da possessão. Na fase primária, as mulheres ficam doentes nos contextos de conflitos domésticos e suas queixas são diagnosticadas como possessão. A fase secundária é iniciada quando os ataques de possessão passam a ser crônicos e a esposa afligida é conduzida ao que pode vir a ser uma filiação permanente a um grupo de culto da possessão. Com o correr do tempo, ela pode então se graduar para a posição de xamã feminino, diagnosticando o mesmo estado em outras mulheres e perpetuando assim o que os homens tendem a ver, impiedosamente, como um círculo vicioso da extorsão feminina. Assim, o que começa com uma incontrolada, não-

-solicitada e involuntária doença de possessão se desenvolve rapidamente em um exercício religioso voluntário e progressivamente mais controlável. O clímax desse ciclo ocorre quando o papel de xamã é assumido pelas mulheres que, já dominando inteiramente seus espíritos, são consideradas capazes de controlar e curar aflições espirituais em outras. Como os xamãs tungues, elas "dominam" seus próprios espíritos e os utilizam para o bem público, ou pelos menos para o bem daquele público que se compõe de mulheres.

A seqüência de fatos característica foi particularmente bem descrita entre as tribos venda da África do Sul. Stayt, que estudou a situação ali no fim dos anos 20, registra que paralelamente ao culto central da moralidade ancestral, desenvolveu-se a partir de 1914, um influxo de espíritos intrusos estrangeiros dos povos vizinhos, shona, da Rodésia do sul. Essas forças invasoras possuíam mulheres e falavam através delas em dialeto shona. Cheios de truques e provocadores de doenças, acreditava-se que esses fantasmas se ocultavam nos ocos das árvores onde produziam estranhos ruídos sobrenaturais. Sua presença em mulheres casadas doentes, a quem eles regularmente atormentavam, era diagnosticada e tratada por mulheres xamãs. No curso do tratamento, dirigido pela xamã e que consistia de percussão e dança, o espírito possuidor da paciente revelava sua presença com um grunhido profundo, bovino, e depois anunciava suas demandas. Em resposta às questões da xamã o espírito respondia tipicamente: "Sou tal e tal e entrei em você quando você passava por certo lugar. Você não me tratou bem; quero um presente, algumas roupas ou enfeites." O espírito podia também pedir símbolos da autoridade masculina tais como uma lança, um machado ancestral, um *tail-whisk*, ou um *kerrie-stick** Tais presentes eram normalmente ofertados ao espírito que permitia então que a paciente se recuperasse.

Como sempre, no entanto, o alívio era apenas temporário. Depois de sua primeira possessão, uma mulher casada sucumbia regularmente a ataques posteriores,

---

* *Tail-whisk* — tipo de pêlos na ponta do rabo de animais.
* *Kerrie-stick* — bastão curto usado como arma pelos nativos da África do Sul.

em tempos de dificuldades ou adversidades, e quando tomada pelos espíritos dava roupas a eles e dançava o seu ritmo. Tal mulher se tornava de fato agora uma noviça de um círculo de mulheres periodicamente possuídas, celebrando danças regulares e poderia, com o tempo, graduar-se ela própria à posição de xamã.

Num dos casos registrados, o ímpeto de assumir essa posição veio de um casamento forçado no qual, ao contrário da tarantista Maria, a referida mulher conseguiu escapar. A moça venda em questão deixou seu novo marido e voltou para sua própria família onde o pai, enfurecido por esse desrespeito à sua autoridade, surrou-a. A relutante noiva fugiu então para o mato e desapareceu por completo durante seis dias. Depois dessa alarmante ausência ela voltou para casa parecendo muito doente e lamentando-se amargamente. O pai mandou chamar um xamã adivinho que diagnosticou estar a noiva infeliz possuída por um espírito. Naquela noite, para surpresa do pai a moça se levantou e ordenou-lhe que a seguisse. O pai pròtestou, mas como sua filha falou numa voz estranha, ele sentiu medo e obedeceu. Esse episódio inicial foi de fato o início da assunção dessa mulher à carreira de mestra de espíritos. Depois de se tornar membro em período integral de um clube de possessão feminino, ela veio a se tornar uma das xamas mais famosas da Vendalandia. (Stayt, 1937).

A transição entre o que chamei a fase primária da possessão periférica e a fase secundária pode assim ser provocada por um casamento inaceitável ou por um amor infeliz — conforme o médico da antiguidade Galeno de Pérgamo observou em relação ao estabelecimento da histeria em mulheres. Claramente, existem aqui vários graus de protesto. Aquilo que em companhia de muitas outras mulheres, Maria achou suportável, contanto que ela também pertencesse a um grupo de culto, outras rejeitam completamente para assumir posições de maior autoridade e compromisso dentro do que se poderia quase chamar de uma subcultura de protesto. Obviamente, até certo ponto, fatores idiossincráticos psicológicos, assim como os fatores das situações desempenham sua parte: algumas mulheres têm maior necessidade que outras de assumir o papel dominante de xamã. Outras ainda, têm dificuldades em suas relações com homens e acham o compromisso permanente e devotado ao grupo de culto mais fácil e mais compensador que o matrimônio.

Tais cultos, especialmente aqueles como o culto hausa *bori,* que são associados com prostituição, fornecem também refúgio apropriado a esposas divorciadas que estão "entre maridos". Freqüentemente, apesar de não sempre, as espécies de mulheres que se fazem esposas avoadas e cujos casamentos são mal sucedidos são precisamente aquelas que são levadas a esses movimentos. Em outros casos, esposas divorciadas que falharam por erros que não foram seus filiam-se também, temporariamente, a esses grupos. Em termos mais gerais, a motivação, mais comum sem dúvida, ao grau final de envolvimento e profissionalização é a infertilidade feminina. Uma alta proporção daquelas que se tornam xamãs constitui-se de fato mulheres que passaram a menopausa ou suas irmãs estéreis, mais novas. Assim, as mulheres a quem o casamento tem pouco a oferecer e aquelas que já gozaram seus frutos como esposas e mães encontram no papel de xamã uma atraente carreira nova. Que essa posição de domínio sobre os espíritos e de liderança das esposas rebeldes seja assumida por aquelas que a sociedade encara como meio-homens (desde que não são inteiramente mulheres) é, de fato, altamente apropriado. Assim, o que podemos chamar de síndrome da infertilidade estabelece o caráter andrógino que é atribuído freqüentemente às líderes desses cultos periféricos.

Tudo isso corresponde é claro, muito bem, à concepção de histeria dos antigos gregos como aflição de possessão diretamente relativa ao útero (*hystera* é a palavra grega para útero). Um dos primeiros autores, de língua escrita, a diagnosticar corretamente esse tema foi Platão, que explicou seus pareceres da seguinte maneira:

O útero é um animal que anseia por gerar crianças. Quando ele fica estéril muito tempo após a puberdade se entristece e se perturba dolorosamente: e vagando pelo corpo e cortando as passagens de ar, ele impede a respiração e leva o paciente à extrema angústia e provoca todo outro tipo de doenças (citado em Veith, 1965, p. 7).

Seria agradável deixar, no momento, a última palavra a Platão. Mas, antes de concluir este capítulo há um aspecto mais amplo da dinâmica desses cultos para o qual devemos chamar atenção — a sua dimensão histórica. Apesar de, na maior parte, ter escrito como se esses cultos estivessem suspensos de alguma forma em uma eternidade intemporal, isso, é claro, está longe de ser o caso. Assim como com outros fenômenos religiosos, eles surgem, se transformam e declinam em resposta às variações das circunstâncias externas que agem sobre eles. E considerando os cultos nesse contexto mais amplo, aprendemos mais sobre eles. Muitas vezes, por exemplo, esses movimentos contemporâneos marginais vêm a ser as religiões principais de épocas anteriores que foram eclipsadas por novas crenças. São elas, então, anacronismos nos quais os historiadores poderão ser tentados a ver uma ilustração bastante especializada da bem conhecida observação de Collingwood a respeito da persistência do passado "encapsulado" — como diz ele — no presente.

Assim, por exemplo, no culto de possessão de espírito *nat*, na Birmânia, contemporâneo, que é muito popular entre as mulheres, vemos muito do que sobrevive hoje da velha religião pré-budista. Pelo menos, assim nos garantem os historiadores. Da mesma maneira, a maioria das autoridades concorda ao considerar o culto *bori* da África ocidental como a antiga religião dos hausa, deslocada pelo Islã e lançada a uma sombria existência periférica na sociedade muçulmana dominada por homens. Em seu cenário original, o *bori* estava ligado à estrutura do clã hausa e não incluía a possessão. Naqueles dias tranquilos as mulheres gozavam de posição superior à que ocupam agora como muçulmanas. Assim, com a ascensão do Islã, as velhas deidades do clã "caíram no domínio público" como diz um recente observador; apesar de que "público" aqui deve ser entendido no sentido limitado, referindo-se mais às mulheres que aos homens. As mulheres passaram a ser possuídas pelos velhos deuses que seus homens repudiaram.

Uma seqüência de eventos paralela é postulada, com menos certeza porém, no caso do culto *zar* da Etiópia, que parece ter sido antigamente uma religião

7.
Matthew Hopkins, caçador de bruxas inglês do século XVII, com Sir John Holt, Chefe de Justiça na Inglaterra em 1691 e uma bruxa confessando quem são seus familiares ou "imps".

nativa deslocada, desta vez, pelo cristianismo e relegada assim às margens da sociedade para ser assumida pelas pessoas localizadas perifericamente (principalmente as mulheres). De maneira muito semelhante, entre os recém-islamizados e tradicionalmente matriarcais povos zaramo da costa da Tanzânia, as mulheres foram forçadas a uma posição mais subordinada que a que ocupavam anteriormente. Nessas circunstâncias elas parecem ter procurado recuperar algo de sua posição anterior desenvolvendo um culto de possessão por espírito centrado nas velhas deidades e possuindo todos os traços que vimos em outros lugares.

Em muitos dos outros exemplos que discutimos, no entanto, há provas de que as mulheres não estão tanto lutando para reconquistar um paraíso perdido mas sim aspirando a posições inteiramente novas de independência e poder. Freqüentemente, parece que mudanças sociais que levaram seus homens avante, deixaram-nas para trás, se debatendo e procurando desesperadamente alcançá-los. Até certo ponto, algo assim parece ter ocorrido no culto tarantista no sul da Itália que, antigamente, tinha um maior alcance social e abarcava uma proporção maior de homens socialmente desprotegidos do que hoje em dia. Em outros casos mais exóticos, infelizmente, nossa perspectiva histórica é drasticamente abreviada pela completa falta de dados seguros sobre o passado a qualquer nível. Entretanto, apesar dessa barreira ao conhecimento há certamente muita coisa a sugerir que nos lugares onde esses cultos periféricos não são (como os *bori* e *zar*) resíduos de antigas religiões deslocadas, eles muitas vezes surgiram recentemente, em termos comparativos. Na África, de qualquer forma, parece que freqüentemente os cultos desse tipo são, em parte, produtos colaterais dos amplos contatos e interações de tribos que a situação colonial estimula. Podem também refletir uma resposta às concepções européias da posição da mulher. É, pelo menos, certo, que tais cultos são agudamente sensíveis às condições econômica e social mutáveis, como de fato se pode concluir de seus efeitos.

Isso pode ser observado claramente num recente estudo de Elizabeth Colson (Colson, 1969, pp. 69-103) que contrasta os tongas conservadores e tradicionalistas

8a.
Cristo expulsando um diabo de uma mulher possuída, de *Le Très Riches Heures du Duc de Berry*.

8b.
Sacerdote etíope expulsa um mau espírito de uma moça trazida à sua igreja para tratamento.

do vale do Zambesi com seus compatriotas mais sofisticados, mais "prá-frente", que vivem no planalto vizinho. Entre os tongas do planalto, progressivamente mais envolvidos no moderno mercado econômico da Zâmbia desde os anos 30, e contando com oportunidades locais de ganhar salários em dinheiro sem exigir que os homens da tribo trabalhem extensivamente como operários migrantes longe de casa, os homens e as mulheres passaram por uma aculturação virtualmente paralela. Além disso, o padrão tradicional de relação entre os sexos era de uma desusada igualdade para uma sociedade africana. Assim, solteiras ou não, as mulheres tongas do planalto participavam livremente das atividades sociais masculinas e não eram estritamente limitadas com barreiras de contenções. Nessa situação, a possessão por espíritos periféricos, não-ancestrais chamados *masabe* é rara hoje em dia, na medida em que acontece, afeta igualmente homens e mulheres.

Entre os tongas do vale a posição é bastante diferente. Aqui os homens participam há muito, através da migração trabalhista, do mundo europeizado, mais amplo. As mulheres, ao contrário, ficaram em casa fascinadas pelas delícias e mistério urbanos dos quais foram excluídas. Essas esposas reclusas e constrangidas é que são regularmente sujeitas à possessão por espíritos que, hoje em dia, caracteristicamente solicitam presentes que essas mulheres associam diretamente com suas sedutoras contrapartidas urbanas. Assim como roupas alegres e comidas finas, um dos pedidos mais comuns é de sabão. Essa mudança nos apetites dos espíritos reflete a crescente sofisticação e repulsa masculina pelos cosméticos de óleo e ocre com que as mulheres do vale adornavam tradicionalmente seus corpos e uma distinta preferência dos homens por companheiras recém-banhadas e fragrantemente perfumadas. É nessa linguagem de salão de beleza que, através de seus espíritos possuidores, essas mulheres rurais chamam hoje, a atenção à sua exclusão e menosprezo e procuram aliviá-los e superá-los. No passado, como são freqüentemente em outros lugares, esses mesmos espíritos almejavam posses e roupas masculinas.

Qualquer que tenha sido o caso no passado, essas ambições e desejos hoje, não são mais estáticas. As aspirações femininas mudam constantemente com as variações de suas circunstâncias e experiências. As demandas que os cultos expressam se alteram concordantemente pois as mulheres, como Oliver Twist, sempre querem mais. Ser uma mulher *bori* bem enfarpelada na Nigéria, por exemplo, é sinônimo de ser uma mulher "por dentro" (*zawara*), emancipada, bem versada nas sofisticações da cidade e profundamente envolvida na política urbana e em outras atividades masculinas. O mesmo se aplica também, suspeito eu, a mulheres permanentemente possuídas em outros cenários urbanos. Deveremos retornar a este tema de protesto levado ao ponto de emancipação no próximo capítulo. No momento, notemos também como o caráter e simbologia mutáveis dos espíritos possuidores refletem o mais amplo e variado panorama da experiência social. Aos antigos espíritos tribais e animais que figuram tão proeminentemente em todas as partes nesses panteões espirituais, se acrescentam, enquanto são ainda novos e misteriosos, outras forças externas tais como as manifestas em telefones, carros, trens e aeroplanos. Coisa muito semelhante ocorre em geral com as forças espirituais de origem cristã e islâmica. Essas forças são assimiladas tão prontamente aos cultos periféricos no terceiro mundo quanto o foi São Paulo no sul da Itália. Com a chegada desses novos acréscimos de espíritos, refletindo novos contatos e novas experiências, alguns dos velhos espíritos se tornam inúteis e desaparecem.

Essa função experimental e explanatória, de como as velhas formas religiosas estendem seus braços para abarcar e chegar a bons termos com a nova experiência, está notavelmente demonstrado na República do Sudão. Aí, quando se formou o primeiro time nacional de futebol e o entusiasmo público pelo esporte era alto entre os homens, as mulheres começaram a ser assoladas por espíritos *zar* futebolísticos. Da mesma forma, durante o regime militar do General Aboud, uma onda de espíritos militares apareceu; e significativamente nas circunstâncias políticas tidas geralmente como opressivas, uma nova categoria de espíritos anarquistas também entrou na lista. Essas novas apresentações de espíritos foram uma grande provação para as mulheres entre as quais eles reproduziam fielmente o curso central dos acontecimentos do mundo maior, masculino. Assim, quando não conseguem fazê-lo mais diretamente, pelo menos no plano espiritual, as mulheres se esforçam em manter-se passo a passo com os homens. Novamente, vemos com clareza que o que chamei de subordinada subcultura feminina, mesmo que só em fantasia, avança passo a passo com a dominante cultura masculina.

4. ESTRATÉGIA DO ATAQUE MÍSTICO: O PROTESTO E SUA CONTENÇÃO

I

Seria sem dúvida satisfatório à vaidade masculina interpretar a marcada predominância das mulheres nos cultos de possessão que acabamos de discutir, como reflexo de uma inerente predisposição feminina, de bases biológicas, à histeria. Infelizmente, no entanto, essa conclusão é insustentável porque na prática esses movimentos não se restringem inteiramente a mulheres. Apesar de minha ênfase no capítulo precedente, vários dos cultos que já examinei, incluem de fato, também homens e não somente aqueles com óbvios problemas de personalidade. O tarantismo italiano, essa "religião do remorso", como de Martino trocadilhescamente o rotula, que ainda hoje atrai uns poucos camponeses oprimidos, tinha em períodos mais antigos um contágio maior entre homens. Relatos dos séculos XVII e XVIII revelam uma proporção consideravelmente mais alta de homens atormentados pela picada da aranha do que é o caso atualmente. Essas estatísticas correspondem muito bem com outros dados históricos que demonstram como, em séculos precedentes, o tarantismo exercia particular apelo a homens cujas condições sociais eram extraordinariamente opressivas ou constrangedoras.

Com seu simbolismo outrora mais ricamente dotado no qual os dançarinos atuavam como capitães fanfarrões, grandiosos governadores, boxeadores musculosos e veementes oradores públicos, o culto dava a tais homens a oportunidade de desempenhar uma série de papéis muito distanciados daqueles que tinham na vida real. O mais reles mendigo podia assumir temporariamente os ares e graças da alta sociedade e atrair respeitosa e simpática atenção à sua pose. O culto atraía também padres que encontravam dificuldades em manter os rigores de sua vocação celibatária assim como freiras que se insurgiam contra a disciplina e opressão da vocação religiosa. Esses indivíduos desajustados nos mosteiros e conventos encontravam algum alívio através da participação periódica nos vigorosos ritos do Carnaval de Mulheres. Hoje em dia tudo isso está mudado. A incidência da picada da aranha se restringe quase inteiramente às camponesas pobres das partes mais remotas e atrasadas do sul da Itália.

Apesar de contarmos com muito menos informações detalhadas a respeito da formação social de seus devotos, o culto de Dionísio parece ter exercido apelo semelhante não somente nas mulheres mas também em homens de baixo *status* social. Conforme colocou Jeanmaire, Dionísio era o "menos político" dos deuses gregos (Jeanmaire, 1951, p. 8). Era essencialmente um deus do povo, oferecendo liberdade e alegria a todos, incluindo desde escravos até homens livres excluídos dos velhos cultos de linhagem. Apolo, ao contrário, como coloca R. R. Dodds, "circulava somente na melhor sociedade". Por isso parece que temos aqui outro desses cultos periféricos de espíritos de origem estrangeira (no caso, supostamente trácios, os quais infligiam "doença" a homens e mulheres oprimidos e ao mesmo tempo ofereciam uma via de escape e cura nos ritos catárticos associados.

Tudo isto se aplica igualmente bem tanto ao culto *zar* quanto ao *bori* na África os quais discutimos anteriormente apenas em relação às mulheres. Na Etiópia cristã, a possessão *zar* não é, de fato, monopólio do belo sexo. A doença também afeta e o culto abarca igualmente homens de *status* social inferior, particularmente pessoas de categorias sociais marginais como os muçulmanos meio-sudaneses e ex-escravos. Na verdade, durante o intervalo entre 1932, quando foi observado por Michel Leiris, e as descrições mais recentes, fica claro que a composição dos grupos de culto se transformaram até certo ponto. Algumas das mulheres amharas da classe mais alta que eram adeptas parecem ter desistido para serem substituídas por um espectro mais amplo de homens pobres — particularmente não-cristãos. A filiação ao clube *zar* local e a participação nos rituais dramáticos ofererecem a essas pessoas, de outro modo desprivilegiadas, algum grau de emancipação dos confinamentos tradicionalmente frustrantes. Dentro desses clubes, que também funcionam como sociedades econômicas e associações de crédito, os membros dos grupos minoritários da classe baixa têm a oportunidade de estabelecer úteis associações com pessoas que, apesar de amhara, são desprivilegiadas de maneiras diferentes. E, acompanhando o que está acontecendo no cenário etíope mais amplo, uma nova inspiração à ascensão social está evidente no *status* cada vez mais exaltado dos espíritos que atualmente possuem as pessoas de origens humildes.

Enquanto na Etiópia os homens de classe baixa (quase sempre muçulmanos) podem, nos clubes de *zar,* roçar os ombros com mulheres amharas, cristãs, de classe mais alta, na Somália do sul cada sexo tem seu próprio culto. Aí as mulheres nobres e livres estão envolvidas em uma sociedade de possessão chamada *mingis,* que é uma variação local do *zar,* incorporando alguma influência galla. Esse culto exclui rigorosamente ex-excravos que, nessa parte fértil da República da Somália, eram anteriormente empregados como servos agrícolas. Eles têm seu próprio culto de possessão conhecido como *numbi* e se reúnem regularmente, toda semana, para realizar um ritual de dança no qual podem vir a ser possuídos pelo espírito.

Significativamente, quando esses ex-escravos dançam nos ritos de possessão carregam chicotes como insígnias, que, apesar de não serem mais usados hoje em dia, lhes permite se apresentar não como escravos, mas como senhores de escravos. Essa surpreendente inversão de papéis é elemento crucial no ritual.

E ainda, apesar de nos distritos rurais da Nigéria do norte o culto hausa *bori* ser essencialmente um movimento de protesto feminino, nas cidades — onde está associado à prostituição e também com o comércio e mercado em geral — os homens também estão envolvidos e não apenas como fregueses. Assim, na República do Níger, conforme relatou recentemente, Madame Nicolas (Nicolas, 1967), homens da cidade ficam possuídos e juntam-se ao culto. Mas, o que é interessante, eles são sempre estrangeiros, não homens locais, que como estranhos podem ser tomados como estando numa posição de insegurança e subordinação.

De maior significação do que inclusão de homens é, no entanto, a grande extensão do *bori* (e em escala menor também do *zar*) no nordeste da África. Ali, numa região dominada pelo misticismo islâmico, onde a profissão de fé é virtualmente sinônimo de pertencer a alguma das confrarias Sufi, o culto *bori* encontrou um novo e insuspeitado lar. As confrarias *bori,* cujo corpo consiste principalmente de ex-escravos e homens e mulheres de outras classes servis, existem paralelamente a ordens mais ortodoxas de sociedade livre ou mais alta. Esses antigos escravos são de fato originários da África ocidental e pertencem, etnicamente, a grupos como os hausa, songhay e bambara, etc. e assim, na verdade apenas continuam seus antigos cultos pré-islâmicos dentro de um cenário muçulmano. Mas o ponto de interesse para nós, aqui, é que no novo ambiente islâmico os cultos tradicionais assumem posição periférica. E desde que seus ritos incorporam muitos elementos islâmicos e os misturam livremente com a adoração do *bori* e outros espíritos não-muçulmanos numa aliança profana, aos reprovadores olhos dos piedosos árabes e bérberes norte-africanos, esses rituais têm o caráter de quase "Missas Negras" — perdoando-se o jogo de palavras.

A iniciação a essas "Confrarias Negras", conforme são conhecidas na literatura francesa, sucede normalmente a uma doença de possessão e os cultos são de caráter essencialmente terapêutico. (As mulheres árabes de nascimento nobre também procuram cura a suas queixas através desses mesmos rituais, o que, como é claro, resulta geralmente num negócio dispendioso para seus maridos.) Mais diretamente, apesar da colocação não ser inteiramente clara na literatura existente, penso que podemos inferir que, no caso dos escravos, o grosso das despesas envolvidas nessa terapia *bori* caía sobre os senhores, fornecendo assim aos primeiros um meio de manipular os últimos. Em sentido mais geral, essas confrarias *bori* também protegem os interesses de seus membros, fornecendo alojamento e comida aos temporariamente indigentes e, quando ainda existia a escravidão, comprava a liberdade do escravo. Com a abolição da escravatura essas organizações, mais que quaisquer outras, vieram a ser os focos principais de reunião e identificação social para a comunidade ex-escrava. Elas advogam os direitos de seus membros e os protegem contra a perseguição e o abuso de seus superiores árabes e bérberes. Aqui as Confrarias Negras agem como grupos de pressão que gozam de um saldo ritual especial através de sua associação com os muito temidos espíritos *bori*. Nessa base também, alguns devotos do culto gozam de lucrativa prática como adivinhos e curandeiros e desempenham papel particularmente importante no tratamento da esterilidade em grande parte da população. Assim, uma mulher árabe que perdeu todos os filhos, ou uma que não gerou nenhum, convocarão os adeptos do *bori* em seu auxílio. Eles fazem uma marca secreta em sua perna e a abençoam; e se ela subseqüentemente gera uma criança, esta "pertence" ao grupo de culto e contribui lindamente em suas oferendas e rituais periódicos (Tremearne, 1914; Dermenghem, 1954; Paques, 1964).

Quase tudo que se disse sobre o *bori* no nordeste da África se aplica com igual força aos análogos cultos escravos cristianizados do Caribe e da América do Sul. Em todas essas áreas encontramos atualmente florescentes cultos de possessão construídos em torno do substrato cosmológico dos velhos deuses da África, que os escravos trouxeram com eles e aos quais eles tenazmente se apegaram através do longo período de sujeição e opressão. Agora, evidentemente, esses cultos se tornaram na verdade as religiões não-oficiais dos camponeses locais e subsistem numa incômoda tensão com o cristianismo mais ortodoxo das elites sociais. De nosso ponto de vista, esses cultos também se centralizam em forças espirituais que são periféricas aos estabelecimentos cristãos dos países em questão e têm apelo mais forte aos segmentos subordinados da sociedade. A estes ofereceram uma consumada experiência religiosa, elevando homens e mulheres oprimidos a alturas de exaltação que, qualquer que seja sua outra ocupação, serve com certeza para escorar a baixa posição secular dos devotos possuídos.

Assim, conforme foi claramente demonstrado em Trinidad (Mischel e Mischela, 1958), por exemplo, além de atrair fortemente as mulheres, o culto shango geralmente atrai também adeptos masculinos como servidores domésticos e operários desempregados. Essas figuras rebaixadas são tomadas regularmente por espíritos poderosos, agressivos, e quando eles encarnam os deuses atraem a atenção de grandes audiências de um modo que é evidentemente, altamente satisfatório. As mulheres, semelhantemente, são freqüentemente possuídas por divindades masculinas dominadoras e estas permitem a seus "cavalos" exprimir aspectos de suas personalidades que em outras circunstâncias são fortemente suprimidos. De fato, claro está que o culto shango permite a uma massa discordante da humanidade atingir um "estágio" psíquico altamente dramático, com os possuídos dando rédeas soltas, durante os rituais, às emoções e sentimentos que em outros contextos são mantidos em sigilo. E como nos outros lugares, tudo o que a pessoa possuída faz é feito com impunidade desde que se considera que ela está agindo como o veículo inconsciente e involuntário dos deuses.

Todos esses elementos são igualmente bem representados no vodu haitiano, que abarca mais de noventa por cento da população da ilha e que é visto com escárnio e desdém pela pequena elite ocidentalizada que detém o poder. Esse grupo minoritário, que é de mulatos, principalmente, se apega desesperadamente aos valores ocidentais e à Igreja Católica Ortodoxa. De seu ponto de vista, conforme Métraux tão bem coloca, o vodu é um insidioso paganismo rural (Métraux, 1959). Para os camponeses, entretanto, é uma religião populista da qual os heróis do passado, ex-escravos e batalhadores da liberdade, tiraram inspiração para o conflito nacionalista anterior à independência em 1804.

A relação do vodu com o catolicismo se assemelha de perto àquela entre o *bori* e o islã no nordeste da África. Muito do ritual e liturgia vodu é de origem cristã e os "mistérios" *loa,* que também são chamados de "santos" e mesmo de "anjos", apesar de serem em grande parte derivados da África ocidental, são vistos como parte da cosmologia cristã. Quando o *loa* "sai" num novo devoto ele usualmente tem de ser batizado e muitos espíritos, encarnados em suas montarias, tomam a sagrada comunhão. Por outro lado, muitos santos cristãos e até mesmo a Virgem Maria são incorporados às *dramatis personae* do *loa.* Com esse grau de síntese entre as forças tradicionais africanas e as do catolicismo, não surpreende o fato de os dois calendários religiosos serem intimamente sincréticos. Durante toda a quaresma os santuários vodus ficam fechados e não se celebram serviços. Na Semana Santa os acessórios de culto são cobertos com panos, iguais às imagens das Igrejas Católicas e na noite de Natal, o ritual vodu "alça vôo com toda sua plumagem". como diz Métraux. Igualmente, a possessão pelo *loa* é explicitamente comparada com "a entrada do Espírito Santo no cura quando ele reza missa". Com esse grau de congruência, só se pode esperar que os camponeses haitianos, que evidentemente não se sentem embaraçados, nem confusos ao misturar as duas crenças, argumentem que "para servir o *loa* é preciso ser católico".

De sua parte, o *loa* entra muito intensamente na vida de seus servidores. Essencialmente, desempenham papel protetor e só abandonam sua benevolente paternalização quando são negligenciados. Alguns "mistérios" chegam a procurar emprego para seus *protegés*. No meio de um ofício vodu em um dos altares, um comerciante ou oficial pode subitamente receber o encosto de um *loa* que solicita trabalho para sua montaria. E quem pode rejeitar tal apelo divino, particularmente quando sendo o pedido feito pelo *loa* que garante a honestidade e industriosidade do candidato? Os espíritos se introduzem de fato tão profundamente nas vidas daqueles que dançam em sua honra que existem mesmo deuses banqueiros e agiotas que oferecem facilidades de crédito aos que assistem à cerimônia. Sua argúcia comercial e gosto pela especulação levam, na verdade, alguns "mistérios" a investir dinheiro com mercadores dos quais se pode esperar bons dividendos. Tais investimentos trazem em si as bênçãos dos deuses e dão boa sorte. Mas desde que os *loa*, da mesma forma que seus agentes humanos, são impiedosos em assuntos financeiros, aqueles que emprestam deles o fazem por seu próprio risco.

Os grupos de culto que surgem em torno de um influente sacerdote *loa* ou *hungan,* com títulos nostálgicos como "Costa do Ouro", "Deus Primeiro", "A Flor da Sociedade Guiné", etc., que preenchem nas cidades uma gama de funções similares às desempenhadas pelas sociedades *bori* no nordeste da África. Eles atuam também como associações de bem-estar e melhoramento e desempenham papel altamente significativo na definição da identidade social de seus membros. Acima de tudo, enquanto nos rituais dançados os devotos possuídos podem dar rédeas soltas a seus desejos e ambições reprimidos — que os deuses jubilosa e livremente expressam em seu nome — o culto dá também grande satisfação psíquica às "pobres almas moídas pela vida". Normalmente, como seria de se esperar, homens e mulheres oprimidos são possuídos por deuses que, na fantasia, expressam suas esperanças e medos e dirigem para cima a mobilidade social.

Além da satisfação que, como os seus análogos de outros lugares, essa "religião dançada" fornece a seus devotos, estão também presentes oportunidades de melhoria de situação de tipo mais direto e tangível. Já vimos como os deuses podem solicitar empregos para seus seguidores daqueles que estão em posição de dispensar tais favores. Ao mesmo tempo, a carreira de sacerdote ou sacerdotisa vodu, que pode ser gradualmente assumida à medida que um membro do culto aumenta seu controle e conhecimento (*connaissance*) dos "mistérios", pode ser ao mesmo tempo lucrativa e recompensadora. Um *hungan* bem sucedido é ao mesmo tempo padre, curandeiro, profeta, exorcista e organizador de entretenimentos públicos — estes últimos representando os aspectos teatrais e recreativos do culto que não devem ser tomados levianamente. Além disso, tal figura é vista como influente guia político e freqüentemente age como cabo eleitoral, trabalho pelo qual senadores e deputados pagam generosamente. Portanto, assumir o papel de líder de um grupo de culto significa ascender a escala social e adquirir lugar eminente aos olhos do público. A competição, no entanto, é feroz, e os sacerdotes rivais disputando com outros as congregações maiores de adeptos farão o impossível para desmerecer seus adversários. Nesse caso o argumento normal, que coincide com o que é geralmente levantado pela elite católica em relação ao vodu como todo, é de que os oponentes são bruxas ou feiticeiras trabalhando, como dizem os haitianos, "com ambas as mãos"[1].

II

Desde que esses cultos envolvem evidentemente homens em posições subordinadas assim como mulheres, em termos mais gerais, poderíamos esperar encon-

---

1. Esta passagem é baseada em Métraux cuja pesquisa de campo no Haiti foi realizada na década de 1940. Desde então, e particularmente depois da subida ao poder do Dr. Duvalier (Papa Doc), o vodu parece ter adquirido posição muito mais central como efetivamente, a religião oficial do Haiti. Vide Courlander e Bastien, 1966.

trar outros exemplos em sociedades estratificadas de outros lugares. E, se olharmos com suficiente cuidado, realmente encontramos essa firme correlação, agindo a incidência de possessão masculina por espíritos amorais periféricos como um raio X, lançado em relevantes áreas de subordinação a um sistema social. Entre os swahili da Ilha Mafia, ao longo da costa da Tanzânia, um recente estudo mostra isso muito claramente. A população muçulmana da ilha consiste de vários elementos tribais arranjados em definida ordem de precedência com os pokomos, os mais africanos e menos árabes em filiação étnica, ocupando o mais baixo degrau da escala social. Os pokomos são tradicionalmente excluídos de completa participação na vida ritual e política oficial desta sociedade islâmica e encontram sua satisfação num culto de possessão por espírito altamente desenvolvido, através do qual exercem influência e poder na comunidade mais ampla. Esses desditados ilhéus são sujeitos à possessão por "espíritos terrenos" dos arbustos classificados como "diabos" (*shaitani*) que provocam doenças quer através de sua própria malevolência, quer porque foram enviados por uma pessoa com poder sobre eles (*i. e.* por uma bruxa). Como sempre, esses espíritos não se relacionam à moralidade e, as doenças que inflingem nos incautos não são vistas como punição por infrações ao código social.

Tais aflições são diagnosticadas e tratadas pelos xamãs pokomos que controlam os espíritos em questão e iniciam suas vítimas nos clubes de possessão que se encontram regularmente para celebrar rituais de dança. O culto é aberto a homens e mulheres do grupo pokomo e recrutas ambiciosos podem, no momento determinado, se graduarem à posição de xamã e adivinho. Desde que os xamãs são pagos por seus serviços como consultores médicos, que não se restringem a pacientes de sua própria tribo, eles podem se tornar ricos e influentes nessa sociedade mista. Assim, através de cultos de espíritos-terrestres que com seus ritos extravagantes (que incluem a ingestão de sangue) são condenados pelos piedosos muçulmanos de estatura social maior, os homens pokomos adquirem *de facto* posições na ilha que, de outra forma, estariam fora de seu alcance.

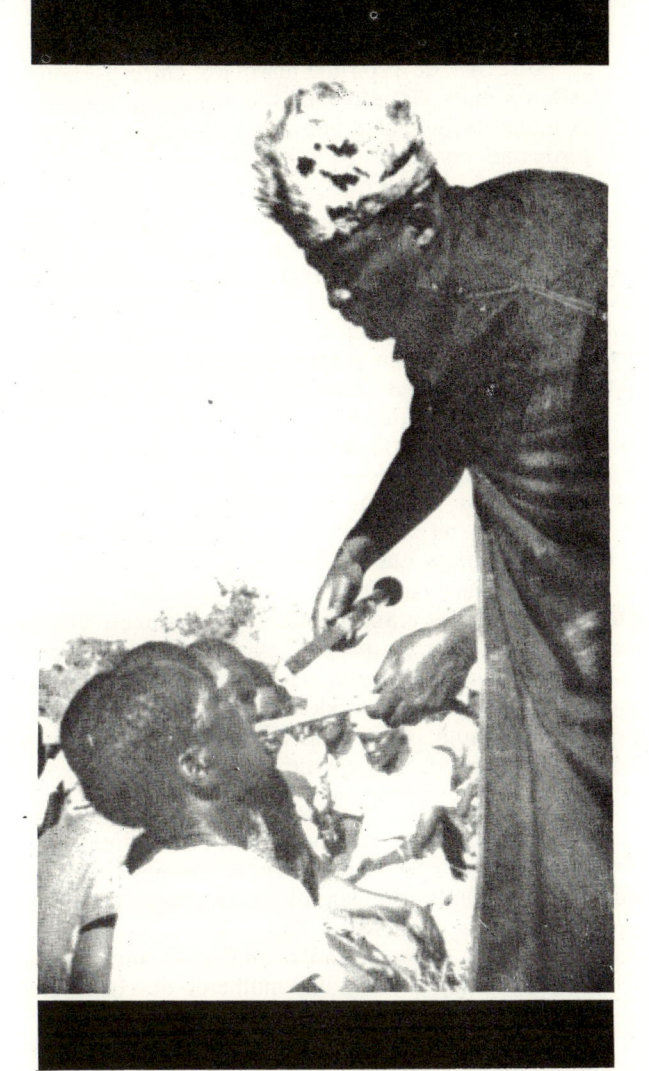

9.
Xamã shona na Rodésia expulsando mau espírito que faz com que uma mulher seja bruxa.

Paralelo a este culto pokomo, existe um outro culto de possessão de espíritos-marinhos entre os grupos de estratos mais elevados, mas é restrito a mulheres. Essas mulheres de classe alta são vulneráveis a aflições de possessão por espíritos que vêm do além-mar, na realidade da Arábia, e que fazem com que as possuídas falem em árabe. Esses enobrecedores espíritos "árabes" são lisonjeiramente atraídos pela beleza de suas hospedeiras femininas. A incidência das aflições que causam é exatamente similar à que já encontramos em tantos outros casos. Em situações de tensão familiar, as mulheres sucumbem a eles e eles se ocupam principalmente de situações femininas tais como a frigidez, a infertilidade e a gravidez. O tratamento requer custosas despesas por parte do marido e sua família e eventualmente conduz à iniciação em um grupo de culto de possessão. Este se reúne regularmente às sextas-feiras e seu ritual é, na verdade, uma paródia dos serviços religiosos islâmicos que os homens dominam e do qual as mulheres são excluídas. Desde que em Mafia o culto masculino é grandemente organizado através de confrarias místicas ou *tarigas,* essa sociedade de possessão feminina, como seu análogo *bori* na África do Norte, segue o mesmo modelo. Em suas reuniões de possessão as mulheres cantam os mesmos hinos que os homens cantam nos serviços de suas confrarias.

Claramente, ao mesmo tempo que granjeiam proteção da exclusão de seus confrades masculinos, que elas manipulam através de doenças de possessão, as mulheres também participam alternativamente na cultura dominada por homens da ilha. Apesar de haverem aqui dois cultos de possessão paralelos — um da classe baixa pokomo, e outro das mulheres de classe alta — os espíritos do primeiro são considerados geralmente mais poderosos e o principal xamã pokomo controla de fato ambos os cultos (Caplan, 1968).

Em dois outros exemplos africanos que valem a pena mencionar brevemente, os homens de baixas posições sociais e as mulheres geralmente não são separados em cultos de possessão distintos como em Mafia ou Somália do sul, mas reunidos no mesmo culto. Essa é a situação que foi admiravelmente descrita entre os songhays muçulmanos da curva do Níger por Jean

10a.
São Paulo cego na estrada de Damasco, de um mosaico do século XII. O sacerdote inspirado ou xamã é geralmente chamado à sua vocação por meio de uma experiência traumática.

Rouch (Rouch, 1960). Nessa sociedade oficialmente muçulmana, espíritos não-ancestrais chamados *holey* têm papel análogo ao dos *bori* entre os vizinhos hausas. Nessa sociedade estratificada, os espíritos *holey,* que incluem tanto duendes da natureza quanto forças estrangeiras que expressam o meio ambiente geossocial mais amplo dos songhays, assolam mulheres e homens de casta baixa. Aqui a doença, diagnosticada como possessão por espírito, parece funcionar entre essas categorias sociais periféricas como um aprumo oblíquo da maneira que exploramos em outros casos. Em termos finais, a possessão cíclica é interpretada como um inapelável chamado pelos espíritos e requer a iniciação formal ao culto.

Esses iniciados "filhos dos espíritos" conforme são chamados, são dirigidos em suas atividades rituais por homens de baixas castas ocupacionais e particularmente pelos pescadores sorkos do vale do Níger. Homens velhos desse grupo, que podem representar elemento autóctone na população, são considerados como "casados com espíritos femininos e incapazes de se interessar por outras mulheres". Esses sacerdotes sorkos abandonam muitas vezes suas ocupações rebeirinhas e se devotam inteiramente ao culto *holey*. Na sociedade maior suas principais tarefas rituais consistem em fazer chuva, na organização de danças de caçadas para assegurar a pesca no rio, e a direção dos rituais destinados a aliviar os efeitos de desastres causados por temporais durante a estação chuvosa. Aí, seu papel primordial é o de intermediários como Dongo, o deus do trovão. Assim, entre os songhays, os dois elementos mais marginais da sociedade — mulheres de todos os grupos e homens de baixa casta — são reunidos em um culto de aflição comum que é integrada no todo da vida religiosa e oficialmente muçulmana desse complexo povo da África ocidental.

Síntese semelhante sob condições diferentes aconteceu entre os gurage, um povo de fala semita da Etiópia central (Shack, 1966). Aí, entre os gurage que ainda não se converteram ao islamismo ou ao cristianismo, existem dois cultos principais. O primeiro, restrito a homens livres, refere-se ao deus celeste *Waka,* que é adorado como o guardião da moralidade geral. Essa

10b.
Um membro da tribo shona afligido por doença de possessão, submetido a tratamento para estabelecer a identidade do espírito em cujo nome ele futuramente praticará como xamã.

deidade recebe oferendas anuais em seu altar que é
o centro da vida política e religiosa dos gurage e está
representada por uma sacerdotisa. A posição é atribuída a um clã particular, mas seu exercício é apenas
potencial. Ela se torna ativa somente através do casamento de uma mulher do grupo descendente apropriado com o consorte masculino ritual que, por sua vez,
deve ser escolhido de outro clã designado. No entanto,
é essa mulher, "esposa" humana da divindade, que,
assistida por mulheres da desprezada classe dos mar-
ceneiros fuga, que lidera este culto masculino. Não há
possessão neste caso.

Contrastantemente, a possessão é a motivação
dominante do culto feminino paralelo, dirigido à deidade feminina *Damwamwit*, que é liderado por um ar-
tesão fuga *masculino*. Através da possessão por esse
espírito, mulheres gurage em geral e homens fuga
oprimidos (que são ligados como clientes a famílias
gurage livres)têm licença especial e um certo grau de
ascensão social que lhes é negado por outras formas.
Assim, como se pode imaginar, as mulheres quando
têm problemas com seus maridos ou os dependentes fuga em dificuldades com seus mestres gurages, são prontamente possuídos. Além disso, à guisa de conclusão,
seu espírito protetor é capaz de atacar qualquer um
que inconsideradamente os moleste.

Vejo esses movimentos feminino e fuga essencialmente como cultos de possessão periféricos que se ins-
titucionalizaram a ponto de serem integrados no todo
do sistema religioso gurage, paralelamente ao culto
masculino de possessão pelo espírito masculino *Waka*.
Nesse caso não se permitiu que a possessão se introdu-
zisse no culto principal de moralidade dominado por
homens, mas foi autorizado a existir paralelamente e
persiste entre as mulheres sob liderança masculina —
aparentemente às custas de garantir às mulheres a direção do culto anterior. Infelizmente não sabemos nada
sobre as circunstâncias históricas subjacentes a essa síntese; e é igualmente discutível se esse equilíbrio entre
os sexos representa ou não um compromisso justo entre
homens e mulheres, numa sociedade onde se sabe existir antagonismo sexual muito explícito. A respeito dos
oprimidos fuga, no entanto, parece que a licença que

lhes é concedida na possessão pode ser encarada como, na verdade, uma tentativa de neutralização de suas tendências revolucionárias.

Tocando assim o tema de rebeliões ritualizadas que, aqui como em outros lugares, está indubitavelmente presente nesses cultos dos poucos privilegiados, devemos ser cuidadosos para não concluir que essas expressões de insubordinação canalizadas representem uma catarse completamente satisfatória que exaura totalmente ressentimentos e frustrações reprimidos. Agora, o meu último exemplo africano, o culto de possessão *kubandwa* no reino de Rwanda, fornece um salutar aviso contra a precipitada aceitação desses pontos de vista "estabelecidos" sobre a situação geral. A Rwanda tradicional provê um exemplo extremo de estado de conquista mista, organizado em rígidas divisões de castas. O sistema era dominado pelos orgulhosos tutsis que, como aristocratas pastores intrusos, governavam a sociedade da qual formavam apenas cerca de dez por cento da população total. O grosso dos habitantes do reino consistia, na verdade, de agricultores hutus que não se podiam casar com tutsis e ligavam-se a eles como clientes, produzindo gêneros e ajudando a cuidar de seu gado. Esse arranjo simbiótico liberou os nobres tutsis de muitas das prosaicas tarefas da vida cotidiana e permitiu-lhes devotar suas energias ao governo e à conquista. Ao mesmo tempo, permitiu também aos desprezados hutus participar alternativamente na cultura pastoral dominante de seus senhores. Finalmente, na base da pirâmide social ficavam os caçadores pigmeus chamados twas que, como os aristocráticos tutsis, constituíam proporção muito pequena da população.

A "premissa da desigualdade", conforme a chama Maquet, sob a qual os hutus e twas trabalhavam, era até certo ponto aliviada por sua participação no culto de possessão por espírito *kubandwa*. Esse culto, que era bem separado do dos ancestrais mantenedores da moralidade costumeira, centralizava-se no deus *Ryangombe,* e seus espíritos assistentes. *Ryangombe,* à maneira de Dionísio, era essencialmente um deus do povo, unificando em seu culto tanto os subordinados twas e hutus como os senhoriais tutsis. A iniciação ao culto era posterior à doença do espírito e envolvia, como com tanta freqüência se dá em outros lugares, uma união mística com a divindade e seus espíritos servidores. Uma vez atingido isto, o iniciado era protegido do poder do culto dos ancestrais que, como era de se esperar, lutava com dificuldades para elevar a moralidade de casta. Significativamente, *Ryangombe* é descrito na mitologia como o rival vitorioso do rei **Ruganzu**, o mais celebrado dos conquistadores tutsis nas tradições cortesãs.

Apesar dos relatos existentes desse culto não deixarem claro se os twas e os hutus faziam ou não uso da possessão, como seria de se supor, para pressionar seus interesses nas relações com seus patrões tutsis, nossas fontes sobre esse movimento enfatizam fortemente seu papel como válvula de escape para a ventilação de agressividade suprimida por parte dos grupos subordinados no reino (de Heusch, 1966). Fica claramente evidenciado, no entanto, que isso era um paliativo apenas parcialmente bem sucedido, com as seqüências dos eventos mais recentes dessa perturbada área do leste do Congo. Nos últimos dias do domínio belga, os tutsis, com o mesmo espírito dos colonos brancos da Rodésia, pressionaram uma iminente independência a fim de afastar quaisquer erosões posteriores de sua tradicional autoridade. E pouco antes da independência, como será lembrado, os suprimidos hutus deixaram o alívio que podiam encontrar no culto *kubandwa* para precipitar uma sangrenta revolução na qual tomaram o poder dos tutsis e massacraram milhares de seus antigos senhores.

III

Conforme vimos no caso de cultos femininos, onde, por mais ambivalentes que possam ser as atitudes masculinas em relação a esses espíritos perturbadores, os homens pelo menos acreditam neles em geral, aqui também é obviamente essencial que tanto os superiores quanto os subordinados participem de uma crença comum na existência e eficácia desses poderes rebeldes. Essa básica necessidade de confiança mútua no simbolismo de tais possessões periféricas é requerida, desde que, de outro modo, a voz do protesto perde sua autoridade. Esse aspecto da situação ganha ênfase imediata se compararmos por um momento nossas próprias manifestações contemporâneas do "Flower Power" com o interessante precursor fijiano, do século XIX, conhecido como Culto do *Water Baby*. Quaisquer que sejam as mensagens de paz que possam ter veiculado em séculos anteriores e a despeito dos esforços da Interflora, hoje em dia, em nossa sociedade secular, as flores não são símbolos evocadores profundos carregados de significados esotéricos. E nem o eram no Fiji do século XIX. Lá, no contexto do primeiro impacto da mudança social moderna, jovens e chefes menores excluídos das altas posições na estrutura de autoridade tradicional juntaram-se para formar o culto do *Water Baby*, sendo possuídos por espíritos da floresta e das águas e assumindo novos nomes pessoais — normalmente o de flores. Divergindo de nosso *Flower People,* essas contrapartidas fijianas conseguiram através da possessão e de sua participação no culto uma certa medida de atenção e respeito que lhes tinha sido negada anteriormente (Worsley, 1957). O simbolismo selecionado era apropriado à tarefa em que foi aplicado.

Todos os elementos que discutimos até aqui são particularmente bem demonstrados no contexto do sistema de casta hindu. Vários escritores recentes sobre as comunidades indianas comentam a predileção que os espíritos periféricos (quase sempre o de mortos inquietos e prematuros) demonstram por homens de castas baixas. Através da possessão, essas ordens inferiores recebem uma franquia limitada para protestar contra sua condição subalterna. Uma das melhores análises desse padrão de motim ritualizado é dada por Kathleen Gough sobre os nayares de Malabar (Gough, 1958).

Essa alta casta de guerreiros e donos de terra é tradicionalmente dividida em um certo número de matriarcados, cujas unidades mais significativas funcionalmente são os segmentos maternais conhecidos como *taravads,* cada um deles com sua propriedade e liderados pelo homem mais velho do grupo. Como seria de se esperar, dentro da prática local do hinduísmo, os ancestrais de cada grupo preocupam-se grandemente com a moral e obediência às regras de casta de seus descendentes. Esses espíritos essencialmente familiares são cuidadosamente tratados pelo chefe de cada *taravad*. A doença e a aflição são interpretadas como manifestações de sua ira contra algum ato de comportamento impróprio dentro do grupo.

Há, no entanto, outras opções. Alguns casos de doença e moléstias são atribuídos não aos ancestrais, mas a fantasmas externos. Estes últimos são tipicamente espíritos de servos de castas baixas e dependentes dos nayares que morreram em conseqüência de uma disputa com seus senhores ou foram na verdade mortos por eles. Tais espíritos, como se pode imaginar, perseguem e hostilizam seus antigos superiores, causando muito infortúnio voluntário e doenças. Para combater isso, são levantados altares a esses exigentes espíritos e eles recebem oferendas regulares — feitas não pelo próprio chefe do grupo nayar, mas por um servo de classe baixa. Por intermédio desse sacerdote, oferendas de coquetéis e galinhas são feitas anualmente pela família nayar preocupada em manter os espíritos contentes. Sacrifícios propiciatórios são também feitos em outras ocasiões em resposta a aflições pelas quais esses espíritos periféricos (em nossa terminologia) são responsabilizados. Aqui o diagnóstico é feito por um adivinho de casta baixa.

Nos ritos propiciatórios, o celebrante de casta baixa é geralmente possuído pelo espírito. Quando nesse estado, pode fazer outras demandas a seus senhores nayares assim como aproveitar a oportunidade para formular quaisquer reclamações feitas na época pelos dependentes de casta inferior do grupo nayar em questão. Essas representações são, evidentemente, feitas pelo espírito e não devem ser, portanto, tomadas levianamente. De maneira semelhante, nos verdadeiros rituais de conciliação, esses peritos do ritual pertencentes a casta baixa (descritos como exorcistas profissionais), em desafio à convenção normal, agem de modo muito agressivo com seus senhores nayares. No contexto ritual, no entanto, eles devem ser tratados com grande respeito pelos nayares e devem receber dádivas e tantos presentes quantos solicitarem.

À luz do que foi dito, não surpreende descobrir que a incidência de aflições verdadeiras atribuídas a esses espíritos tende a coincidir com episódios de tensão e tratamento injusto nas relações entre senhor e servo. Assim, como se dá com freqüência em outros lugares, de um ponto de vista objetivo, pode-se considerar que esses espíritos funcionam como uma espécie de "consciência dos ricos". Seu poder malévolo reflete os sentimentos de inveja e ressentimento que as pessoas de casta alta supõem que as castas baixas, menos afortunadas, devem abrigar em relação a seus superiores. Além disso, esses fantasmas agressivos no caso não são mais usados somente pelos fracos e oprimido através da estratégia oblíqua da autopossessão. Eles também tomam a ofensiva e atacam diretamente os nayares, provocando aflições de possessão que só podem ser curadas por exorcistas de casta baixa. Os nayares têm portanto boas razões para levar a sério esses espíritos caprichosos. Essas forças podem também serem diretamente empregadas na bruxaria e feitiçaria. Àqueles que as controlam credita-se também o poder de enviá-las contra um inimigo. E são aí precisamente seus dependentes de casta baixa, que se especializam em lidar com espíritos sujos, que os nayares vêem como bruxas e feiticeiras em potencial.

Isso nos traz ao tema da próxima seção deste capítulo — a relação entre a possessão periférica e a bruxaria. Mas antes de nos lançarmos a isso, notemos que no caso que acabamos de examinar, esses espíritos de casta baixa que os nayares tratam como externos são, evidentemente, ancestrais para os grupos subordinados em questão. Pois o que é externo para os nayares são bons amigos e parentes para seus servos. Portanto, neste caso não se trata de um grupo étnico único sendo assolado por forças de povos vizinhos hostis. Pelo contrário, a situação é de que os espíritos que são centrais para um subgrupo da sociedade plural são marginais a outras unidades pertencentes ao mesmo sistema. Em resumo, o inimigo não está às portas, mas dentro do coração da sociedade composta. A externalidade ou periferalidade é assim muito relativa e no caso dos nayares definida, como seria de se esperar, por barreiras de casta. O caso é semelhante em outros sistemas cultural e etnicamente heterogêneos onde os deuses dos segmentos subordinados da sociedade maior são temidos por seus superiores como caprichosas forças descontentes. De fato, é esse o caso com os cultos escravos do *bori* no noroeste da África.

A externalidade, todavia, pode ser ainda mais estreitamente definida. Pode-se considerar que, onde as mulheres são casadas exogamicamente com homens de outras linhagens, cada esposa traz seus próprios espíritos ancestrais com ela e estes são externos à família e parentesco do marido. Ou, alternativamente, pode-se considerar que a esposa tem acesso privilegiado aos espíritos ancestrais de seu marido que são estranhos a ela. Em qualquer dos casos, as mulheres se relacionam com espíritos que têm um certo grau de externalidade ou marginalidade na situação em que são operativas. Em muitas sociedades, particularmente entre os povos banto da África do Sul, tais espíritos ancestrais afins causam regularmente aflições de possessão nas mulheres participantes, mas uma vez dominados suas vítimas se tornam adivinhas antibruxaria, reconhecidas socialmente. Aqui, exatamente da mesma maneira que com espíritos periféricos mais completamente estrangeiros, as mulheres empregam esses espíritos "extradescendentes" para promover seus objetivos e interesses da maneira que agora já estamos preparados a esperar.

Assim, não importa quão estreita ou amplamente concebida possa ser a periferalidade dos espíritos envolvidos, o efeito é sempre o mesmo. O que encontramos repetidas vezes, em uma ampla gama de diferentes culturas e lugares é uma especial dotação de poder místico aos fracos. Se eles não chegam a herdar a terra, são pelo menos dotados de meios que lhes permite compensar suas esmagadoras desvantagens legais. Com a autoridade que só a voz dos deuses pode dar, eles encontram uma maneira de manipular seus superiores com impunidade — pelo menos dentro de certos limites. E, conforme vimos no capítulo precedente, até o ponto que é difícil de determinar, isso é amplamente satisfatório para todos os envolvidos, tanto subordinados quanto superiores. No entanto, como frisei repetidas vezes, isso não quer dizer que tais limitadas expressões de protesto exauram o estoque de fervor revolucionário. Por mais satisfatório que possa parecer o desempenho desses cultos, a potencialidade para explosões mais radicais e profundas de ressentimentos reprimidos está sempre presente.

Sartre, em seu prefácio a *The Wretched of the Earth*, de Franz Fanon, vê o assunto de maneira claramente distinta. Falando dos últimos dias do colonialismo na Argélia ele diz:

> Em certos distritos eles lançam mão de um último recurso — a possessão por espírito. Antigamente isso era uma experiência religiosa, em toda a sua simplicidade, uma certa comunhão dos fiéis com as coisas sagradas; agora eles fazem disso uma arma contra a humilhação e o desespero; Mumbo-jumbo e todos os ídolos da tribo baixam sobre eles, regulam sua violência e a desperdiçam em transes até que se exaure. (Sartre, 1967 pp. 16-17).

Poucos questionarão a posição de Sartre de que balas são armas mais poderosas que os espíritos contra os colonizadores franceses. Mas sua nostálgica descrição do caráter completamente inocente da possessão em seu cenário tradicional, pré-colonial, mostra notável ignorância da verdadeira significação sociológica das Confrarias Negras. E essa avaliação inócua certamente não é partilhada — fora da situação colonial — por aqueles contra os quais tais cultos são dirigidos. Como veremos, os cultos de protesto que descrevemos só são tolerados dentro de limites definidos e são regularmente contidos por mecanismos de defesa que se destinam claramente a controlar a insubordinação excessiva.

IV

Nas páginas precedentes, assim como no capítulo anterior, esboçamos a atribuição generalizada de infortúnio e doença a espíritos periféricos amorais que assolam os fracos e oprimidos. Os homens e mulheres que experimentam essas aflições o fazem regularmente em situações de pressão e conflito com seus superiores e, com atenção e respeito que atraem temporariamente, influenciam seus senhores. Assim, a adversidade é transformada em vantagem e a possessão por espírito desse tipo pode ser vista como representante de uma estratégia oblíqua de ataque. Essa maneira de encarar a possessão, classifica-a imediatamente de acusações de bruxaria e feitiçaria que, como bem se sabe, são similarmente empregadas para explicar a tensão e a doença em situação de conflito e tensão. Se prosseguimos agora na comparação dessas duas maneiras de reagir ao infortúnio, ficará óbvio que elas representam estilos de ataque muito diferentes. Primeiramente deixemos claro, no entanto, que apesar de na bruxaria (ou feitiçaria) ser sempre o sujeito enfeitiçado que se projeta para chamar nossa atenção e simpatia como "vítima" inocente das maquinações maléficas, a vítima real, num sentido objetivo qualquer, é acusada de "bruxa". Evidentemente, é nesse sentido que falamos de "caça às bruxas", tal como às que foram empregadas nos Estados Unidos para caçar comunistas e onde não há nenhuma dúvida quanto à identidade real das vítimas. Assim, nos lugares onde as pessoas acreditam na realidade da bruxaria, a vítima da aflição que atribue a responsabilidade de suas dificuldades a um inimigo, acusando-o de bruxaria, está utilizando uma estratégia direta de ataque místico.

Por outro lado, a vítima que interpreta seus problemas em termos de possessão por espíritos malévolos utiliza, como já vimos amplamente, uma manobra dissimulada na qual a responsabilidade imediata é atribuída não a seu próximo, mas a forças misteriosas e malignas fora da sociedade. Nesse caso, é só indiretamente que a "vítima" faz com que a pressão recaia no alvo real que busca atingir. É na reação dos outros membros de sua comunidade que uma aflição pela qual ninguém pode ser culpado, que uma certa medida de elevação é conseguida. Do ponto de vista da vítima do infortúnio, o efeito, pelo menos em certos aspectos, pode ser amplamente semelhante em ambos os casos. Isso é verdadeiro pelo menos até o ponto em que ambas as estratégias granjeiam imediatamente ajuda e socorro para o lado da vítima. Todavia, o fato de que os meios de obter esse resultado diferem tão radicalmente sugere que cada estratégia pode ser apropriada a conjuntos de circunstâncias diferentes um do outro.

Assim, devemos esperar encontrar correlações sociais distintas, diferenciando os campos em que essas duas táticas são aplicadas. Temos agora vasto material para estabelecer se esse realmente é ou não o caso.

Antes de fazê-lo, porém, devemos colocar a questão anterior: se (como estou argumentando) a possessão periférica e a bruxaria refletem, ambas, as tensões sociais, apesar das maneiras diferentes, são elas mutuamente exclusivas? Que são fenômenos totalmente dissemelhantes foi a posição claramente adotada por um grupo de eminentes antropólogos franceses em recente colóquio internacional sobre possessão por espíritos. De maneira curiosamente antiquada, esses estudiosos argumentam efetivamente que o que pertence a Deus (possessão) e o que pertence ao escuro mundo do diabo (bruxaria) não podem ser juntados dentro de um mesmo universo de discurso.

Esse julgamento que sem dúvida reflete a já respeitada distinção, tão laboriosamente acentuada por Frazer e outros, entre a religião e a magia, é também a que foi atingida de diferentes posições por alguns antropólogos anglo-saxões. Assim, em estudo bastante conhecido sobre o xamanismo nas tribos nubas do Sudão, S. F. Nadel diz: "A Nyima (uma tribo nuba) não tem bruxaria. O xamanismo absorve tudo o que é imprevisível e moralmente indeterminado e salva a concepção de um universo ordenado da autocontradição" (Nadel, 1946, p. 34). Aí, Nadel tem em mente o fato de que a possessão por espírito oferece um meio de esclarecer o infortúnio imerecido de uma maneira que não questiona a bondade e justiça essenciais de outras forças celestiais. De forma semelhante, e mais sucintamente, em seu recente estudo sobre bruxaria, Lucy Mair declara que nos lugares onde as pessoas "acreditam que seus sofrimentos vêm de espíritos malévolos... elas não são levadas a voltar-se para a bruxaria como explicação..." (Mair ,1969, p. 30).

Como acontece tão freqüentemente com generalizações antropológicas arrojadas, no entanto, essas asserções não são sustentadas pelos fatos. Em muitas culturas, a bruxaria ou feitiçaria (não as estou distinguindo aqui) e a possessão por espíritos malévolos ocorrem de fato juntas. Isso é bem verdade, com pouquíssimas exceções, em quase todos os casos que examinamos neste e no capítulo precedente. Além disso, a associação muito comum de bruxaria com espíritos familiares, quase sempre do sexo oposto ao da bruxa possuída, é indicação bastante óbvia da impossibilidade de encarar essas forças místicas como necessária e mutuamente exclusivas. Nem é, evidentemente, necessário olhar muito longe para descobrir surpreendentes exemplos da coexistência desses dois fenômenos: nossa própria cultura cristã dos séculos XVI e XVII, para não olhar ainda mais atrás, oferece abundantes registros de bruxas cujos poderes malignos dependiam da invasão de *íncubos* e *súcubos*.

Portanto, evidentemente, em muitas culturas essas duas forças coexistem e freqüentemente se fundem em uma força composta. Isso nos dá excelente oportunidade para testar minha dedução inicial de que, desde que representam estratégias diferentes, deveriam ter contextos distintos de operação.

De fato, conforme já vimos, a possessão periférica é regularmente utilizada pelos membros de categorias sociais subordinadas para pressionar reclamações domésticas a seus superiores. As acusações de bruxaria (ou feitiçaria) (e acentuo que estou falando da incidência das *acusações*) por outro lado, correm em diferentes canais sociais. Tipicamente, elas são detonadas entre iguais ou por um superior contra um subordinado. As raras exceções dessa generalização comprovam a regra. Pois quando as acusações de bruxaria são feitas contra um superior por um inferior, a intenção explícita é questionar a legitimidade dessa diferença de *status* e, em última análise, impor a igualdade. Assim é, por exemplo, entre a tribo lugbara de Uganda, em que quando a dissenção de seus seguidores atinge um clímax, o ancião da aldeia se vê repetidamente acusado de bruxaria por parte dos jovens rebeldes. Nesse caso, o objetivo, claramente visível em seus efeitos, é desacreditar as minguantes prerrogativas de legitimidade do líder e derrubá-lo afinal de seu pedestal.

Uma excelente ilustração dos campos separados em que operam as acusações de possessão e bruxaria é fornecida pela situação da família poligâmica. Nos lugares onde as pessoas acreditam em ambas as forças místicas, acusações de bruxaria são levantadas reciprocamente pelas co-esposas e pelo marido comum contra qualquer uma das esposas. A possessão por espírito, por outro lado, conforme já vimos com tanta freqüência, é o modo de assalto predileto empregado por cada co-esposa em seus negócios com o marido. Uma esposa em geral só acusa o marido de bruxaria quando quer romper a relação marital e assegurar a total independência.

Vemos assim que a possessão periférica expressa insubordinação, mas usualmente não até o ponto de desejar uma ruptura imediata da relação em questão ou subvertê-la completamente. Ao contrário, ela ventila em grande parte a agressão e a frustração dentro da incômoda aceitação da ordem estabelecida de coisas. Por outro lado, as acusações de bruxaria e feitiçaria, representando efetivamente linhas de ataque mais drástico e direto, procuram quase sempre destruir relações insuportavelmente tensas. Esse é um aspecto operacional de tais acusações que foi elegantemente demonstrado por Marwick (1952) e outros. Assim, se os subordinados possuídos remam contra a maré a intervalos regulares, aqueles que fazem acusações de bruxaria optam pela indisciplina total. Pois as acusações de bruxaria representam uma estratégia de distanciamento que procura desacreditar, desfazer e negar laços e, em última análise, afirmar uma identidade separada.

Até aqui, tenho argumentado que quando a possessão periférica e a bruxaria ocorrem juntas na mesma cultura, tendem a funcionar em contextos sociais diferentes e exercer efeitos contrastantes. Entretanto, em muitas culturas a situação é, na realidade, mais complicada que essa, desde que as duas forças se juntam freqüentemente de uma maneira muito reveladora. Nesse caso, a situação dos nayares e seus dependentes de baixa casta representa padrão amplamente encontrado. Essas baixas castas que os nayares deixam periodicamente protestar contra sua autoridade por meio da possessão e que eles empregam como exorcistas, são também suspeitas de representarem bruxas e feiticeiras. Dessa forma, há uma associação geral entre a condição de casta baixa, possessão por espírito, exorcismo e bruxaria — resumindo, a possessão por espírito e a bruxaria representam, portanto, duas facetas inseparáveis da posição ocupada por hindus de baixa casta. A despeito de suas condições culturais várias, encontramos o mesmo tema na maioria dos outros exemplos que discutimos neste e no capítulo precedente. Se são homens e mulheres subordinados na África ou na Ásia que formulam seus protestos através da possessão, são eles precisamente que são tidos como possíveis bruxos. Essa categorização generalizada existe na maioria dos casos. Mas se examinamos os dados mais detalhadamente, veremos que as acusações de bruxaria são particular e freqüentemente dirigidas àqueles, dessas categorias sociais, que empregam a possessão no que tenho chamado de "fase secundária" do desenvolvimento desses cultos. São especialmente os homens e mulheres subordinados que, tendo se graduado para serem chefes xamãs, são vitimados pelo ataque e denúncia de bruxos.

Parece, assim, que a irritação provocada pelo jogo da possessão entre as fileiras da ordem estabelecida manipulada se aperta mais seguramente em torno daquele que, assumindo um papel positivo, ativo e, sobretudo, militante, corre o risco de exceder os limites da tolerância. Esses líderes de mulheres amotinadas ou de homens depreciados que, no diagnóstico e tratamento das aflições de possessão entre seus colegas, perpetuam o todo do sistema são os mais perigosos agentes da dissenção e da potencial subversão. Por isso é que eles são mantidos à baila com acusações de bruxaria que parecem se destinar a desacreditá-los e diminuir seu *status*. Assim, enquanto a possessão é o recurso através do qual o oprimido solicita atenção, as acusações de bruxaria fornecem uma estratégia compensatória através da qual essas demandas podem ser mantidas dentro dos limites. Há nisso uma justiça poética. Pois, na verdade, tanto subordinados quanto superiores permitem-se autocumprir profecias, cujo resultado é solidificar a noção de que os fracos gozam de dons especiais de poderes místicos. Isso é também admiravelmente lógico. Se os espíritos em questão conseguem provocar a aflição através de possessão involuntária e incontrolada, então, ao serem subjugados à possessão voluntária e controlada, na pessoa de xamãs oriundos das camadas mais baixas da sociedade, dificilmente se poderia esperar que tenham já esgotado inteiramente sua capacidade de dano. Longe disso porém, pois esses arrogantes controladores de espíritos são, por seu próprio poder sobre os espíritos, suspeitos de provocar aquilo que curam. Assim, nos lugares onde a bruxaria implica no uso de tais espíritos, aquele que pode expulsar espíritos malignos é *ipso facto* um bruxo.

V

No padrão que liga a bruxaria com a possessão por espírito, que acabamos de estabelecer, pode-se distinguir três contextos separados de possessão. Primeiro, temos o caso de aflições que são interpretadas por aqueles que a sofrem como possessão involuntária por um mau espírito. Em segundo lugar, há o estado de possessão voluntária controlada que, depois de ser aflição, tornou-se virtualmente um vício e é celebrada clandestinamente como devoção religiosa. É este tipo, ou contexto, de possessão que é mais efetivamente efetuada pelo xamã. Este, como senhor (ou senhora) de espíritos, é considerado capaz de domar as forças malévolas e assim tratar daqueles afligidos por elas. Mas, para provar mais ainda, ele pode também enviá-los a atacar seus inimigos, inflingindo assim doenças de possessão involuntária a seus adversários. Isso nos dá nosso terceiro contexto de possessão.

Aí, divergindo da posição do primeiro contexto, uma doença de possessão é diagnosticada como devida a possessão por espírito que não é visto como agindo por conta própria, mas, sim, como enviado por um xamã mal-intencionado. Isso é visto como bruxaria e o tratamento consiste em exorcizar, em vez de domar ou domesticar o espírito em questão. Por sua expulsão, mais do que por uma busca de entendimento com ele, é que a vítima consegue se recuperar. Assim, essa interpretação da fase primária da possessão como bruxaria não leva a vítima afetada a se ligar a um grupo de culto de possessão numa participação através da qual ela poderia prosseguir para a fase secundária. Ao contrário, o espírito é expulso e a vítima não é induzida a um grupo de culto.

Essa distinção entre esses diagnósticos e tratamentos alternativos dos mesmos sintomas externos (pois se mantêm constantes) é consistente com o *status* social da vítima envolvida. Os subordinados encaram a fase primária da possessão como devida inteiramente à malícia intrínseca dos espíritos. Mas seus superiores, quando caem por sua vez vítimas das mesmas aflições provocadas por espíritos, interpretam-nas como maldosa inveja de seus inferiores. Dessa forma a explicação mística selecionada pela ordem solidamente, estabelecida permite a seus membros denunciar seus subordinados como bruxas dominadas por espíritos. Através dessa manobra eles reafirmam sua superioridade e intensificam a distância que os separa de seus subordinados inferiores, em cujo culto esotérico de possessão, desprezado, porém temido, nem mesmo pensam em entrar. O diagrama da p. 155 tenta esclarecer esse confuso padrão.

Nessa configuração, portanto, as doenças de possessão entre subordinados não são vistas como bruxaria. Essa equação surge somente quando as mesmas aflições, com sintomas idênticos são experimentadas por membros de estratos superiores da sociedade contra os quais todo o aparato da possessão periférica é dirigido. Em todos esses contextos de possessão, apesar de variar a extensão em que se julga serem eles sujeitos a controle humano, os espíritos envolvidos são idênticos. São, sem exceção, espíritos periféricos amorais com especiais relações com as classes baixas. Essas forças sombrias, conforme enfatizei repetidamente, não têm parte direta na manutenção ou reforço da moralidade social.

Suas vítimas, que sofrem possessão involuntariamente, são consideradas como moralmente inocentes. O homem rico possuído, e portanto enfeitiçado, é tão inocente quanto seu inferior possuído (mas não enfeitiçado).

DIAGRAMA 1

FASE PRIMÁRIA
(involuntária, incontrolada)

(a) Entre subordinados, devido a malícia dos espíritos

Doença de possessão

FASE SECUNDÁRIA
(voluntária, controlada)

Tornam-se xãmas, profetizando (a) e provocando e exorcizando (b)

(b) Entre superiores, devida a malícia dos subordinados que dominam espíritos (= bruxaria)

Acuzação de Bruxaria
Bruxaria / Exorcismo

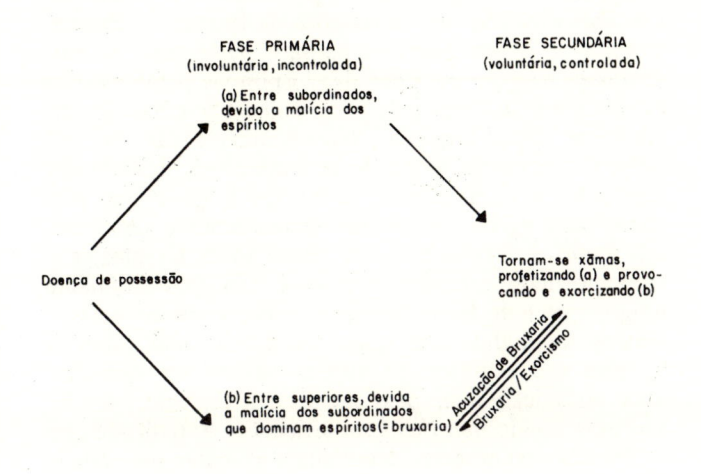

Esse, no entanto, não é o único meio pelo qual a possessão e a bruxaria são associadas. Outra configuração ocorre em outros casos, e de fato se aplica a alguns dos exemplos — tal como os bantos sul-africanos — que já discutimos. Nesse segundo complexo possessão-bruxaria, os espíritos que causam e curam a doença não entram na mesma categoria. Ao contrário, estão divididos em dois grupos opostos, um causando a doença, o outro curando-a, e esses são abraçados por uma cosmologia dualista que distingue nitidamente entre as forças das trevas e as da luz. Vamos ilustrar. Entre tribos patrilineares como os zulus e os pondos da África do Sul, as mulheres casadas sucumbem regularmente a aflições de possessão causadas pelos próprios ancestrais paternos. Tais doenças, atribuídas à ação desses espíritos ancestrais, podem, como já notamos, ser empregadas para os mesmos precisos efeitos que o são outras forças mais extrínsecas em outros

155

lugares. De maneira semelhante, a longo prazo, a repetida possessão por esses espíritos leva as esposas em questão a assumir papéis de adivinhos, diagnosticando e tratando aflições de bruxaria em outros.

Como já podemos antecipar, as mulheres que desempenham este papel de responsabilidade social são um alvo propício para acusações de bruxaria. Porém, distinto de nosso primeiro padrão, neste caso as mulheres já não são consideradas inspiradas pelos mesmos espíritos que utilizam ao agirem como adivinhas. Quando nesse papel benévolo, seus familiares são os seus próprios ancestrais (ou o de seus maridos), quando são creditadas com a atitude de bruxas julga-se que têm como seus agentes criaturas hediondamente obscenas, tais como o *tokoloche*. São esses anões hirsutos, antropomórficos, armados com pênis tão grostescamente longos que têm de ser carregados por cima do ombro. Outros familiares com quem as bruxas têm também ligações são espíritos de origem indiana ou européia, uma atribuição que, pelo menos em fantasia, desafia as duras leis do *apartheid* sul-africano. Acredita-se que as bruxas enviam esses demônios a executar seus cruéis desígnios contra seus inimigos.

Aqui, em contraste com o primeiro padrão que traçamos, existem dois tipos opostos de espíritos que possuem as pessoas. Somente um deles, o que compreende o diabo, espíritos não ancestrais, é definitivamente associado com bruxaria. De novo há três contextos de possessão. Primeiro, mulheres casadas sofrem doenças que são interpretadas como possessão involuntária por seus próprios ancestrais (ou os de seus maridos). Segundo, a repetida possessão por esses espíritos leva as mulheres a se filiarem a grupos de culto, cujos líderes praticam a encarnação controlada, voluntária desses mesmos espíritos como exercício religioso. Esses xamãs femininos, no entanto, por operarem alternativamente com os ancestrais cujo culto é dirigido por homens, correm o risco de serem acusados de bruxaria. Não mais agindo com os mesmos espíritos, mas agora inspiradas por demônios maus, tais mulheres são consideradas capazes de assolar homens com aflições de possessão que só podem ser tratadas pelo exorcismo. Isso nos dá nosso terceiro contexto de possessão, no qual, em contraste com os outros dois, os espíritos envolvidos são a contrapartida maligna daqueles benignos ancestrais que inspiram a adivinhação e combatem a bruxaria.

Interpreto os diferentes alinhamentos em questão da seguinte maneira. Tendo, por assim dizer, um pé à porta do mundo do poder e dos homens, as mulheres e outros subordinados não podem, obviamente, ser desacreditados e assim mantidos em xeque por causa de espíritos que são essencialmente morais em caráter. Por isso têm de ser expostas como bruxas por suposta associação com uma categoria alternativa indubitavelmente má de forças místicas.

DIAGRAMA 2

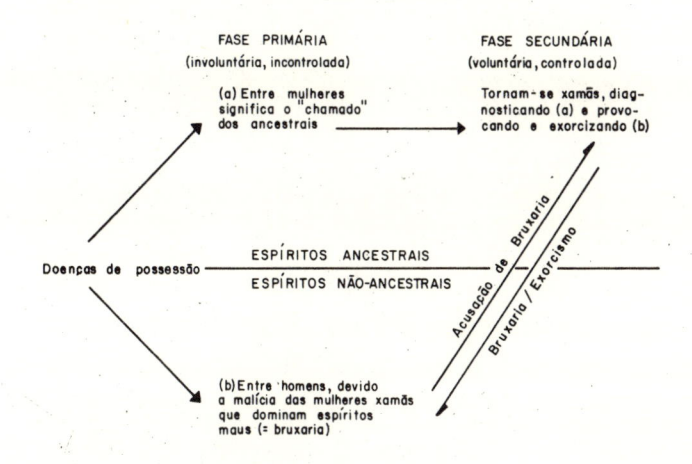

```
                    FASE PRIMÁRIA                    FASE SECUNDÁRIA
                (involuntária, incontrolada)       (voluntária, controlada)

                       (a) Entre mulheres          Tornam-se xamãs, diag-
                       significa o "chamado"       nosticando (a) e provo-
                       dos ancestrais  ─────────►  cando e exorcizando (b)

                                                              /\
                                                             /  \
                                                        Bruxaria
Doenças de possessão ──── ESPÍRITOS ANCESTRAIS ──────  Acusação de
                          ESPÍRITOS NÃO-ANCESTRAIS     Bruxaria / Exorcismo

                       (b) Entre homens, devido
                       a malícia das mulheres xamãs
                       que dominam espíritos
                       maus (= bruxaria)
```

5. POSSESSÃO E MORALIDADE PÚBLICA —
I. CULTOS ANCESTRAIS

I

Nas circunstâncias que acabamos de discutir, a possessão diz respeito essencialmente ao engrandecimento do *status*. O efeito da possessão pelos espíritos que classificamos como "periféricos" é, indiscutivelmente, permitir a pessoas que não possuem outros meios de proteção e autopromoção, promover seus interesses e melhorar seu quinhão através do escape, mesmo temporário, dos laços confinantes dos estágios que lhes foram designados na sociedade. Deveres e obrigações onerosos são postos de lado quando os interessados buscam refúgio em cultos clandestinos que, desde que são representados como curas, podem ser relutantemente tolerados pelas autoridades estabelecidas.

Esses cultos de protesto, que até certo ponto são na verdade rebeliões rituais, não separam, no entanto, inteiramente, os seus seguidores das sociedades e culturas das quais são originários. Apesar de terem esse potencial, nos casos que examinamos ele não se realiza inteiramente; pois esses movimentos estão, em última análise, contidos dentro dos mundos maiores e, com freqüência, pluralistas, de que são parte. Claramente, nesse caso, o escape é apenas parcial e incompleto. E um aspecto crucial de sua contenção repousa na completa aceitação de que os espíritos em questão são forças malignas, patogênicas, que não têm nenhuma significação moral explícita e direta na sociedade total. No entanto, como vimos, essas forças são de fato ambivalentes, fornecendo na maioria dos casos tanto as bases da doença como os meios para sua cura. Conseqüentemente, sua avaliação como forças maléficas amorais é inevitável e altamente relativa. Conforme sugeri, enquanto sua malevolência é enfatizada pela ordem estabelecida oficial, para aqueles que sub-repticiamente os cultuam, eles aparecem sob formas muito diferentes. Essas forças que a ordem estabelecida conservadora mantém à mão, por assim dizer, e encara como demônios do mal provocadores de doença e infortúnio, podem ser domadas e são então veneradas como deuses de diferente matiz por suas vítimas reais. Dessa forma, o *status* moral dos espíritos não é de forma alguma absoluto, mas, pelo contrário, depende da posição da qual são vistos.

De fato, os cultos periféricos do tipo que temos examinado estão a apenas alguns passos de distância das religiões messiânicas, moralistas e fortes, que tão amiúde surgem em circunstâncias de aguda dilaceração social e que freqüentemente empregam a possessão como a experiência religiosa suprema. Com isso movemo-nos de um escape parcial para um escape mais completo a novas paragens. Aqui, os membros de movimentos religiosos inovadores, bem representados pelas assim chamadas igrejas separatistas da África e do

Caribe e pela maioria dos cultos que Lanternari enfeixa como "religiões dos oprimidos" (Lanternari, 1965), anseiam por se desligarem muito mais radicalmente de seus tradicionais ambientes socais. O protesto assumiu, neste contexto, tom muito mais estridente e progrediu de um remar contra a maré meramente repetitivo para a formulação de aspirações separatistas que rejeitam completamente a ordem estabelecida. Inicialmente, esses movimentos podem surgir com a aparência de curas. Mas em seu eventual desenvolvimento, transcendem o estado de cultos encobertos para se tornarem religiões inteiramente maduras. A possessão pela divindade é então objetivo explícito e abertamente encorajado numa comunhão extática que representa o ápice da experiência religiosa e é também, evidentemente, a expressão na qual aqueles que aspiram a posição de liderança religiosa competem pelo poder e autoridade. A concepção de religião como mera terapia para a doença é então transformada em adoração de poderes cuja competência se estende a todos os aspectos da vida.

As fronteiras entre tais movimentos e aqueles que estudamos anteriormente não são absolutas. Elas permanecem mal definidas e cambiantes e quase sempre é extremamente difícil determinar com confiança a localização precisa de um exemplo particular em seu cenário temporal e social. Um caso óbvio desse tipo é o vodu haitiano. Se, em muitos aspectos, o vodu haitiano parece caber redondamente na classe de culto periférico, em outros aspectos pode ser mais apropriado caracterizá-lo como uma religião extática separatista. Aqui, e em outros casos paralelos, a dificuldade em fazer a classificação mais apropriada é ainda mais complicada pelas tentativas da ordem estabelecida rejeitada de desacreditar tais supostas religiões separatistas como meros cultos periféricos, toleráveis enquanto forem apresentados como curas, mas intoleráveis quando clamam por seu direito de serem religiões. Nossa própria história cristã fornece, evidentemente, inúmeros exemplos de seitas separatistas deste tipo lutando para adquirir existência independente e firmemente contidas através de sua perseguição como heresias.

II

Um relato antropológico recente sobre a tribo giriama do Quênia, dá um esplêndido exemplo dessa situação transitória, onde o que aparece inicialmente, em seu contexto local, como um culto de possessão periférico é de fato, para os seus membros, a porta de entrada para uma religião altamente moralista e um meio de legitimamente escapar das penosas responsabilidades tradicionais. As circunstâncias são-as seguintes. Da década de 20 em diante, os giriamas, que eram tradicionalmente agricultores de subsistências, comerciando com os swahili e árabes muçulmanos da costa, começaram a cultivar colheitas com vistas a lucro e com esse aumento da especialização econômica surgiu uma empreendedora classe de comerciantes e prósperos fazendeiros. A emergência dessa nova elite local foi acompanhada de marcado aumento nas acusações de feitiçaria dirigidas pela minoria bem sucedida a seus enciumados vizinhos e parentes que formavam a maioria da população e continuavam a viver como fazendeiros de subsistência. Para manter a hierarquia do estado total da colônia, os mais poderosos e bem sucedidos homens de empresa tendiam a se tornar cristãos enquanto o grosso dessa nova classe adotava o islamismo. O modo de islamização foi circular mas muito revelador. Os membros desse estrato da sociedade eram atacados por espíritos muçulmanos que faziam com que sucumbissem à doença para a qual o único remédio seguro era adotar essa fé. No contexto local imediato e em relação às tradicionais crenças giriamas, esses espíritos surgiam com a aparência de demônios periféricos malignos sem nenhuma relevância moral à antiga ordem social. Os que eram atacados caprichosamente por eles ficavam doentes sem terem cometido nenhuma transgressão moral.

A conversão para o islamismo é assim avaliada no contexto local como uma cura e esses convertidos são de fato descritos com muita propriedade, pelos giriamas como "muçulmanos terapêuticos". A conversão, no entanto, obriga os novos membros muçulmanos a observar as obrigações da dieta e a abster-se dos tradicionais intoxicantes, isolando-os assim de seus vizinhos e permitindo-lhes escapar das costumeiras obrigações comensais. Ao mesmo tempo é também reduzido o risco de ser servido com comidas enfeitiçadas nas festas de seus vizinhos e compatriotas enciumados.

Claramente, para o ambicioso giriama progressista, que quer diminuir suas responsabilidades tradicionais, a conversão ao islamismo (que no cenário da pré-independência representava também a ascensão a um *status* mais elevado na sociedade mais ampla) é um caminho altamente recompensador a seguir. De um só golpe, ele legitima suas ambições anti-sociais de engrandecimento e se protege da maliciosa inveja dos menos bem sucedidos. E tudo isso é feito na forma de uma cura de uma doença de possessão pela qual ele não pode ser responsabilizado. Tomado por um espírito amoral, o caminho da recuperação o leva aos protetores braços de uma prestigiada religião mundial e a uma moralidade nova e mais individualista.

Vemos aqui, em miniatura, um dos padrões mais reveladores de conversão das religiões tribais tradicionalistas para as religiões universalistas, cristianismo e islamismo. No presente contexto, no entanto, o ponto que quero enfatizar é o de que neste exemplo encontramos a possessão começando como doença e terminando não meramente como uma cura em um culto clandestino, mas sim progredindo para uma religião moralmente dotada, declarada e cada vez mais aceita. O islamismo não pode ser contido pela sociedade tradicional que, de fato, está, ela própria, se tornando mais e mais islamizada. No caso é o rabo que está abandonando o cachorro, e o que era antes mero culto periférico pode vir a ser ainda a moralidade central dos giriamas. Neste caso, é claro que não é o estrato mais baixo da sociedade que se volta para a possessão como forma de escape, mas uma classe de pessoas socialmente móveis, cujas ambições estão em choque com suas obrigações tradicionais e, bem situados como estão, nas circunstâncias em que o islamismo representa alto *status,* eles estão com efeito sendo bem sucedidos em carregar em sua companhia outros da comunidade. No entanto, conforme nos previne David Parkin (1970) — o antropólogo de quem coletei o material desta citação —, o resultado final ainda está em dúvida. Pois o prestígio tanto dos árabes como dos islamitas declinou sensivelmente no Quênia desde a independência.

Portanto, talvez seja prematuro considerar essa ilustração, com seus ecos evocativos do capitalismo protestante, como uma história de sucesso daquilo que foi originalmente um culto periférico. No entanto, esse exemplo nos ajuda a ver como, nas circunstâncias sociais de sua formação, o cristianismo e o islamismo devem ter surgido da mesma forma inicialmente como cultos de espíritos periféricos que os arraigados estabelecimentos culturais de seu tempo foram, em última análise, incapazes de destruir ou controlar. Outros novos cultos, nos quais os deuses anunciam similarmente sua mensagem messiânica através de doenças de possessão, nem sempre foram bem sucedidos. Muitos dos movimentos milenares do mundo e das "religiões dos oprimidos" ou foram tão habilmente desacreditados e contidos que se desfizeram, ou conseguiram apenas conquistar uma obscura existência extra-oficial, relutantemente tolerada como "superstições" populares. Outros cultos, ou os mesmos cultos em pontos diferentes de sua história, voltaram suas costas às culturas dominantes de cuja influência eram originárias, para atingir um céu solitário como movimentos separatistas às margens das sociedades que não conseguiram mudar radicalmente e onde não puderam impor sua nova fé como a fonte principal da moralidade pública. Em tais casos, a possessão por divindades que são adoradas pelos fiéis, permanece como forte característica da vida religiosa. De fato, quanto menos bem sucedidos são tais movimentos em assegurar posição dominante nas sociedades em que se originam, mais a possessão ocupa o centro do palco como o drama central da atividade religiosa. Onde, ao contrário, tais cultos periféricos conseguiram suplantar a velha ordem estabelecida e eventualmente se tornar religiões estabelecidas, a possessão tende a ser relegada para o segundo plano e a ser tratada como sinal de perigoso potencial subversivo.

Portanto, se está na natureza das novas religiões veicular seu advento com o florescimento de efervescência extática, é igualmente destino daquelas que se tornam de modo bem sucedido o centro da moralidade pública perdendo seu sabor inspiracional. A inspiração torna-se então propriedade institucionalizada do estabelecimento religioso que, como igreja apontada divinamente, encarna o deus: a verdade inspirada é então mediada às massas através de rituais desempenhados pelos ministros devidamente creditados. Nessas circunstâncias as experiências de possessão individual são desencorajadas e quando necessário desacreditadas. A possessão se torna, na verdade, uma aberração, e até mesmo uma heresia satânica. Esse é certamente o padrão que é clara e profundamente inscrito na longa história da cristandade.

A possessão, interpretada como inspiração divina, tem assim uma tendência a tornar-se menos dramática e significava à medida que um novo culto ganha crescente popularidade e se estabelece firmemente em seu meio cultural. O caráter cambiante dos serviços religiosos quacre, que se torna menos possessional à medida que o movimento se torna cada vez mais bem sucedido, ilustra muito bem o ponto. Onde, no entanto, tais cultos não atingem grau comparável de aceitação, ou recebem passiva oposição ou são mesmo ativamente perseguidos, desde que mantenham o apoio de seções oprimidas da comunidade, a inspiração possessiva é passível de continuar com vigor que não diminui. Essa é a situação com a maioria dos movimentos pentecostais e com as igrejas independentes ou separatistas na África, e na América e alhures (Sundkler, 1961).

Se a possessão, ou entusiasmo no sentido original da palavra, generalizada assinala a ascensão de novos cultos religiosos e o sóbrio dogmatismo ritualista é a marca das religiões que foram tão inteiramente absorvidas pela sociedade que quase todo traço de espontaneidade inspiracional desapareceu, levanta-se naturalmente a questão de o que existe entre os dois pólos da expressão religiosa. Neste capítulo e no próximo tentaremos responder essa questão. Examinaremos religiões que ainda dependem da possessão como a fonte primária de sua autoridade e que nem os simples cultos terapêuticos periféricos, nem as ortodoxias ritualistas fossilizadas, esvaziaram de vitalidade inspiracional.

Nessas religiões os espíritos que os homens encarnam ocupam o centro do palco da vida religiosa na sociedade e desempenham papel crucial e direto na sanção da moralidade dos costumes. Nessas circunstâncias, conforme já vimos, a possessão pode aparecer inicialmente como uma forma de doença ou trauma. Todavia, em última análise, é vista como marca da inspiração divina, a prova correta da aptidão pessoal na busca da vocação religiosa e a base para a assunção a postos e posições de liderança ritual. Nesse caso já não lidamos com a possessão em cultos sub-reptícios mascarados de curas, mas com a atestação mais reforçada e conclusiva da presença dos deuses nas religiões principais cuja competência e alcance englobam a totalidade da vida social.

Longe de simplesmente expressar obliquamente os protestos tolerados dos não-privilegiados contra o domínio de seus senhores terrenos, a possessão é no caso a expressão através da qual aqueles que lutam pela liderança na vida religiosa central da comunidade pressionam suas reinvindicações por reconhecimento como agentes escolhidos pelos deuses. O xamanismo, nesse caso, já não é uma forma especial de protesto particular, mas sim, ao contrário, uma instituição religiosa central preenchendo, conforme veremos, uma série de funções que variam de acordo com a estrutura social que ela pertence. Nessas novas condições deveríamos esperar descobrir que enquanto que anteriormente a possessão era monopolizada pelos que buscavam uma via de escape aos grilhões dos confinamentos tradicionais, neste caso ela adquire um alcance mais amplo e mais exaltado. Onde antes os nossos xamãs eram mulheres ou homens saídos das camadas subordinadas da sociedade, aqui devemos esperar que tais desvantagens não mais sejam necessárias à assunção da vocação xamanística. Conforme tentarei demonstrar, essa dedução parece empiricamente bem fundamentada.

III

As religiões moralistas tribais que devemos considerar agora assumem muitas formas diferentes. Mas um dos exemplos mais óbvios e comuns desse tipo é aquele dedicado ao culto de espíritos ancestrais. Por isso devemos começar nosso detalhado exame do papel da possessão em cultos de moralidade centrais com ilustrações tiradas de sociedades que têm cultos de ancestrais. Não são, evidentemente, todos os cultos de ancestrais que compreendem a possessão e mais tarde teremos de discutir por que alguns incluem o xamanismo, enquanto outros não. De momento, porém, concentremo-nos nos exemplos positivos. Os caçadores e coletores veda do Ceilão, estudados pelos Seligman (Seligman, 1911) há mais de cinqüenta anos, nos dá um ponto de partida tão bom quanto outro qualquer. Nessa sociedade fragmentada, organizada matriarcalmente, baseada em pequenos bandos de famílias relacionadas sem nenhum aparato formal de autoridade política, os xamãs que encarnam seus ancestrais (os *yaku*) desempenham importante papel. Aqui o culto dos ancestrais surgiu e inclui a adoração de um legendário herói-caçador cuja assistência é invocada para assegurar sucesso na caça. Essas forças olham por seus descendentes e somente quando são negligenciadas demonstram seu desagrado retirando sua proteção ou tornando-se ativamente hostis.

Cada pequeno bando de base familiar tem pelo menos um xamã com poder para invocar espíritos. Uma das tarefas mais importantes do xamã é oficiar funerais. Em tais ocasiões o xamã invoca o espírito do falecido companheiro que fala por sua boca em roucos sotaques guturais, declarando que aprova a oferta funerária, que assistirá seus companheiros na caça e dando quase sempre conselhos específicos quanto à direção que o grupo deve seguir em suas subseqüentes expedições de caça. Aqui, como tão amplamente em outras partes, o transe de possessão controlado do xamã é obtido através do canto e da dança que se tornam progressivamente mais frenéticos à medida que ele se conduz ao êxtase. As danças de possessão dirigidas pelo xamã local (cuja posição é em geral herdada matrilinearmente, mas pode passar para um filho) são também realizadas em outras épocas para assegurar sucesso na caçada e na coleta de mel que constitui parte importante da dieta veda. Nessas ocasiões o espírito invocado (que possui o xamã) demonstra consideração também pela saúde daqueles por quem guarda, inquirindo solicitamente se "alguém está doente".

Esse culto de possessão central dos ancestrais que são os guardiães da moralidade dos costumes é evidentemente diretamente dirigido às atividades básicas de subsistência desse povo caçador e grupal, e a possessão é empregada como um meio de comunicação entre o homem e os deuses por meio do xamã. O ofício do xamã é talvez a posição mais bem definida e especializada da sociedade e é ocupada por homens. No entatanto, se o transe experimentado por homens é interpretado como possessão inspirada pelos ancestrais, doenças podem também ser diagnosticadas como possessão por espíritos estranhos em relação a mulheres. Assim, entre os vedas, conforme os Seligman descobriram, há aparentemente dois cultos de possessão: um dirigido aos ancestrais e relacionado à moralidade pública e dominado por homens; e um subsidiário culto periférico centralizado em espíritos estrangeiros que afligem mulheres com doenças.

Da informação coletada pelos Seligman, que não é muito detalhada nesse ponto, este último culto parece ter sido altamente responsável pelos novos contatos externos da maneira como já encontramos em outros movimentos periféricos em outros lugares. Como veremos com freqüência nos exemplos que se seguem, onde as religiões de possessão central e marginal existem lado a lado na mesma sociedade, a primeira é primordialmente reservada aos homens, enquanto a segunda é restrita essencialmente às mulheres, ou homens de classe baixa.

IV

Muitas de nossas ilustrações para cultos periféricos em capítulos anteriores foram tiradas da África e algumas autoridades chegaram mesmo a afirmar que esses cultos marginais, mais do que as religiões centrais que são nosso assunto presente, são uma especialidade africana. Em parte para corrigir essa enganadora impressão, volto-me agora ao exame de diversas religiões de possessão centrais africanas muito bem documentadas. Começo com as tribos de língua shona da Rodésia do Sul que têm uma religião xamanística muito vigorosa. Essa religião oferece campo frutífero ao estudo comparativo, pois desde a sua colonização vários grupos shona estiveram sujeitos a diferentes influências. Essas variações do ambiente geopolítico geral de um povo que é de cultura essencialmente homogênea são refletidas nas crenças e práticas das diferentes tribos shona de maneira altamente relevante para nossa análise. Dentro da moldura de uma ampla cultura comum poderemos assim traçar mudanças significativas na natureza e *status* de seus cultos de possessão na medida em que estes se alteraram em resposta a pressões externas. Nas páginas seguintes, deveremos nos concentrar em dois grupos contrastantes cujos cultos extáticos têm sido regular e amplamente estudados: os isolados e relativamente conservadores shonas korekores do vale do Zambesi (Garbett, 1969, pp. 104-27) e os altamente aculturados shonas zezurus, que vivem em torno da européia capital, Salisbury (Fry, 1969).

Entre os korekores encontramos hoje em dia uma elaborada religião xamanística central dirigida aos ancestrais e dedicada, em primeiro lugar, aos fenômenos naturais que são de importância direta na vida cotidiana. Esse grupo de agricultores shona, herdeiros da antes poderosa dinastia Monomotapa, entraram no presente território como invasores e hoje se organizam em pequenas chefaturas muito espalhadas, agrupadas em torno de descendentes da linhagem real. A densidade de população é baixa, as comunicações são pobres e as relações entre diferentes chefias são mantidas através do culto dos ancestrais. Ao tempo da rebelião de 1896 contra as autoridades brancas, foi através desse canal de comunicação que a solidariedade korekore foi mobilizada com os xamãs desempenhando papel, crucial na promoção da unidade inspirada divinamente contra os intrusos estrangeiros.

Atualmente os xamãs, que são principalmente homens, encarnam espíritos ancestrais dos mortos de longa data e acredita-se que esses espíritos controlam a chuva e a fertilidade em trechos particulares do campo. Toda a área tribal korekore é de fato dividida em províncias presididas por espíritos ancestrais particulares, cada um dos quais está ligado com os fundadores de uma dada região. Cada um desses espíritos guardiães providenciais tem pelo menos um médium xamanístico que age regularmente como seu hospedeiro humano, mas que não é necessariamente um descendente linear do espírito. As funções dessas figuras essencialmente religiosas são claramente distintas pelos korekores das dos outros chefes seculares. Considera-se que os xamãs lidam com a ordem moral e com as relações do homem com a terra. Os desastres naturais tais como enchentes, ou fome são tidos como causados pela raiva dos espíritos "donos da terra", que devem ser abordados e aplacados através de seus xamãs. Esses infortúnios são interpretados como conseqüências de violações da ordem moral, de tal forma, que ao se comunicarem através de seus médiuns escolhidos, os espíritos funcionam como censores da sociedade.

Nas seções rituais celebradas em honra dos espíritos, o xamã possuído exorta as pessoas de sua vizinhança a evitar tais males como o incesto, o adultério, a feitiçaria e o homicídio e enfatiza o valor da harmonia nas relações sociais. Nesse sentido, através de seu espírito auxiliar, o xamã corporifica e dá expressão aos sentimentos e opiniões das pessoas em sua área. As disputas são levadas a ele para solução, assim como às cortes oficiais seculares, e ele é também solicitado a decidir questões referentes à sucessão da chefia e querelas entre chefes vizinhos. Nesses assuntos é o julgamento do espírito guardião, muito apropriadamente sensível à opinião pública, que é dada pelo xamã.

Os que vivem juntos na mesma província ficam assim diretamente sob a autoridade de seu espírito guardião local, cujos representantes humanos exercem um grau substancial de poder político e legal, assim como ritual. Ao mesmo tempo, cada korekore é diretamente ligado por descendência a seus próprios espíritos ancestrais que também figurarão como espíritos guardiães em algumas províncias, mas não em outras. Apenas quando os residentes de uma província realmente comprovam a descendência do espírito guardião local — que é então seu ancestral — é que coincidirão essas conexões. Quando não é esse o caso e homens da mesma linhagem vivem em diferentes partes do país, eles honrarão os espíritos guardiães locais e ao mesmo tempo respeitarão seus ancestrais de linhagem comum em outros lugares. Esses parentes que caem assim numa dupla distribuição espiritual consultarão seus ancestrais de linhagem, através dos xamãs apropriados, em assuntos que se relacionam diretamente com o parentesco. Ancestrais de linhagem, mais do que os espíritos guardiães, são assim consultados a respeito dos deveres ligados ao parentesco, na herança de propriedades (inclusive esposas) e nas doenças e infortúnios que forem diagnosticados como expressões da ira ancestral.

Esses dois campos de autoridade espiritual largamente separados — o primeiro referente a interesses regionais e o segundo a obrigações de parentesco — emergem finalmente em nível nacional no culto korekore ao fundador da dinastia Monomotapa. Dentro desse culto tribal, os xamãs das províncias componentes são classificados numa rígida hierarquia correspondente à idade e tamanho das regiões cujos espíritos eles encarnam. Essa organização espiritual representa virtualmente tudo que sobrevive hoje da tradição centralizada do reino Monomotapa, que atingiu seu ponto máximo entre os séculos XV e XVI.

Nesse culto de possessão altamente institucionalizado, o recrutamento para o posto de xamã autorizado por parte de um espírito guardião particular é estritamente controlado pela hierarquia xamanística. O aspirante a xamã que é possuído pode ser encarado a princípio como possuído por um mau espírito (um *shave*) de origem estrangeira. Entretanto, se os rituais curativos que são então aplicados para "expelir" esse demônio nocivo vêm a falhar, posteriores adivinhações poderão sugerir que a entidade invasora é um espírito guardião. O paciente é então enviado a um xamã creditado para observação. Se ele apresenta os verdadeiros sintomas (experimentando sonhos estranhos e vagando nas florestas onde se acredita que os espíritos guardiães vagam sob a forma de leões), isso sugere que sua vocação é genuína. Ele é então enviado a um xamã superior da hierarquia para maiores exames. O aspirante adquiriu agora o estado aprendiz de xamã e se requer dele que forneça provas finais da autenticidade de sua inspiração. Isso é estabelecido quando o espírito possuidor revela os detalhes históricos corretos de sua origem, a localização de seu altar e os precisos laços genealógicos com outros espíritos em hierarquia espiritual oficial. Como prova final, o novo recruta tem de escolher o material ritual usado pela encarnação humana anterior do espírito de um grupo que lhe é apresentado pelo xamã superior que o examina.

A admissão à profissão é assim estritamente controlada pela hierarquia dos médiuns estabelecidos e a posição é geralmente conquistada em vez de atribuída por nascimento. Muitos dos que desejam se tornar xamãs, mas não são considerados apropriados, são rejeitados com o argumento de que são possuídos não por espíritos guardiães mas por demônios *shave*. De fato é essencial para o aspirante ser patrocinado por um xamã já bem conhecido e poderoso, se ele quer o sucesso. Outra importante qualificação, que no entanto nem sempre é levada em conta na prática, é de que o candidato deve ser estranho às pessoas e localidade cujo espírito guardião ele reivindica encarnar. Essa doutrina destina-se claramente a manter o papel do xamã como de árbitro imparcial, inspirado pelo espírito de um ancestral distante e morto há muito, nos negócios de qualquer comunidade local em particular.

Entre os shonas korekores, portanto, existe um culto de moralidade claramente definido, no qual os espíritos que guardam a conduta dos homens e controlam seus interesses dão a conhecer seus desejos através de um grupo de agentes selecionados que se organizam numa hierarquia xamanística claramente estruturada. Aqui, a possessão inspirada é virtualmente um monopólio masculino. Outras formas de possessão, que são interpretadas como doenças causadas por espíritos malévolos, intrusos e estrangeiros, afligem regularmente as mulheres e podem ser usadas por elas para promover seus interesses da maneira que já vimos em outros lugares. Esse padrão corresponde assim, proximamente, àquele dos vedas do Ceilão.

Prossigamos agora esta análise comparativa da religião shona, voltando-nos para os zezurus menos centralizados politicamente. Nessa tribo shona as posições de liderança religiosa e o poder são similarmente obtidos através da possessão por espíritos dos mortos. Aqui, no entanto, há duas classes principais de espíritos: os ancestrais patrilineares (os *vadzimu*) e os espíritos *makombwe* mais poderosos que são considerados mais próximos de Deus e não têm relações genealógicas precisas com os zezurus vivos. Ambos os tipos de espírito guardam solicitamente a moralidade tradicional. Eles deixam o infortúnio e a doença se abaterem sobre aqueles que escarnecem da opinião pública retirando sua proteção, deixando assim seus inconstantes dependentes à mercê de bruxas, espíritos malévolos de origem estrangeira e outras fontes de perigo místico.

Mais do que entre os korekores e sem os seus laços conetores, a sociedade zezuru como um todo é fragmentada em certo número de pequenas chefias cada uma associada a uma pequena dinastia local controladora e subdividida em bairros governados por subchefes e vilas governadas por líderes. Estes últimos postos pertencem tradicionalmente a patrilinhagens particulares, e os chefes e subchefes são atualmente indicados e pagos pela administração européia. A encapsulação dessa estrutura tradicional dentro do sistema colonial, conforme se deu tão freqüentemente em outros lugares, impôs a rigidez e imobilidade que antigamente não existiam.

A estrutura vital da sociedade zezuru está baseada em grupos de parentesco patrilinear. Cada grupo local de aparentados co-residentes tem entre seus membros um ou mais médiuns xamanísticos que agem como veículos de seus ancestrais e expressam seus desejos. Quando, como resultado de crescimento da população, pressão pela terra e dissenção interna, tal comunidade se divide, cada nova facção é liderada por um xamã rival. Na vida interna da sociedade, portanto, uma das vias para o progresso político é através da possessão por poderoso espírito ancestral. A autoridade do líder da vila poderá depender de ser ele o mais velho médium espiritual de sua aldeia. Tais xamãs são os focos para as relações entre os membros vivos e mortos de seus grupos de parentesco localizados e agem também como

173

árbitros de disputas menores. Homens ambiciosos, que buscam esfera mais ampla de autoridade, podem ser bem sucedidos em obter a aceitação pública como veículos reconhecidos de ancestrais mais fortes e remotos, ou de espíritos *makombwe* que em seu apelo não se limitam a linhagens particulares. O reconhecimento de pretensões desse tipo exaltado depende, é claro, da popularidade das adivinhações e pronunciamentos proféticos do xamã, de seu sucesso como curandeiro e de sua reputação como fazedor de chuva.

Diferentemente da posição entre os korekores, aqui não há hierarquia fixa de espíritos particulares, nem daqueles que alegam encarná-los. Em vez disso, existe intensa competição entre médiuns contendores que procuram estabelecer sua reputação de porta-vozes reconhecidos dos mais poderosos espíritos e os rivais são desacreditados pela diminuição do *status* de seus espíritos auxiliares. Ao nível da vila, há, aparentemente, alguma concordância entre o sistema administrativo de base colonial e o dos xamãs popularmente inspirados. Pois, como vimos, os xamãs podem ser os líderes das aldeias. Mas, em níveis mais altos de agrupamentos políticos que envolvem unidades maiores da população, essas duas esferas parecem ser muito distintas e não existe nenhum culto dinástico único, generalizado e nacional, juntando, num só grupo, os zezurus, da maneira que se dá com os korekores.

Enquanto o padrão dos korekores, que descrevi, parece fluir numa linha virtualmente contínua desde o passado, a situação entre os zezurus é muito diferente. Na verdade, os cultos xamanísticos zezurus, que descrevi, representam um ressurgimento muito recente de sua religião tradicional. Para bem apreciar as implicações disso temos que situar os zezurus no contexto e revisar sua história recente. Situados, como estão, próximos dos principais centros de colonização européia, os zezurus são muito mais completamente envolvidos na moderna economia comercial da Rodésia, do que os remotos e resguardados korekores, e muito mais profundamente afetados pelas tendências sociais e políticas contemporâneas. Grande parte dos homens zezurus passam na verdade a maior parte de suas vidas trabalhando na vizinha Salisbury ou em outros centros urbanos.

Com esse grau de envolvimento no mundo de dominação européia, é natural que os zezurus sejam agudamente sensíveis à mudança das condições políticas. Depois do fracasso da rebelião de 1896, da qual participaram, os zezurus foram submetidos a intenso trabalho missionário e logo começaram a abandonar sua **religião tradicional em favor do cristianismo.** A educação européia e a cultura que iam junto com isso, foram calorosamente recebidas e aceitas com entusiasmo. Os médiuns, espirituais perderam em número, em seguidores e perderam seu poder e prestígio para a nova elite ascendente de evangelistas e professores shona. Uma nova moralidade, validada pela fé cristã, substituiu assim gradualmente a velha autoridade dos espíritos ancestrais que parecem ter sido relegados ao estado de meros espíritos periféricos, condenados a assolar mulheres.

Nos primeiros anos da década de 60, no entanto, esse quadro mudou radicalmente. Com a crescente supressão, por parte do governo da Rodésia, dos partidos nacionalistas africanos que os sofisticados zezurus apoiavam, desenvolveu-se uma rejeição autoconsciente e deliberada ao cristianismo e à cultura européia. Dotada de novo e crescente conteúdo político, a religião tradicional explodiu de novo preenchendo o vácuo deixado pela proibição dos partidos nacionalistas. Os espíritos que haviam se tornado, no mundo dominado por homens, pouco mais que uma lembrança começaram subitamente a reclamar novos médiuns com insistência cada vez maior. A expressão da possessão ancestral foi rapidamente reinstaurada como veículo altamente respeitado e popular da expressão de interesses e ambições locais. Muitos evangelistas que tinham procurado melhorar através da cultura européia abandonaram a igreja e tornaram-se xamãs. Professores e outros que tinham asseguradas posições dentro do mundo de dominação européia, foram dramaticamente convocados por seus pais a retornar à fé. E a nova religião tradicional restaurada era agora altamente expressiva do nacionalismo cultural zezuru (e, em contexto mais amplo, dos shonas).

Teria sido estranho se essa reviravolta ocorresse simultaneamente em toda a sociedade zezuru. Assim, o fato de um número considerável de atuais xamãs zezurus, possuídos por espíritos ancestrais, serem mulheres sugere que isso representa um resíduo da situação anterior, na qual a cristianização da cultura zezuru transformou os ancestrais em espíritos periféricos que assolavam o sexo frágil. Aquilo que, em estágio anterior, os homens rejeitaram, as mulheres se apegaram. Se a hipótese é correta, a situação agora mudou de tal forma que as forças que tais mulheres encarnam são nova e eminentemente respeitáveis e destinam-se claramente a uma boa coisa! Pois as coisas mudaram de tal forma que o que fora abandonado para elas como roupas ultrapassadas do mundo central masculino tornou-se hoje de novo muito *à la mode*.

Se deixamos agora os shonas e retornamos por um momento para os tongas da Zâmbia, cujo culto de espíritos periféricos *masabe* estudamos em capítulo anterior, podemos, acredito, descobrir mais apoio para esta interpretação. Devemos lembrar que, na discussão da possessão periférica entre os tongas, encontramos padrões muito diferentes em dois grupos que distinguimos — os isolados e conservadores tongas do vale e os aculturados e progressistas tongas do planalto. Diferenças semelhantes ocorrem hoje em dia na incidência da possessão por uma outra categoria de espírito tonga que até aqui não foi mencionado.

Os espíritos em questão são aqueles conhecidos como *basungu* que antigamente, em ambos os grupos tongas, desempenhavam importante papel na sanção da moralidade (Colson, 1969). Esses espíritos centrais são quase sempre derivados das almas dos principais "grandes homens" que, em sua própria vida, desempenham papel significativo como pontos de influência política na comunidade tradicionalmente não centralizada. Eles possuem homens (novamente, como no caso dos shonas, não necessariamente descendentes de sua própria linhagem) e fazem com que eles por sua vez, ajam como adivinhadores proféticos, mediadores, fazedores de chuva e líderes comunais. Seus altares tornam-se os focos dos rituais da vizinhança para as chuvas, as colheitas e na prevenção e controle de catástrofes naturais. Os xamãs que encarnam esses espíritos agem como mediadores entre o mundo dos espíritos e o dos homens. Eles dirigem um culto dedicado essencialmente à moralidade pública, à fertilidade e prosperidade e que, em certo sentido, celebra o sucesso desde que são os espíritos dos bem sucedidos que inspiram por sua vez aqueles que conseguem o sucesso nas gerações subseqüentes.

Enquanto o culto de espíritos periféricos *masabe*, como vimos antes, é de origem recente e dedica-se diretamente à expressão da reação dos tongas a novas experiências culturais, o culto *basungu* é aparentemente muito mais antigo e atualmente está em declínio, em termos gerais. Há, no entanto, importantes diferenças entre os dois grupos tongas. No caso dos conservadores tongas do vale, onde a possessão *masabe* floresce entre as esposas separadas de seus maridos trabalhadores migrantes, a possessão *basungu* é ainda bastante popular. Mas, significativamente, ela agora envolve mulheres mais do que homens. Isso sugere que essa antiga religião de moralidade central está agora assumindo posição marginal em relação à esfera masculina, dominante e aculturada. Entre os progressistas tongas do planalto, que atualmente abandonaram virtualmente o culto *masabe*, essa degradação parece ter ido ainda mais longe. O que sobra do culto central *basungu* atenuado, numa cultura mais e mais inspirada em valores ocidentais, foi relegado a uma posição muito periférica.

V

Essa excursão pela etnografia centro-africana demonstra novamente que o caráter periférico ou central dos cultos de possessão só pode ser adequadamente avaliado quando levamos em consideração as condições sociopolíticas totais dentro das quais ocorrem. A extensão em que o êxtase se imbui de força moral está em função da situação total de uma sociedade dada. E, conforme nossas descobertas nos capítulos anteriores, vemos aqui em detalhe o processo pelo qual os cultos, que um dia foram centrais, perdem sua significação moral e degeneram em movimentos periféricos, amorais. No entanto, tais mudanças no *status* e importância dos cultos de possessão não são de forma alguma necessariamente finais. Como o caso dos zezurus demonstra tão bem, as novas condições podem dar nova vida a um velho culto que foi jogado a uma posição marginal, trazendo-o de volta à posição central. Isso sugere que cultos de possessão principal e periférica deveriam ser vistos como extremos opostos de um único contínuo, mais do que tipos completamente diferentes de religião. Deveremos mais tarde voltar a este ponto. Ao mesmo tempo, podemos notar como as mudanças no *status* de um culto de possessão em particular são acompanhadas de mudanças em seu pessoal. Segundo nossas descobertas em captíulos precedentes, cultos marginais atraem pessoas subordinadas e especialmente mulheres; enquanto que os cultos que estão no centro da sociedade e celebram a moralidade pública em geral têm seus líderes inspirados de camadas mais altas da sociedade.

Os sentimentos de protesto que os cultos periféricos entronizam têm nessas religiões de possessão centrais diferente significação que deveremos discutir mais completamente no próximo capítulo. No momento, desejo concluir este exame do papel da possessão em religiões de moralidade central, baseadas em cultos ancestrais, considerando uma das mais elaboradas e interessantes que foram até hoje registradas na África. Diz respeito ao povo kaffa, politicamente concentrado, no sudoeste da Etiópia (Orent, 1969). Essa sociedade, governada no século XIX por um rei divino está dividida em grande número de clãs e linhagens patriarcais que, em extensão considerável, formam grupos locais. Segmentos de linhagem são geralmente liderados por um xamã masculino (*alamo*) que funciona como médium para os espíritos de seus ancestrais patrilineares. Nesse posto, ele funciona como adivinho, diagnosticando as causas das doenças e do infortúnio dentro de seu grupo em termos da ira ancestral provocada por seus membros, quando pecam. Os ancestrais, que são assim abordados e apaziguados através do ancião da linhagem e xamã, dedicam-se primeiramente à manutenção da moralidade da linhagem e à solidariedade e coesão de seus grupos. O homem herda o espírito de seu pai (seu *ego*) através da seleção entre os irmãos feita pelo espírito. Uma vez escolhido, ele deve construir um altar para o espírito e torna-se sujeito a uma série de severos tabus que reforçam a sua posição de xamã e afastam-no dos outros homens.

11a.
Xamã etíope da tribo Kaffa ouvindo a voz de Dochay, o espírito kaffa supremo.

Como em outros casos que examinamos, o chamamento divino é altamente correspondente às necessidades da sociedade. Quando um grupo agnático liderado por um xamã cresce e pesa tanto nas reservas da terra que uma separação vem a ser inevitável, a parte que se afasta se agrupa em torno de um novo ancião que é logo possuído por um espírito, nos moldes devidos. Nesse caso, claramente, a inspiração legitima a autoridade secular.

Apesar dos kaffas serem em sua maioria cristãos nominais, participando dos ritos da Igreja Etíope, eles ainda se ligam a suas tradicionais crenças na eficácia de seus espíritos ancestrais. Toda sexta-feira, os membros de uma pequena linhagem local se congregam no altar para consultar o espírito através de sua montaria humana. As petições são respondidas com juízos inspirados e conselhos na manhã seguinte, enquanto no domingo, sem nenhum pejo, assistem a missa na Igreja Ortodoxa Etíope, mais próxima. Os espíritos são consultados para conselhos em assuntos de economia doméstica e para diagnósticos e tratamento das causas da doença e do infortúnio. Os suplicantes são questionados pelo xamã para descobrir se suas queixas podem ser atribuídas a mau comportamento ou negligência moral. Se assim for, a parte culpada terá de oferecer sacrifícios ao espírito ancestral ofendido. Freqüentemente essas ofertas são feitas de forma promissória e a negligência de tais promessas, uma vez o fim atingido, deverá trazer a ira dos ancestrais sobre os dependentes ingratos.

Esse culto *eqo* cuida dos interesses tanto dos grupos incorporados como dos indivíduos que procuram posições de liderança baseada em sua relação extática com os ancestrais. Como seria de se prever, ele está incrustado na estrutura da sociedade kaffa de maneira altamente formalizada. Antes de sua conquista pelos exércitos armados do imperador Menelik, criador da moderna Etiópia, os kaffas eram governados por um rei divino (o *tato*) que, com a ajuda de seu conselho, presidia numerosos chefes e líderes de clãs subsidiários. Incluído no conselho do rei, encontrava-se o xamã líder de um clã particular que tinha uma relação privilegiada com o principal espírito do culto *eqo* (os espíritos eram organizados em uma hierarquia). Esse xa-

11b.
O deus Ogun fala pela boca deste xamã que o encarna no Daomé, África Ocidental.

mã era de fato o cabeça do culto para o reino como um todo e encarnava e controlava o espírito principal, conhecido como *Dochay*. A conquista de Menelik incorporou firmemente os kaffas na estrutura administrativa do estado etíope. O reinado foi abolido e um sistema de governo direto foi instituído, semelhante ao de muitos territórios coloniais ingleses. Oficiais administrativos, em sua maioria pertencentes ao grupo étnico amhara, foram nomeados pelo governo central e enviados a administrar Kaffa. Alguns líderes kaffas tradicionais, receberam, no entanto, cargos administrativos menores.

Apesar dessas mudanças radicais que destruíram a velha superestrutura política do estado kaffa, a posição do xamã do culto *Dochay,* foi vista como figura religiosa essencial e deixada intacta. Hoje sob o governo amhara, como no passado, o incumbido desse posto consagra todos os xamãs oficialmente reconhecidos de clãs e linhagens subsidiárias. De fato, como seria de se esperar, os efeitos dessas revoltas, que removeram toda velha estrutura de autoridade temporal dos kaffas, têm sido consolidar e aumentar o poder desse posto religioso. Com a ajuda de seu espírito auxiliar *Dochay,* é esse xamã supremo quem decide entre os contendores rivais à posição de líderes xamanísticos designados de linhagens locais. E no contexto da dominação amhara esse xamã nacional tornou-se o foco da identidade tribal kaffa. Presentes e tributos lhe são regularmente trazidos, pois os pronunciamentos do espírito que ele encarna são ansiosamente aguardados. Virgens lhe são dadas como oferendas a seu espírito. O receptáculo humano do deus as deflora e generosamente concede aos kaffas que são pobres demais para poder ter esposa própria. Apesar dessas custosas demandas à sua virilidade, esse xamã tribal é tão corpulento quanto um bispo. Sem sombra de dúvida ele é o indivíduo mais rico em Kaffa atualmente.

Aqui, evidentemente, num meio ambiente oficialmente cristão, temos uma religião de possessão de moralidade central que é chefiada por xamãs masculinos que são eleitos pelos espíritos e exercem autoridade ritual, política e legal em todos os níveis do grupo social. Contrariamente à situação na qual os zezurus calorosamente abraçaram o cristianismo e os valores eu-

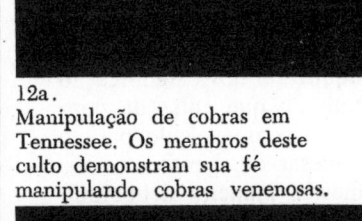

12a.
Manipulação de cobras em Tennessee. Os membros deste culto demonstram sua fé manipulando cobras venenosas.

ropeus, a introdução e parcial aceitação do cristianismo amhara não reduziu o *status* da religião tradicional kaffa à condição de culto marginal. Em vez disso, ocorreu uma simbiose sutil e prática que permite aos velhos sistemas religiosos continuarem paralelamente e, até certo ponto, mesmo dentro do novo. E com a destruição da tradicional organização política dos kaffas pelas autoridades externas, a velha religião e seus ministros hierarquicamente organizados adquiriram nova significação política. Hoje, certamente mais do que antes da conquista amhara, o culto *eqo* serve como veículo para o nacionalismo cultural kaffa, apesar de, penso eu, não na mesma medida nem da mesma maneira deliberada e autoconsciente dos zezurus contemporâneos da Rodésia. No entanto, parece altamente provável que a colonização e o governo amhara desempenhem importante papel ao manter a possessão kaffa em ebulição.

VI

Espero que esses exemplos demonstrem suficientemente como, nos lugares onde ela ocorre no contexto de cultos ancestrais moralistas e é inicialmente interpretada como aflição, à possessão é, em última análise, interpretada como inspiração ancestral e se torna assim a base para o exercício da vocação xamanística. Aqui, exatamente como no caso de cultos periféricos, uma vez que se demonstrou que a possessão envolve os espíritos apropriados e não outra entidade, o objetivo não é expulsar o intruso, mas conseguir uma acomodação viável com ele. O diagnóstico particular feito nesse caso depende menos dos sintomas que da posição e reputação do paciente. Assim eleito, o xamã age como o porta-voz escolhido dos espíritos que julgam a conduta de seus descendentes e dependentes.

Nesse contexto a possessão inspiracional tem uma óbvia tendência conservadora, expressando, na verdade, o consenso do sentimento público relativo a assuntos morais. Mas a opinião pública pode mudar e os públicos diferirem. Assim, como já vimos, em unidades sociais que ficaram grandes demais e se partiram por questão de conforto, os aspirantes a líderes dos

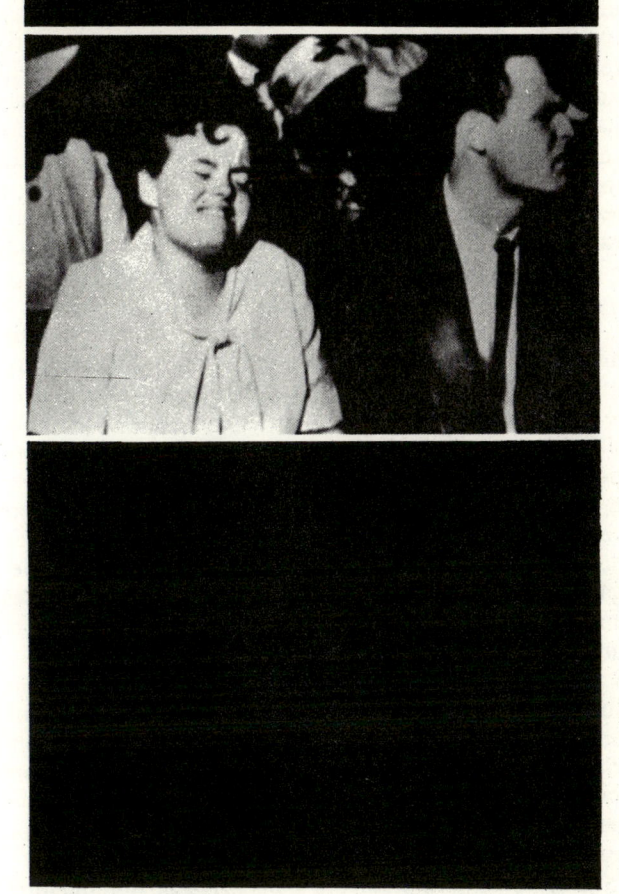

12b.
Mulher em transe numa reunião pentecostal em Watts, County, Los Angeles.

novos grupos embrionários encontram na possessão uma imponente validação para a legitimidade de seus objetivos. E, assim como nos cultos de possessão periférica, onde mudanças significativas ocorrem no meio ambiente geopolítico mais amplo essas são refletidas nas alterações do conteúdo e sentido dos cultos de possessão central assim como no *status* de seus sacerdotes inspirados. Qualquer que seja o sentido psicológico e teológico, portanto, esse entusiasmo inspirado na moralidade é um fenômeno tanto social como individual e é tão prontamente aplicado na manipulação de outros quanto na possessão periférica.

Evidentemente, ao caracterizá-los como cultos de moralidade central, não desejo afirmar que todos os aspectos da moralidade pública são cuidados unicamente por esses espíritos. Em todos os exemplos que consideramos neste capítulo outras sanções e outras entidades de controle social também existiam. Devemos esperar que a extensão em que tais espíritos exercem controle mais ou menos monopolista da moralidade dependerá da presença ou ausência de mecanismos legais e políticos alternativos e do tamanho das unidades em questão. Esse tópico deverá ser examinado com mais cuidado no próximo capítulo.

Todavia, por mais parcial ou completa que seja sua significação moral, é, entretanto, virtualmente um artigo de fé que os espíritos em questão, são essencialmente moralistas e conseqüentemente previsíveis em sua administração de aflições. Diferentes dos espíritos periféricos, eles não atacam caprichosamente ou ao acaso. Agindo tanto diretamente como causas de sofrimento, como indiretamente pela privação de sua proteção benévola normal, eles asseguram, que maus atos nunca passam sem castigo. Sua intervenção como agentes da justiça em assuntos humanos é dirigida, mas antecipada e inteiramente justificada. O caráter moral que aqueles que acreditam neles atribuem a esses espíritos é, conseqüentemente, tão consistente com seu real papel social quanto é o caso com os espíritos amorais nos cultos periféricos. Desde que estou bem consciente de que estas observações não se aplicam uniformemente a todos os espíritos ancestrais, enfatizarei que estou falando aqui apenas dos cultos de ancestrais moralistas, e, dentro desse tipo de religião, somente daqueles que também incluem a possessão.

6. POSSESSÃO E MORALIDADE PÚBLICA — II. OUTROS SISTEMAS COSMOLÓGICOS

I

Nossas generalizações do capítulo anterior se referem apenas a um tipo de religião de possessão central — aquele que se dedica à adoração de espíritos ancestrais. Claramente, se as nossas descobertas provarem verdadeiras para as religiões de possessão moralmente dotadas em geral, independente da natureza das forças místicas envolvidas, deve ficar comprovado que elas se aplicam igualmente bem a outros tipos de religião xamanística. Este capítulo vai, por isso, tentar estender o âmbito dessas conclusões e tentar atingir uma avaliação mais definitiva da significação do êxtase, examinando seu lugar nos cultos de moralidade central que não são dirigidos a espíritos ancestrais.

Começaremos com as religiões em que, como nos cultos de ancestrais que já examinamos, os espíritos que inspiram homens também santificam e protegem a moralidade social o fazem de maneira direta e clara. Discutiremos então outros casos em que as forças místicas envolvidas não são, à primeira vista, primordialmente destinadas a sustentar a moralidade ou sancionar as relações entre homem e homem e ainda, em última análise, esse resultado obtido de maneira circular. Tais religiões, onde as forças do cosmos refletem assim obliquamente brechas e desarmonias nas relações humanas, têm importantes analogias com aqueles cultos que classificamos como periféricos. Conseqüentemente, um exame de seu caráter nos trará de volta ao problema, que já notamos em outros contextos, da relação entre esses dois tipos aparente e radicalmente opostos de religião. Isso nos levará a considerar mais cuidadosamente a significação dessas duas categorias na análise da religião extática.

No que vem a seguir, selecionarei deliberadamente material ilustrativo proveniente de sociedades e culturas que são muito separadas geograficamente, que diferem substancialmente em seus modos de vida e economia e que exibem contrastes similares em sua organização política e em seus sistemas religiosos e cosmologias. Começarei com os casos em que os xamãs não são de forma alguma os únicos detentores do poder político e legal e finalizarei com exemplos em que eles estão praticamente sós nesse campo. No processo, mover-nos-emos do território menos familiar do xamanismo africano para as regiões xamanísticas clássicas do Ártico e da América do Sul. Se, ao longo de área tão vasta e em relação a sociedades que diferem de tantas outras maneiras, os cultos de possessão central podem ser mostrados exibindo as mesmas funções, podemos então esperar atingir conclusões que serão independentes de particularidades culturais. Ao mesmo tempo, de tais provas comparativas, poderemos descobrir pelo menos algumas das condições básicas que favorecem o desenvolvimento e a manutenção da ênfase extática na religião.

Com estes objetivos em mente, comecemos com outro exemplo da Etiópia. Neste caso, é tal a desusada riqueza de provas históricas disponíveis que é possível não apenas analisar essa religião como ela existe hoje, mas também ver como, ao longo dos séculos, ela veio a assumir a forma atual. Neste exemplo confrontamo-nos com uma religião de moralidade principal que, em fases anteriores, não incluía o êxtase mas tem agora esse caráter. Refiro-me à religião dos macha galla, que vivem atualmente como agricultores na área norte de Kaffa e oeste de Adis Abeba. Esse povo é uma das muitas subdivisões da grande nação galla que, com população estimada em cerca de doze milhões de indivíduos, constitui o maior grupo étnico individual da Etiópia. Assim como com os kaffa e outros povos etíopes subordinados, os macha galla fazem parte agora do império etíope e são governados pela elite cristã amhara.

Na sociedade macha de hoje (Knutsson, 1967) os homens regularmente encarnam Deus (*Waka*) e suas várias "refrações" ou manifestações subsidiárias, que são conhecidas como *ayanas*. Para os macha, Deus é o guardião final da moralidade e pune os erros e más ações que são considerados pecados, retirando sua proteção e deixando assim os malfeitores sofrer o infortúnio e a doença. Sacrifícios e preces pelo perdão e pela bênção são regularmente feitos a Deus e a suas manifestações subsidiárias através dos xamãs (chamados *kallus*) que detêm postos sacerdotais junto a todos os grupos sociais desde a extensa família patrilinear até o clã. Os espíritos invocados nessas ocasiões são considerados como refrações da divindade central *Waka*, que é apreendida como uma unidade ao nível do povo macha galla como um todo. Xamãs que, em repetidos ritos em honra de seus espíritos, são quase sempre possuídos, detêm posições que são geralmente investidas nos segmentos lineares mais antigos.

Esses postos são, em princípio, hereditários. Todavia, um elemento de obtenção está também presente, desde que os xamãs competem uns com os outros pela liderança das congregações locais construídas em torno de co-residentes grupos de parentes. E alguns xamãs obtêm posições de liderança religiosa que se estendem muito além de seu círculo imediato de parentes patrilineares. Dessa forma, a competição pelo poder dentro da sociedade macha se apóia no recurso da possessão. Se, por exemplo, um chefe de família é regularmente vítima de transes surpreendentemente histriônicos, que são interpretados como sinal de possessão divina e constrói uma reputação de grandes poderes divinatórios e sucesso em mediações e resolução de disputas, então ele é passível de vir a adquirir renome em nível local amplo e de linhagem. Isso lhe dá uma estatura que lhe permitirá clamar pelo reconhecimento como xamã aceito de um grupo muito maior. Tipicamente, os homens que lutam assim por maior autoridade e poder experimentam transes de possessão muito mais impressionantes e violentos que aqueles que já têm tais posições por direito de nascimento. Mas o sucesso nesse caso, é quase sempre efêmero. A posição de xamã depende do reconhecimento público e as reputações podem ser destruídas tão facilmente quanto foram construídas. Aí, assim como com os shonas zezurus, mas diferente dos korekores e kaffas, não há hierarquia de xamãs firmemente estabelecida e nenhum bispado xamanístico a adjudicar entre os requerimentos de competidores rivais.

Cada xamã tem pelo menos um altar para o espírito ou espíritos que encarna e são a eles que vêm as pessoas de uma vizinhança em busca de auxílio. Inspirados por essas forças, os xamãs ouvem confissões de culpa e erros cometidos e recebem sacrifícios e oferendas votivas pelos espíritos. Como já indiquei, paralelo ao sistema oficial legal e administrativo do governo etíope, eles exercem também um determinado nível de força política e legal informal. Mas os julgamentos que dão às disputas trazidas a eles são sustentados pela sanção de seus espíritos. Pessoas que desafiadoramente rejeitam a decisão do xamã, temem sua maldição.

Lado a lado a esta religião centralizada no deus moralmente justo, *Waka,* existe um culto periférico de demônios malévolos (conhecidos localmente como *zar* ou *saytana*) que possuem mulheres. Mas desde que esses envolvem aspectos com os quais já estamos muito familiarizados, nada mais precisa ser dito a respeito no momento. Em vez disso, quero explorar os acontecimentos históricos que estão por trás do atual caráter do culto de *Waka*.

Enquanto que as provas atuais sugerem que a religião de possessão central kaffa representa simplesmente uma intensificação de práticas tradicionais, esse não é o caso com os macha galla. Ao contrário, nesse caso temos a sorte de possuir provas seguras que demonstram que, em sua atual forma xamanística, esse culto de moralidade principal é uma inovação cultural com idade de apenas algumas gerações. Antes desse desenvolvimento, os macha (que, como será lembrado, formam uma divisão da grande nação Galla) participavam do culto pan-Galla de *Waka* que era representado na terra, não por uma ordem de xamãs inspirados, mas por um punhado de dinastias sacerdotais divinamente instituídas. Apesar dessas linhas de mediadores sacerdotais serem tidas como dotadas por Deus e serem assim divinamente escolhidas, os verdadeiros beneficiados (que também eram chamados de *kallus*) não empregavam o transe e não eram considerados possuídos pelas forças cuja autoridade exerciam.

Esse padrão "tradicional" de sacerdócio não-xamanístico persiste ainda hoje entre os ramos sulinos da nação galla que permanecem os mais ligados ao pastoreio nômade e menos envolvidos com a agricultura. Excetuando os macha, entre os gallas mais conservadores, esse posto de sacerdote tribal, que é hereditário, está estreitamente associado com a estrutura política tradicional. Esta é baseada primordialmente na organização estabelecida pelas gerações que, no sul, é ainda o principal princípio integrante e governamental da sociedade galla. Sem entrar em detalhes desnecessários, essa instituição fornece um mecanismo pelo qual a população masculina de qualquer tribo galla autônoma é dividida em conjuntos, cada um deles conduzido por homens de gerações diferentes, que progridem ao longo de um número determinado de graus, com intervalos de oito anos. Cada grau ocupado por um conjunto, à medida que seus membros se movimentam através do sistema, tem diferentes papéis e obrigações que lhe são atribuídos.

Assim como com outras organizações etárias de outros lugares, o efeito, neste sistema político tradicio nalmente não-centralizado, é que todo homem tem a oportunidade de ser um guerreiro e, mais tarde, um ancião e um juiz. A todos os momentos, um conjunto, composto de homens da mesma geração, ocupa o grau que provê a manutenção da paz, a tomada de decisões e a direção ritual da tribo como um todo. Idealmente e na prática o sistema é altamente democrático e igualitário. Aqueles que exercem autoridade política e legal o fazem apenas durante os oito anos em que ocupam o posto; o poder passa então de suas mãos para as do conjunto veterano seguinte. E os líderes de cada grupo, que irão por sua vez governar brevemente a tribo como um todo, são eleitos por todos os seus membros. Essa instituição, ligada intimamente à dinastia sacerdotal *kallu* que a consagra e adota de eficácia mística, é bem apropriada para fornecer o frouxo grau de integração e solidariedade tribal requeridas pelos nômades pastoris esparsamente distribuídos.

E mais ainda para a tradicional organização social Galla que, como disse, sobrevive mais fortemente hoje em dia entre os Gallas do sul da Etiópia e norte do Quênia, que ainda vivem como nômades pastores. Agora, os macha, de quem tratamos aqui, representam um dos vários grupos Gallas que se mudaram para a Etiópia central durante a grande expansão nortista dos galla no século XVI. Em seu novo ambiente, eles não conseguiram estabelecer uma dinastia *kallu* própria. Em vez disso, tiveram de depender dos grandes sacerdotes de Galla do sul a cujos altares, antes da imposição final do governo amhara no fim do século XIX, eles costumavam ir regularmente em peregrinação.

Em seu novo lar nas terras altas, no entanto, eles gradualmente adotaram a agricultura e se sujeitaram às pressões da mudança social que percorreu toda a sociedade Galla nortista no fim do século XVIII e começo do século XIX. No caso dos macha, elas provocaram a decadência do sistema político tradicional e altamente democrático baseado na organização das gerações que era sancionado e sagrado pelos sacerdotes *kallu*. As pressões na terra aumentaram e, apesar das linhagens serem inicialmente as unidades donas da terra, o crescimento dos mercados e do comércio nesse período encorajou a ascensão de uma nova classe de aventureiros comerciais e líderes militares que vieram a controlar a terra. Em algumas áreas do norte de Galla, a emergência desses "grandes homens" levou a um desenvolvimento geral da estratificação social com o poder baseado primordialmente na realização e finalmente na formação de monarquias Gallas cujos governantes tendiam a adotar o islamismo como justificativa conveniente para as novas posições sociais que eles haviam criado. Mas para aqueles macha galla que discutimos aqui, esse processo de progressiva centralização política não havia progredido até esse ponto quando sobreveio a conquista amhara e "congelou" a situação existente.

Essa série de progressos, com a ascensão de "grandes homens" competindo pelo poder secular, foi acompanhada de mudanças paralelas na organização religiosa e nas crenças cosmológicas que levaram ao padrão descrito anteriormente. Assim como em outras condições de mudança e deslocamento nas quais floresceu o fenômeno da possessão, também aqui, como já vimos, posições xamanísticas adquiridas, legitimadas pela possessão, substituíram o antigo vínculo dos macha aos alto-sacerdotados doados por Deus, do sul. Onde anteriormente a inspiração tinha sido inteiramente ligada e institucionalizada na forma de dinastias de sacerdotes instaladas divinamente, com o poder de encarnar a Deus mais no posto que em pessoa, estava agora, na verdade, desintegrando-se. O xamã *kallu* inspirado por possesão sucedeu assim ao sacerdote *kallu*. E, rado por possessão sucedeu assim ao sacerdote *kallu*. E, com o declínio em significação da organização por gerações, os clãs se tornaram o foco principal de identidade social. Assim, em vários níveis de agrupamento de clãs desenvolveram-se posições xamanísticas que instauravam a refração de partes constituintes de um deus que anteriormente havia sido concebido como único e indivisível. Em última análise, portanto, a nova instituição dos *kallu* resultante veio a incluir aspectos de atribuição assim como de aquisição, completando assim (ou quase) o círculo completo da roda das religiões. Certamente, se pode, pelo menos, discernir os princípios do que poderá vir a ser um novo sistema religioso *kallu*, apesar do transe e da possessão ainda permanecerem no momento com fatores importantes no exercício da vocação religiosa.

Para completar esse quadro devemos notar que, como em Kaffa, uma proporção considerável dos macha galla praticam o cristianismo. O cristianismo, no entanto, não deslocou a sua fé indígena, nem a reduziu à posição subsidiária. Ao contrário, ambas as religiões coexistem em uma relação frouxamente sincrética. Para muitos machas, na verdade, elas devem parecer partes de um contínuo único mais do que crenças discretas e contraditórias. Nesse espírito tolerantemente ecumênico a Virgem Maria e certo número dos principais santos da tradição cristã, assim como certas figuras do islamismo, incluindo o próprio profeta Maomé, foram na verdade assimilados como refrações de *Waka*. De maneira semelhante, o calendário cristão exerceu considerável influência na rotação dos principais ritos públicos dirigidos ao deus macha. Portanto, se essa religião extática fala pelo nacionalismo cultural local dos macha, o faz a tal ponto e de tal maneira que admite ao mesmo tempo um movimento gradual em direção à cultura e religião assimilativa dos amhara dominantes. Apesar de semelhante à situação em Kaffa, essas circunstâncias são bastante diversas daquelas entre os zezurus rodesianos.

II

A religião de possessão central dos agricultores machas gallas representa, como se viu, uma versão consideravelmente modificada de sua religião tradicional. Seu caráter xamanístico é produto das mudanças econômicas e políticas ocorridas durante cerca de três séculos. A despeito de consideráveis diferenças em cosmologia e apesar de sabermos pouco de sua história primitiva, o xamanismo clássico dos tungues pastores de rena da Sibéria e do Ártico revela paralelos surpreendentes com este culto macha. A fim de clarificar o caráter central do xamanismo tungue e demonstrar como, da mesma forma que com os macha, ele está estreitamente associado ao sistema de clã, referir-me-ei agora ao estudo recentemente publicado sobre os pastores tungues evenks pelo etnógrafo soviético Anisimov

(Anisimov, 1963). Neste caso, os clãs envolvidos são menores, mais estreitamente integrados e apresentam maior grau de hostilidade recíproca que os machas.

No cenário evenk tradicional, a doença e o infortúnio eram atribuídos ou à negligência dos espíritos do clã ou à malícia de outros clãs cujos espíritos protetores tivessem sido açulados contra seus inimigos. No último caso, o xamã tratava de seus companheiros de clã exorcizando o demônio responsável e reconduzindo-o ao mundo inferior. Na retaliação dessa intrusão de espírito hostil, ele soltaria então um dos espíritos guardiães de seu próprio clã, na forma de monstros zoomórficos, enviando-o a combater o clã que houvesse iniciado essa batalha espiritual. Para se defender contra tal assédio, cada xamã de clã deveria se entrincheirar em terras do clã, protegendo-as contra a incursão com uma cortina de ferro mística, composta dos espíritos guardiães do xamã. Espíritos inimigos estranhos tinham primeiro de atravessar esse baluarte antes de poder atingir aqueles que assim se protegiam e assolá-los com a doença e a morte. Ajudado por seus espíritos auxiliadores era dever primordial do xamã do clã lutar com os espíritos invasores e, tendo-os repelido, reparar o dano feito às defesas do clã.

Esse trabalho de defesa era tridimensional. No ar, havia sempre os pássaros espirituais xamanísticos vigiando; na terra, os animais espirituais do xamã zelosamente montavam guarda; e nas águas, peixes-espírito eram postos como sentinela. Acreditava-se assim que cada clã possuía uma esfera de interesses que, como nas nações modernas, se estendia a três mundos: o mundo superior do ar e dos céus, a terra que o homem habitava e o mundo inferior no qual corriam os rios. Através do centro desse território de clã zelosamente guardado fluía a "aquática estrada fluvial", um rio espiritual cujas vertentes estavam no mundo superior povoado de divindades da natureza suprema, cujo curso médio estava no mundo dos homens e desembocava no mundo inferior. Com essa poética imagística, a vida do clã era vista a fluir ao longo desse rio num processo circular de reencarnação. Clãs vizinhos tinham rios de vida adjuntos e as relações entre seus representantes mortais eram refletidas no plano espiritual regulado pelos espíritos do xamã.

Apesar de cada clã ter também um líder político (chamado *kulak*) formalmente empossado, a posição do xamã como intérprete da moralidade do clã e, na verdade, como a corporificação do bem-estar do clã, era extremamente importante. Apesar de ser um princípio hereditário, esse posto podia também ser obtido, como já vimos, por conquista. Os espíritos do clã eram árbitros finais na seleção do candidato aprovado que era consagrado num ritual coletivo do clã no qual se incorporavam os temas do renascimento, prosperidade no casamento animal e sucesso na caça. Os xamãs eram tratados com deferência, localizados nas áreas mais produtivas do território do clã e ajudados no pastoreio de suas renas por outros membros do clã. Com seus serviços sendo pagos com presentes, tais como algumas cabeças de rena, eles quase sempre se tornavam tão prósperos quanto misticamente poderosos.

Durante o período de governo russo antes da revolução e, em parte, como resultado da influência cristã, o xamanismo declinou. Mas sob as novas autoridades soviéticas adquiriu novo sopro de vida. De maneira muito semelhante à dos zezurus da Rodésia a possessão se tornou o veículo do nacionalismo cultural tungue e do protesto contra as políticas de seus novos senhores. Em seu cenário, os xamãs juntavam forças com os líderes de clã *kulak* como agentes do desafeto e resistência locais.

Em geral, entre os tungues (Shirokogoroff, 1935), o bem-estar do grupo humano do clã depende da zelosa direção do culto de seus espíritos guardiães feita pelo xamã do clã. Se esses espíritos são negligenciados, eles mesmos podem espalhar a ruína; ou, como entre os machas gallas e outros exemplos que já estudamos, conseguir o mesmíssimo efeito retirando sua proteção e deixando assim o clã vulnerável ao ataque de forças inimigas hostis. Esses espíritos alienígenas são particularmente perigosos para mulheres, e as doenças femininas são regularmente explicadas em termos de possessão por esses espíritos estrangeiros. Apesar da literatura não ser totalmente clara a esse respeito, parece que paralelamente ao culto central dos espíritos guardiãs do clã, que era dirigido por homens, existia também um culto periférico que tratava principalmente de problemas femininos. Era também, aparentemente, através de alegadas associações com tais espíritos do mal amorais que um xamã impopular podia ser desacreditado como "bruxo". São esses os aspectos que já encontramos em parte de nossos exemplos anteriores e a cuja significação devo retornar agora.

Finalmente é interessante notar aqui que, durante o antigo regime russo quando o cristianismo exercia forte impacto, em algumas áreas o xamanismo parece ter degenerado para o estágio de culto marginal compreendendo xamãs tanto femininos como masculinos [1].

III

Até aqui, temos nos concentrado em casos onde cultos dominados por homens sustentam a moralidade pública de maneira direta, com o xamã formulando as decisões de deuses moralistas que, se não ecoam simplesmente, são pelo menos altamente sensíveis ao julgamento da opinião pública. Porém, em nossos capítulos anteriores, os juízos inspirados do xamã eram apenas uma de várias fontes alternadas da lei, desde que outras autoridades e outros mecanismos de controle social também existiam. Quero agora examinar o papel do xamanismo em sociedades totalmente desprovidas de postos políticos formais e cortes legais e onde o xamã praticamente não tem rivais em sua administração inspirada. Em tais condições, conforme veremos, a pasta de funções do xamã se torna extremamente ampla em alcance.

Tomo como meu exemplo aqui os índios akawaios da Guiana Britânica, povo que vive em pequenos acampamentos autônomos espalhados ao longo das margens dos rios, praticando uma economia mista que inclui a agricultura, caça, pesca e colheita de frutos silvestres. Aqui, como diz airosamente Audrey Butt, o xamã "tem muitas funções que vão de doutor, estrategista militar e sacerdote até juiz e advogado: ele é ao mesmo tempo

---

1. A difusão do budismo, através da Manchúria, pode ter exercido efeito semelhante, anteriormente.

a personificação da National Space Agency e o Citizen's Advice Bureau" (Butt, 1967). Para avaliar essa proliferação de funções, o conjunto de crenças akawaios deve ser delineado brevemente. Assim como com muitos outros povos tribais e até certo ponto com a moderna psiquiatria, os akawaios acreditam que a animosidade entre indivíduos, famílias e comunidades locais é fonte de doença, infortúnio e mesmo morte. A desordem e mau funcionamento físico e social estão ligados um ao outro pela suposição de que os espíritos da natureza que causam sofrimento têm, como seu primeiro foco de atenção, as condições de falta de harmonia social. Hostilidades e disputas em relações pessoais e sociais são vistas como atração à atenção desses espíritos que demonstram então sua desaprovação afligindo os envolvidos com doença ou morte.

Esse estado indesejável de coisas requer a ajuda do xamã que, como diagnosticador e árbitro da atividade espiritual, é convocado para investigar o problema. Sua função é tanto médica quanto político-legal. Ele procura curar os sintomas físicos assim como o mal social mais profundamente arraigado que está por trás deles. Sua tarefa é remover a causa ostensiva do sofrimento e também, com a autoridade dos espíritos, restaurar as relações harmoniosas manipulando situações de tensão que deram origem à doença.

Entre os akawaios, espíritos da natureza sustentam assim a moralidade, afligindo os transgressores com doenças que podem ser interpretadas como possessões malignas por organismos patogênicos ou como causadas pela remoção de uma parte vital do corpo do culpado por um espírito. Até mesmo o roubo pode ser assim punido pelos espíritos. Na verdade, as infrações às prescrições rituais e aos tabus são semelhantemente sancionadas, de forma que a gama completa de ação espiritual punitiva compreende transgressões, omissões e más ações do comportamento moral tanto na esfera secular quanto na religiosa. Segundo a crença akawaio, uma doença desaparece e o paciente se recupera quando o mal causador foi endireitado, quando a harmonia na sociedade e na natureza foram restauradas.

O xamã realiza sua inquisição das causas da aflição em seção pública durante a qual todas as provas relevantes são apresentadas e analisadas. Os espíritos que falam pela boca do xamã possuído agem como advogados ou conselheiro de processo, extraindo informações e colocando o caso contra o paciente culposo. Suas formulações são feitas com muita sabedoria sagaz que é apreciada, saboreada pela audiência. Os presentes à sessão funcionam não só como testemunhas mas também como juízes do espetáculo, interpretando o xamã a opinião pública com a autoridade que só a palavra dos deuses lhe pode dar. Assim, a sessão tanto entroniza como expressa a consciência moral da comunidade e, para o paciente, é também confessional, pois a admissão de culpa e a concordância em cumprir posteriores penitências que podem ser prescritas traz alívio e melhora.

Quando se celebra essa sessão para lidar com um paciente doente, a primeira tarefa do xamã é invocar seus auxiliares regulares — o espírito de seu falecido professor, o espírito do tabaco, o espírito escada, espírito da casca das árvores, espíritos pássaros da montanha e os espíritos dos parentes mortos que estão sempre ansiosos por dar uma mão. Depois de beber o poderoso suco do tabaco que o ajuda a obter o transe, o xamã começa a conversar com os espíritos mencionados, com a audiência e o paciente. Depois que alguns outros espíritos baixaram e mais suco de tabaco foi tomado, o xamã cai em transe total, cataléptico. Ajudado pelo espírito escada, seu próprio espírito começa a voar solto em sua jornada ao céu, a viajar entre montanhas, nas florestas e debaixo da terra procurando a ajuda de outros espíritos. Conhecendo já muito da história dos problemas do paciente, com a ajuda desses espíritos o xamã investiga mais profundamente na sessão. Falando através de seu receptáculo humano, esses espíritos interrogam o paciente e seus parentes assim como outras partes interessadas.

As questões mais perscrutadoras e pertinentes são assim feitas publicamente ao paciente que sob forte compulsão revela todos seus deslizes permitindo aos espíritos do xamã julgar sua relevância. Se ele tenta encobrir suas faltas morais, corre o perigo de ser descoberto pela audiência e poderá cair numa intensificação punitiva de sua doença. Conforme registra o Dr. Butt:

"Intoxicado pelo tabaco, pelo ritmo farfalhante das folhas (usadas para induzir o transe) e por seus próprios esforços físicos e mentais, o xamã tem de apreender durante seu estado de dissociação um quadro das circunstâncias que podem ter dado origem ao estado do paciente. Emerge como relevantes um certo número de causas passíveis durante o interrogatório, e o problema é reconhecer a verdadeira causa geradora da doença. Aqui a inspiração do transe deve apoiar seu conhecimento. Posteriormente, se o paciente começa a se recuperar é óbvio que o xamã e seus auxiliares espirituais diagnosticaram corretamente e encontraram os meios de superar o inimigo: se o paciente continua doente então outra sessão precisa ser celebrada e até mesmo uma investigação mais profunda da causalidade última poderá ser levada a efeito".

Assim, nessa sociedade não centralizada de pequenos grupos locais que não têm outras cortes, a sessão é o mais importante mecanismo para ventilar e solucionar inimizades e querelas latentes. Quando o xamã é convocado, fontes de discórdia já estão presentes e é necessário apenas o pronunciamento dos espíritos por seu intermédio para levar a situação a um clímax. Aí a pronta participação da audiência, representando a opinião pública, é elemento crucial. Pois todos os presentes podem ouvir e participar. Assim, murmúrios e escândalos podem ser confirmados ou negados; atos podem ser explicados e justificados; confissões podem ser forçadas ou retraídas. Nesse envolvente drama social, os espíritos não medem suas palavras. Eles animadamente formulam homílias sobre a importância de conduta correta, denunciando falhas morais, condenando transgressões e em geral reduzindo suas vítimas à aquiescente contrição através de hábil combinação de sugestivos testes, sátira e sarcasmo que poderiam ser creditados às técnicas de interrogatório corretivo empregadas pela Guarda Vermelha da China contemporânea.

No interrogatório cruzado em que nenhuma barreira é respeitada, uma boa sessão dá ocasião de trazer à luz todos os problemas e questões ocultos da comunidade local. Disputas mesquinhas e ofensas são descobertas e ponderadas, assim como importantes itens de disputa. Assim, o caminho para a solução está aberto e encontrados os meios de restaurar as relações harmoniosas e reafirmar a amizade geral. Finalmente, o julgamento é dado pelos espíritos pela boca do xamãs, que é o porta-voz do consenso da comunidade.

Não obstante a forte ênfase que é colocada na imoralidade como causa de doença, é claro que há, necessariamente, outras válvulas de escape que compreendem doenças pelas quais o paciente é em geral considerado inocente. Mais ou menos do mesmo modo que entre os tungues, quando os infortúnios não são satisfatoriamente explicados em termos de maus procedimentos morais, busca-se-lhes a causa fora da comunidade. Os akawaios de cada área do rio acreditam que pelo menos alguns de seus doentes devem ser atribuídos à malevolência de outros grupos. Tais inimigos externos, pois as relações entre diferentes acampamentos são em geral hostis, são considerados como bruxos que enviam maus espíritos e doenças contra seus adversários. Nesse contexto o xamã de cada grupo é visto como agente primeiro. Assim como no clã tungue, ele defende seu próprio povo contra o ataque de xamãs rivais de outras regiões e, quando eles atacam, revida à altura. A competição é endêmica entre xamãs que simbolizam a lealdade particularizada de suas comunidades. O truque favorito e particularmente desagradável consiste em um xamã provocar o colapso do espírito escada de seu oponente no momento em que ele está em sessão. O espírito do infeliz xamã é então aprisionado em vôo e privado dos meios de retornar a seu corpo. Essa ausência da alma, se prolongada, produz doença e pode levar eventualmente à morte da infeliz vítima.

IV

Nos exemplos que consideramos até aqui há algumas variações quanto à extensão que as forças místicas envolvidas são explicitamente dotadas de atributos morais. Mas existe pouca diferença na maneira em que, na prática, os espíritos envolvidos intervêm nas questões humanas a fim de sancionar diretamente a moralidade pública. Com uniformidade, eles agem de forma a manter e salvaguardar a harmonia social. Por um lado, castigam aqueles que infringiram os direitos de seu próximo e, por outro, inspiram os xamãs a agir como pacificadores e justiceiros nas relações comunais. Aqui o código moral que esses espíritos guardam tão resolutamente diz respeito às relações entre homem e homem. Se eles não foram inventados pelos homens para domar e canalizar aspirações e impulsos anti-sociais, até um ponto considerável funcionam como se tivessem sido.

Chegamos agora a nosso tipo final de religião de possessão central onde, apesar dos espíritos envolvidos serem ostensivamente dedicados a outros objetivos, o mesmo efeito é obtido em última análise de maneira mais indireta. Deveremos tomar aqui os esquimós como nosso exemplo. Como os akawaios os esquimós vivem em comunidades pequenas, vagamente estruturadas onde, apesar de existirem posições informais de liderança, não existem postos políticos claramente definidos. Nessas condições, o xamã mais uma vez assume o centro do palco como diagnosticador público e curandeiro das aflições que são atribuídas aos espíritos e que têm de ser confessadas ante eles antes de serem expiadas. Novamente, tudo isso acontece dentro de um sistema cosmológico onde a elevada natureza dos espíritos desempenha um papel bem mais significativo que o dos ancestrais. Enquanto que, no entanto, entre os akawaios, doença e infortúnio são vistos como conseqüências diretas de tensões e desarmonias na sociedade humana, aqui elas são vistas como resultado de contravenções ao código de relações entre homem e natureza. Entre os esquimós são as ofensas contra as forças naturais, mais do que contra seu próximo, que levam à infelicidade e requerem a intervenção xamanística se têm de ser aliviadas.

A seguinte citação de um esquimó, registrada por Rasmussen (Rasmussen, 1929 — p. 56), pode servir bem como *motto* para sua religião e etogenia:

13a.
Êxtase no culto do Espírito
Santo em Barbados, onde os
membros deste culto
demonstram sua fé
manipulando cobras venenosas.

volta; não a morte, mas o sofrimento. Tememos os espíritos maus da vida; os do ar, do mar e da terra que podem auxiliar xamãs maldosos e prejudicar seu próximo. Tememos as almas das pessoas mortas e dos animais que matamos.

A frase final desse funesto catálogo toca no tema mais crucial de todos para a compreensão das concepções esquimós do pecado e do tabu. Pois, como prossegue o informante de Rasmussen:

> o maior perigo da vida está no fato de a comida humana consistir totalmente de almas. Todas as criaturas que temos de matar e comer, todos aqueles que temos de abater e destruir para fazer nossas roupas, têm almas, como nós, almas que não perecem com o corpo e que, portanto, devem ser homenageadas senão se vingam em nós por termos tirado seus corpos.

Essa é a concepção básica, que afeta profundamente a maneira como os esquimós tentam controlar e utilizar seu meio ambiente, sobre o qual é construído seu extremamente elaborado código de conduta regulador das relações entre o homem e a natureza. Enquanto essas regras forem meticulosamente cumpridas, animais de caça se deixam matar sem colocar o homem em risco. O intrincado sistema de tabus que esse código corporifica gira em torno do princípio de que os animais e caças com que se ocupam os esquimós nos meses de inverno não devem ser postos em contato direto ou misturados com os do verão. Assim, os produtos da terra e os do mar devem ser mantidos separados e nunca colocados juntos a menos que se tomem precauções especiais. Focas (caça de inverno) e tudo que lhes diz respeito deve ser isolado de qualquer associação com caribus (caça de verão). É em torno desse eixo sazonal que gira toda a estrutura do sistema de tabus. Infrações que são consideradas pecado resultam em doenças e aflições e o bom sucesso da caça à comida está em risco quando qualquer dessas regras é quebrada. Significativamente, a ofensa mais terrível que os homens podem cometer é macabra e consiste em manter relações sexuais com animais, especialmente caribus ou focas que acabaram de matar, ou com seus cães. Mas são sobretudo as mulheres, cujas vidas são especialmente cheias de tabus, que constituem os infratores e as fontes de perigo mais comuns.

13b.
Transe e postura das mãos num ofício White em Clay County, Kentucky.

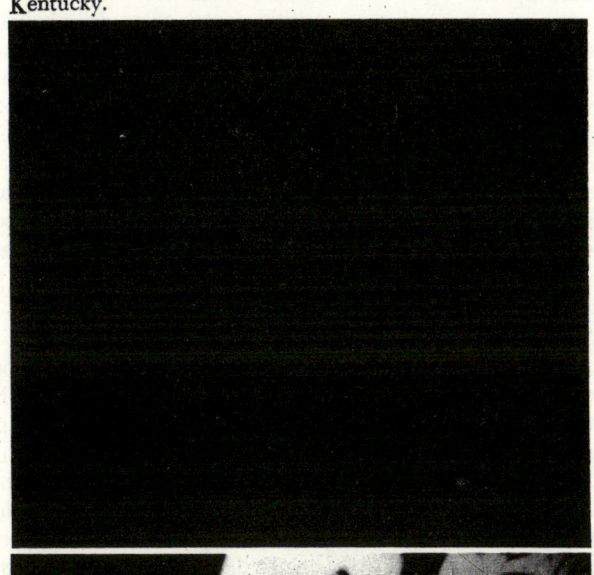

Essas místicas leis de caça são tão mais significativas e repressoras na medida em que a transgressão delas afeta normalmente não apenas o culpado individual mas também seus vizinhos e parentesco no acampamento. Considera-se na verdade que os pecados envolvem a pessoa culpada num miasma mal-cheiroso que atrai outros males e infortúnios e, evidentemente, repele a caça. O pecado tem assim uma qualidade quase tangível, e o pecador é um perigo direto a seus companheiros. Esse estado pernicioso é solucionado pela confissão do tabu violado e pela realização de oferendas e penitências redentoras apropriadas. Ocultar maus atos apenas agrava a ofensa e aumenta o risco de sofrimentos posteriores. Assim como entre os akawaios e em tantos outros casos que examinamos, tais ofensas são exploradas e tratadas em sessões celebradas pelo xamã. Sem os seus xamãs que assim tratam dos doentes, asseguram condições climáticas favoráveis e predizem mudanças do tempo e o sucesso na caça, os esquimós, como eles mesmos admitem, seriam impotentes diante da multidão de perigos e forças hostis com que se confrontam de todos os lados. Quer seja provocado pelo Espírito do Mar, forças climáticas ou pelos mortos, os seres humanos comuns são indefesos. Só os xamãs podem intervir com bons resultados.

Qualquer que seja o propósito da sessão o procedimento seguido pelo xamã segue padrão similar. Em transe e possuído por espíritos auxiliares que falam por sua boca, quase sempre enquanto seu próprio espírito-alma está viajando pelo mundo superior ou pelo mundo inferior, o xamã investiga implacavelmente a conduta da parte culpada em busca de quebras do tabu que serão responsáveis pela calamidade que ele foi chamado a remediar. Em seguida a suas "viagens" místicas, o xamã anuncia à receptiva audiência que tem "algo a dizer" e recebe a ávida resposta: "Ouçamos, ouçamos!" Todos os presentes estão agora sob forte pressão para confessar quaisquer violações de tabu que possam ter cometido. Algumas ofensas são prontamente admitidas; outras só são relutantemente divulgadas à medida que o xamã pressiona insistentemente sua audiência a revelar suas más ações.

O grupo da sessão, especialmente as mulheres cujas infrações ao tabu têm em geral conseqüências mais sé-

4. Espíritos esquimós desenhados pelos esquimós iglulik. Representam divindades que apesar de aterrorizadoras e ameaçadoras em seu estado natural podem ser capturadas e domadas pelos xamãs e se transformarem assim em benévolos "espíritos auxiliares" ou familiares.

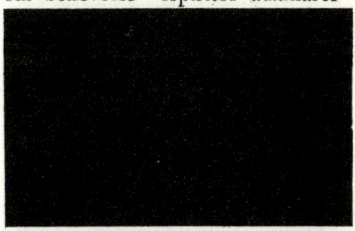

A. Olho-gigante, um sombrio espírito que ajuda o xamã a descobrir pessoas que quebraram tabus.

B. Mulher-cabelo, espírito que ajuda o xamã a encontrar caça na busca da comida.

C. Mulher--duende. Ela ajuda o caçador a garantir animais marinhos (como a foca) dos quais os esquimós dependem nos meses de inverno.

rias, buscam desesperadamente em suas consciências e denunciam suas vizinhas na busca conjunta de revelação de pecados que serão responsáveis por apuros presentes. Mulheres apontadas por outras são levadas à frente culposamente, envergonhadas e chorosas e estimuladas ao arrependimento pelos gritos de auto-reprovação do próprio xamã: "Procuro e busco onde nada há para ser encontrado! Procuro e busco onde nada há para ser encontrado! Se existe algo, diga-o!" Debaixo dessa torrente de exortações, a mulher confessará algum deslize. Por exemplo, ela sofreu um aborto, mas por viver numa casa que continha muitas outras pessoas, escondeu o fato porque teve medo das conseqüências. Sua dissimulação, apesar de condenada, é prontamente entendida, pois se tivesse revelado seu estado, os costumes a obrigariam a jogar fora todas as peles macias de seu iglu, inclusive o forro interno completo, de pele. Tal é a inconveniência da requerida purificação ritual que a tentação de esconder um aborto é evidentemente muito forte. Entretanto, na sessão, omissões esquecidas desse tipo são forçadas à luz à medida que o rito confessional prossegue seu curso catártico, limpando a comunidade da culpa sob a direção entusiasmada do xamã. Uma vez que número suficiente de pecados foram confessados, não importa quão aparentemente esotéricos ou veniais, e o xamã prescreveu as penitências apropriadas, ele pode garantir à sua audiência que os espíritos foram aplacados e que não haverá falta de caça no dia seguinte.

No tratamento de doentes em sessões xamanísticas públicas desse tipo, em geral é o paciente que é assim incessantemente arengado. O seguinte resumo de um caso registrado por Rasmussen (Rasmussen. 1929, pp. 133 e ss.) a respeito de uma mulher doente, indica o tom geral de procedimento. O xamã começa a diagnose: "Pergunto-lhe, meu espírito auxiliador, de onde vem a doença que esta pessoa está sofrendo? É ela devida a algo que comi em desafio ao tabu, há pouco ou há muito tempo? Ou é ela devida a minha mulher? Ou é ela trazida pela própria mulher doente? É ela mesma a causa da doença?" A paciente responde: "A doença é devida a minha própria falta. Mal cumpri os meus deveres. Meus pensamentos têm sido maus e más minhas ações". Xamã: "Parece turfa, mas não é turfa mesmo. É o que está detrás da orelha, algo que parece a cartilagem da orelha. Há algo que brilha branco. É a boca de um cachimbo, ou que será?"

A audiência, impaciente para chegar a raiz da questão, entra no jogo: "Ela fumou um cachimbo que não devia ter fumado. Mas não importa. Não daremos atenção a isso. Que seja perdoada." Xamã: "Isso não é tudo. Há outras ofensas que trouxeram a doença. São devidas a mim ou à própria pessoa doente?" Paciente: "São devidas a mim somente. Havia algum problema com meu abdomen, com minhas entranhas." Xamã: "Ela partiu um osso de carne que não devia ter tocado." Audiência, magnânima: "Que seja absolvida dessa ofensa." Xamã, que está longe de concluir sua análise forense: "Ela não está livre de seu mal. É perigoso. É razão de ansiedade: Espírito auxiliador diga o que é que a aflige." E assim continua a sessão, às vezes por horas seguidas, à medida que transgressão atrás de transgressão é revelada pelo paciente afligido. Tal tratamento é também freqüentemente repetido em sessões posteriores celebradas de manhã, à tarde e à noite, até que, depois de repetidas admissões de culpa, o xamã se dá por satisfeito com o paciente inteiramente purgado e julga que a recuperação sobrevirá agora que tanto foi confessado a fim de "tirar o veneno da doença".

Com uma constelação tão elaborada de prescrições minuciosamente detalhadas, que afetam todos os aspectos da vida cotidiana e que, se negligenciadas, fazem as forças da natureza visitar o homem com aflições ou suprimir seu fornecimento de caça, poder-se-ia pensar que dificilmente poderia haver algum grupo esquimó sem alguém entre seus membros que, a qualquer momento, tenha cometido uma ofensa. No entanto, existem evidentemente aqueles cuja conduta é impecável em todos os aspectos. Pois, além dessa teoria total de infortúnio merecido, os esquimós se justificam reconhecendo que existem também outras forças místicas que podem produzir desastres imerecidos. Morte e outras calamidades irreversíveis, podem ser devidas à malevolência de outras pessoas vivas, particularmente à feitiçaria de maus xamãs. Podem também ser produzidas por caprichosos espíritos malignos que agem sem se referir às contravenções do que Rasmussen chama de "as regras da vida". Tais terrores são também cuidados pelos xamãs que, a qualquer infortúnio, são chamados a intervir para salvar o homem da tirania espiritual que ele moldou para si mesmo e projetou no meio físico cruel e perigoso em que vive.

Com a ajuda dos espíritos auxiliares, o xamã suplica, lisonjeia, ameaça e até mesmo combate, nas sessões mais dramaticamente carregadas, essas forças constantemente ameaçadoras que só ele tem a habilidade de influenciar e controlar. Sua intimidade única com essas forças é tal que em algumas ocasiões ele envia seu próprio espírito a flutuar em visita ao "Povo do Dia", por pura alegria. Tais sessões, que não são necessariamente realizadas para curar qualquer aflição específica, são emocionantes performances dramáticas nas quais o xamã se permite aqueles "truques" bem conhecidos, estilo Houdini, que levaram observadores superficiais a denunciar como charlatães esses hábeis peritos religiosos esquimós.

Essas performances são, por certo, parcialmente dedicadas a demonstrar a eficácia dos poderes de um xamã particular e a engrandecer sua reputação e são assim exemplos do que Voltaire, à sua maneira irônica, gostava de chamar de "artes sacerdotais". No entanto, elas são também pungentes ocasiões religiosas. Elas representam ritos alegres de comunhão entre o mundo dos homens mortais e o daqueles que partiram para os felizes campos de caça do mundo superior. Novamente aqui o papel vital do xamã como intermediário entre o homem e o mundo do poder espiritual, que o cerca e ameaça engolfá-lo, é dramaticamente reafirmado.

Aqui também, como com os akawaios, é evidente que através de sua direção da sessão confessional, o xamã exerce funções políticas e legais em suas manipulações de crises humanas. Apesar de cada indivíduo ter a responsabilidade pessoal de observar o estrito código que regula as relações entre o homem e a natureza, violações a essas regras colocam em perigo os outros membros da comunidade assim como o próprio faltoso. É dessa maneira indireta que a religião xamanística adquire significação moral na vida das comunidades esquimós. A sessão cumpre as funções de tribunal público, investigando as causas da aflição, atribuindo culpa e purgando os grupos afetados através de fervorosas confissões de culpa. No fim das contas, é a audiência da sessão que denuncia aqueles que considera culpados e julga a extensão e severidade de suas falhas. É, além disso, em termos de sua interpretação do clima dessas confissões públicas que o xamã decide, através do veículo de seus espíritos, se culpa suficiente já foi descarregada para aliviar os infortúnios que ele é encarregado de remediar. Ele também tem a responsabilidade de determinar se as aflições específicas devem ser explicadas em termos de pecados cometidos por um membro do grupo ou de outras forças malévolas que são totalmente indiferentes às "regras de vida".

Assim, apesar das velhas fontes etnográficas de que dependemos para a compreensão da sociedade esquimó não demonstrarem claramente se os distúrbios sociais estão na raiz da intervenção espiritual como se dá com os akawaios, podemos ver pelo menos que, até um ponto considerável, a sessão aqui era também mecanismo de controle social (cf. Balikci, 1963, pp. 380 — 96 e ss.) Sua importância a esse respeito era além disso tanto maior devido à pobreza dos esquimós de outras instituições com funções paralelas. Pode-se notar, no entanto, que na medida em que as forças místicas envolvidas não são diretamente dotadas de qualidades morais e são empregadas para manipular crises humanas, o xamanismo esquimó é, sob certos aspectos, análogo aos cultos periféricos que discutimos em outras partes. A diferença reside menos na natureza dos espíritos do que no fato de toda uma sociedade estar envolvida e não apenas um setor subordinado, particularmente prejudicado.

Se então, como parece que deveríamos nós, tratarmos essa religião como uma forma especial de moralidade central, temos ainda de considerar a identidade sexual dos xamãs esquimós. Temos de notar aqui que os relatos clássicos dos esquimós (assim como dos chukchees e outros povos siberianos) indicam claramente que a vocação xamanística não era restrita unicamente ao sexo dominante. Czaplicka (Czaplicka, 1914) cuja síntese desse material siberiano representa o trabalho *standard* no assunto, conclui que, tradicionalmente, xamãs mulheres dedicavam-se particularmente aos maus espíritos de origem estrangeira. Se o caso é realmente esse, ele sugeriria que encontramos aqui de novo a mesma divisão sexual de trabalho entre cultos periféricos e central que encontramos em outras partes. Além disso, como enfatiza Czaplicka, a maioria das fontes primeiras do xamanismo siberiano concordam que o período de mudança do século foi marcado pelo surgimento de mulheres xamãs. Desde que esse foi também um tempo de grande revoltas sociais, quando o impacto de influências externas e do cristianismo estava no auge (Bogoras, 1907, p. 414 registra a substituição do xamanismo "grupal" pelo "individual" nessa época), podemos provavelmente inferir uma tendência para o culto tradicional sendo relegada a posição secundária, a qual poderia ser devidamente assumida pelas mulheres. Essa parece pelo menos uma interpretação plausível e que é coerente com os padrões de outros lugares.

V

Isso conclui nosso exame detalhado da possessão em religiões de moralidade central. Nossos exemplos não podem ter a pretensão de serem exaustivos. Mas são, penso eu, suficientemente representativos para que possamos generalizar a partir deles com alguma segurança.

Comecemos por notar pontos de distinção e semelhança entre essas religiões centrais e cultos periféricos. Primeiro, as diferenças. Nos cultos periféricos ou em movimentos religiosos separatistas (cujo caráter ambíguo enquanto categoria intermediária nós já examinamos), a possessão, interpretada como experiência religiosa, de fato como uma bênção, é aberta a todos os participantes. Nas religiões de moralidade central, no entanto, a possessão inspiracional tem âmbito muito mais limitado. Ela é de fato a marca registrada de uma elite religiosa, daqueles escolhidos pelos deuses e pessoalmente comissionados para exercer autoridade divina entre os homens. Desde que, além disso, esse é o meio pelo qual os homens competem pelo poder e autoridade, existem sempre mais aspirantes que posições a serem preenchidas. Nessa situação competitiva em que o entusiasmo autêntico é um luxo raro e onde muitos se sentem chamados, mas poucos são realmente escolhidos, obviamente é essencial ser capaz de discriminar entre a inspiração genuína e a espúria. É necessário também ter meios seguros de desacreditar os xamãs estabelecidos que se considera terem abusado do poder ou que demonstram relutância indevida em dar lugar a aspirantes jovens e emergentes que gozam de maior apoio público.

Esses dois requisitos serão preenchidos onde existem duas teorias alternadas e reciprocamente incompatíveis de possessão. Assim, se os mesmos sintomas, ou comportamento, ostensivos podem ser vistos, ou como uma intimação de eleição divina ou como perigosa intrusão de poder demoníaco, isso fornecerá base adequada para o reconhecimento das reivindicações de alguns aspirantes, rejeitando as de outros. Tais distinções forneceram meios seguros para controlar o acesso ao poder xamanístico legitimado.

Examinemos agora novamente as nossas descobertas empíricas à luz dessas considerações. Em capítulos anteriores, vimos que cultos de possessão periféricos existem muito freqüentemente em sociedades em que a possessão inspirada não desempenha nenhum papel na religião central. O inverso, no entanto, não é necessariamente verdadeiro. As religiões de possessão central podem ocorrer sozinhas, ou podem ser acompanhadas de cultos de possessão periféricos. Vejamos primeiro aquela possibilidade em que nenhum culto de possessão subsidiário é encontrado. Conforme já vimos entre os akawaios (e até certo ponto também na situação pré-colonial dos esquimós e dos tungues), em tais circunstâncias as forças do cosmos não são nitidamente arranjadas em duas classes opostas, uma benéfica e misericordiosa e outra malévola e ameaçadora. Ao contrário, todas as forças místicas que o homem conhece são sentidas igualmente ambivalentes em caráter. Podem fazer o bem, mas podem também provocar grandes danos. Aqui a distinção entre o que constitui autêntico êxtase xamanístico e o que é meramente a intrusão de espírito indesejável depende da habilidade da vítima em "dominar" sua aflição. Ao mesmo tempo, aqueles casos de possessão que não são vistos como iluminação genuína são afastados como doenças causadas pela malevolência mística de xamãs pertencentes a outros grupos.

Aqui esses espíritos que protegem uma comunidade são fonte de doença em outros lugares e assim como são controlados internamente pelo xamã, são também controlados externamente da mesma maneira. Segundo a condição moral da vítima, tais aflições por espíritos provocadas externamente podem ser interpretadas tanto como punições justas para erros cometidos, quanto infortúnios imerecidos. Assim, nessas religiões monolíticas relativas, as inimizades existentes entre comunidades locais rivais fornecem os meios pelos quais a verdadeira inspiração pode ser distinta daquelas cujas condições são tão prontamente confundidas com ela.

Examinemos agora a segunda possibilidade, na qual, como acontece com tanta freqüência, cultos de possessão periféricos e centrais existem paralelos um ao outro. Em tais cosmologias dualísticas as aflições de possessão são sempre abertas a duas interpretações semelhantemente conflitantes. Quando a vítima pertence ao estrato da sociedade do qual os xamãs do sistema são originários, sua experiência inicial de possessão (a "fase primária") pode ser vista ou como indicação válida de aprovação divina, ou como intrusão hostil de espírito periférico malevolente. Não há nenhuma diferença de sintomas, pelo menos inicialmente. O que difere é o diagnóstico e isso, é claro, reflete em última análise a opinião pública. Se o xamã aspirante goza de grande apoio local, o diagnóstico apropriado é feito e, salvo acidentes, sua carreira está garantida. Se, no entanto, não é esse o caso, então a autenticidade da experiência é negada atribuindo-se-lhe a um mau espírito e o exorcismo é prescrito como tratamento apropriado.

Obviamente, nesse caso, a primeira interpretação endossa a experiência do sujeito como possessão autêntica enquanto que a segunda a estigmatiza como inautêntica. Essas duas avaliações diametralmente opostas não pertencem a diferentes sistemas religiosos (como a visão folclórica poderia deduzir), mas, ao contrário, são aspectos reciprocamente entrosados de um único sistema religioso no qual os espíritos periféricos representam contrapartidas sinistras dos poderes benignos que sustentam a moralidade pública.

Quando precisamente os mesmos sintomas ocorrem em sujeitos saídos de classes sociais baixas, então, evidentemente, a segunda interpretação, que envolve espíritos periféricos, é novamente selecionada. Mas, nesse caso, o tratamento subseqüente não é tanto destinado a expelir a entidade possessora como para domesticá-la, estabelecendo assim uma ligação viável entre essa e o hospedeiro humano.

Esses dois canais paralelos de atividade espiritual estão interligados de uma outra maneira altamente reveladora. Quando a possessão periférica é diagnosticada em homens de recursos isso não é o fim da questão. Apesar desse diagnóstico efetivamente dispor das pretensões do sujeito de ser considerado um aspirante a xamã, a significação moral de sua aflição de possessão fica ainda por ser determinada. Se se considera que o sujeito pecou, então sua queixa pode ser vista como um julgamento, executado por um espírito periférico, mas imposto pelos deuses da moralidade central que retiraram sua influência protetora. Quando, no entanto, o consenso de opinião é de que a vítima é moralmente inocente, então sua condição pode ser interpretada como um ato malicioso de feitiçaria inspirada por espírito perpetrada por um xamã de baixa classe.

Esses intrincados padrões da anatomia da possessão aliviam a nítida divisão de trabalho e de responsabilidade moral entre os dois tipos de culto extático. Mas a distinção entre eles não é absoluta, conforme tenho enfatizado repetidamente, e nada há de imutável na caracterização de um culto particular mais do que em outro. Algumas religiões xamanísticas centrais são na verdade muito próximas de cultos periféricos. Se, por exemplo, a religião esquimó parece, na sua maneira de funcionamento, celebrar uma moralidade implícita, poder-se-ia também argumentar que, com efeito, os cultos periféricos fazem a mesma coisa. Pois, se sistema manipulado responde a apelos de seus subordinados veiculados por espíritos, numa análise final, o faz por reconhecer, apesar de não explicitamente, que esses apelos refletem a justiça natural. Deve haver algum senso profundamente enraizado de humanidade comum e responsabilidade moral nos sentimentos que os superiores têm por seus subordinados. Se não existisse esse subjacente sentido de *communitas*, como o chama Victor Turner (Turner, 1969), o sistema poderia tratar com impunidade essas oblíquas, mas quase sempre muito inoportunas demandas de respeito e consideração. Se suas consciências estivessem totalmente limpas, nem seria necessário para os membros dos estratos dominantes conceder em todo o complicado negócio de manter acuados seus inferiores, acusando-os de bruxaria. Portanto, mesmo se os cultos periféricos envolvem forças místicas francamente amorais, na prática eles não podem ser inteiramente divorciados do julgamento moral.

Novamente, como repetidamente percebemos, historicamente, as linhas que separam os dois tipos de culto não são absolutas ou invioláveis. Os cultos podem mudar sua significação e *status* com o tempo. Assim como tantos cultos periféricos são superados por religiões estabelecidas que perderam graça e respeitabilidade, igualmente aqueles que começaram como cultos terapêuticos clandestinos, à margem da sociedade, podem evoluir para novas religiões de moralidade. Dessa perspectiva e de maneira muito simplificada, a história das religiões pode ser vista como envolvendo um padrão cíclico de mudanças de *status* e qualidade inspiracional dos cultos, com movimentos que partem do ou que vão para o centro da moralidade pública de acordo com as circunstâncias e cenário social de diferentes épocas. Súbitas explosões de efervescência extática podem assim assinalar quer um declínio, quer uma ascensão dos destinos religiosos. A possessão pode igualmente bem representar o beijo de vida ou de morte no desenvolvimento histórico das religiões.

Se, no entanto, religiões que estão no processo de degeneração para cultos marginais tendem a atrair seguidores de camadas mais baixas da sociedade, através da possessão, existe uma igualmente bem definida tendência nas religiões inspiracionais bem sucedidas de perder seu fervor extático e se endurecerem em sistemas eclesiásticos que reivindicam um monopólio seguro de conhecimento doutrinário. Conforme Ronald Knox relembra tortuosamente: "Os primeiros fervores sempre desaparecem; a profecia se extingue e o carismático funde-se com a instituição" (Knox, 1950, p. 1).

Tal estrutura implica a noção de um capital estável de legitimidade religiosa que foi fabricada pelos deuses para os homens administrarem. Se existe alguma inspiração, ela representa pouco mais que um gesto dos deuses para que eles continuem a endossar a administração de sua dotação espiritual pela hierarquia sacerdotal. Essa forma de organização religiosa, encarnando oficialmente a divindade e tipicamente apoiada numa rica panóplia ritual, é claramente mais estável, mais previsível e mais segura em sua direção religiosa que um padrão xamanístico de autoridade inspirada. Em teoria, pelo menos, este último está sempre aberto a dramáticas e novas revelações, a novas mensagens dos deuses e não apenas a reinterpretações da doutrina estabelecida. Sob essas condições, tudo que um xamã pode deixar para seus herdeiros é um corpo de peritagem técnica que pode ajudar um sucessor a obter relacionamento privilegiado com os deuses, mas não pode garantir que isso virá a acontecer.

Não é, pois, novidade, que ao longo da história, em muitas religiões diferentes, as igrejas estabelecidas tenham procurado controlar e conter a inspiração pessoal. Portanto, se a estabilidade social parece favorecer uma enfatização do ritual mais do que da expressão extática, isso também sugere que o entusiasmo floresce na instabilidade.

Da mesma forma, as circunstâncias que cercam a ascensão de novas religiões inspiracionais, das erupções messiânicas da Europa medieval aos cultos de carga na Oceania, apontam a crucial significação de fatores de aguda ruptura e deslocamento social. Essa prova corrobora nossas descobertas das condições necessárias (senão suficientes) para o surgimento dos movimentos que chamamos de cultos periféricos. Ficamos então, com o problema de determinar até que ponto as mesmas pressões, ou semelhantes, estão envolvidas na manutenção de religiões de possessão centrais. Por que tais religiões extáticas nem sempre desenvolvem sacerdócios estabelecidos que transformariam o entusiasmo redundante e perigoso? Se a extinção do entusiasmo é tendência intrínseca, quais outras forças compensadoras mantêm em ebulição a possessão?

A resposta parece novamente residir na existência de insuportáveis pressões físicas e sociais, nos lugares onde os grupos sociais são pequenos e flutuantes e prevalece a instabilidade geral. Por certo são essas as condições entre os espalhados, caçadores e grupais esquimós, entre os tungues e outros povos árticos e siberianos, e é verdadeiro também para os akawaios e vedas. No caso de nossos exemplos africanos, as pressões significativas parecem surgir menos do ambiente físico que de circunstâncias sociais (e políticas) externas. Em ambos os casos, quando se formam grupos maiores e mais estáveis, o xamanismo adquire caráter mais firmemente institucionalizado e há menos ênfase no êxtase. Isso é verdade não apenas para os machas gallas hoje, ou para os korekores shonas (que em contraste aos zezurus, têm hierarquia xamanística mais rígida), mas também para diferentes grupos entre os tungues. O rico material etnográfico de Shirokogoroff demonstra claramente que os bandos pastorais menores, mais instáveis, são liderados por xamãs que adquirem suas posições através de ataques extáticos, os clãs tungues maiores desenvolveram postos xamanísticos estáveis em que o entusiasmo é abafado ou obliterado.

Portanto, quer diretamente do meio físico, quer através de coações políticas externas, pressões intrusivas geram as forças que, trabalhando nos tecidos da sociedade, criam e sustentam a resposta xamanística inspirada. Onde prevalecem essas condições, cada xamã constrói um fundo de autoridade pessoal que é dissipado com sua morte, ou pelo menos só pode ser captado de novo por um sucessor, através de nova série de inspirações extáticas. O xamã é, portanto, em religiões de moralidade principal, o análogo religioso do empresário politicamente influente ou "grande homem"; e, como vimos entre os giriamas, os tongas e até certo ponto em nossos exemplos etíopes, assim como entre os esquimós, os dois papéis podem na realidade ser desempenhados pela mesma pessoa.

Isso parece sugerir que, longe de ser manifestações não características ou bizarras de tensão e frustração, os cultos periféricos englobam, de forma especializada, muitos dos aspectos das religiões de possessão central. Ambos são formas de expressão religiosa que implicam a existência de agudas pressões. Nos cultos periféricos essas pressões surgem da opressão à qual estão sujeitos membros subordinados da comunidade. A auto-afirmação que a possessão representa nesse caso é diretamente contra o sistema estabelecido e é, em última análise, contida da maneira que já examinamos. Nas religiões extáticas centrais, as coações são externas à sociedade como um todo, elas são sentidas por todos e a possessão que confirma as reivindicações dos possuídos de serem agentes escolhidos dos deuses moralmente dotados, tem uma significação que é muito mais ampla. Em cultos periféricos, os subordinados que praticam como xamãs dominam espíritos que não têm significação moral geral. Mas em religiões centrais, xamãs estabelecidos encarnam e tratam como iguais as forças que controlam o cosmos. Aqui o protesto que a possessão corporifica é dirigido aos deuses, as pressões externas que provocam o êxtase são desafiadas e mesmo refutadas e o xamanismo afirma que, em última análise, o homem é senhor de sua fé.

Desde que deveremos prosseguir mais longe com estes temas no próximo capítulo, podemos abandoná-los no momento e voltar-nos ao resumo de nossas descobertas sobre a identidade sexual dos xamãs. Penso que aqui podemos distinguir três padrões distintos apesar de nem sempre exclusivos. Primeiro, em religiões centrais, onde a possessão é pré-condição para o total exercício da vocação religiosa, aqueles selecionados pelas divindades são tipicamente homens. Segundo, onde o sacerdócio masculino estabelecido, que não depende de iluminação extática em sua autoridade, controla o culto de moralidade central, permite-se às mulheres e homens de categorias sociais subordinadas uma franquia limitada de auxiliares inspirados. Terceiro, essas categorias sociais desprivilegiadas são também aquelas que fornecem os membros dos cultos de possessão periféricos, independente do êxtase ocorrer também na religião central. Assim, em geral, parece que a avaliação moral da possessão tende a refletir distinções sociais e sexuais. Forças amorais selecionam suas montarias entre mulheres ou categorias restritas de homens: as divindades que sustentam a moralidade pública são menos estreitamente circunscritas em sua escolha de hospedeiros humanos.

Mas se espíritos de tantas religiões diferentes parecem demonstrar bastante cuidado pelo *status,* não devemos esquecer que em todas as sociedades há transviados psicológicos — como efeminados ou homossexuais masculinos, por exemplo — cujos problemas incita-os a desafiar os papéis sexuais oficialmente autorizados. Sua existência perturba inevitavelmente essa organizada distribuição de iluminação espiritual. Assim, ao atrair o grosso de seus membros de homens e mulheres das categorias sociais apropriadas, os cultos periféricos atraem invariavelmente também certo número de indivíduos homens de cuja participação é menos em função de sua localização social do que de aspectos idiossincrásicos de suas personalidades. Isso levanta o complicado problema do nível psicológico da possessão. Até aqui evitamos amplamente esse item: agora devemos tentar encará-lo de frente.

7. POSSESSÃO E PSIQUIATRIA

I

Se há alguma coisa que une os antropólogos sociais britânicos é seu feroz antagonismo à psicologia e psiquiatria e seu complacente desdém aos aspectos psicológicos dos fenômenos sociais que estudam. Em comum com seu ancestral intelectual Durkheim, eles parecem sentir uma definida obrigação em relegar o aspecto da psicologia a anormalidades individuais e assim o deformam como um campo de estudo que é totalmente irrelevante a suas preocupações. É fato, evidentemente, que a maioria das teorizações antropológicas é lançada com suposições psicológicas mal consideradas e usualmente não reconhecidas. Mas um membro da fraternidade antropológica que ouse apontar isso será, no mínimo, considerado em geral como de mau gosto. Na verdade, alguns dos mais importantes antropólogos chegaram mesmo a desenvolver sofisticados mecanismos de defesa destinados a proteger sua olímpica ingenuidade (conforme se costuma chamar constrangedoramente a negligência da psicologia) e preservar seu domínio da incursão psicológica.

O leitor menos privilegiado poderá perguntar por que considerações que parecem ser de importância fundamental no estudo da possessão foram deixada para um estágio tão final, antes de serem explicitamente levantadas e examinadas. Apresso-me a dizer, portanto, que apesar disso ter sido feito deliberadamente, não é porque deseje seguir muitos de meus colegas varrendo subretipciamente a psicologia para debaixo do tapete. É simplesmente porque os fenômenos que assimilamos prontamente ao bizarro e anormal devem ser abordados cuidadosamente se não se quer prejudicar os itens envolvidos em sua avaliação. Nada é mais fácil, afinal, do que saltar para conclusões e projetar nossas próprias suposições e interpretações psicológicas às exóticas provas que podem corresponder apenas em detalhes superficiais com dados aparentemente semelhantes de nossa própria cultura. Pareceu-me essencial, portanto, explorar a significação do êxtase e da possessão em culturas estranhas nos seus próprios cenários, antes de tentar avaliar como elas se relacionam com o material quase sempre ostensivamente similar descrito e analisado por psiquiatras em nossa sociedade. Com as descobertas dos capítulos anteriores sustentando-nos, no entanto, estamos agora razoavelmente equipados para nos aventurarmos nesse difícil campo.

No final do capítulo anterior referi-me à presença nos cultos de certo número de indivíduos transviados psicologicamente cujos problemas levaram-nos a categorias de possessão das quais seriam excluídos se fossem inteiramente normais. Aí eu estava pisando em solo perigoso. De fato, em termos de sábios conselhos nesse campo, minhas observações beiravam o herético. Pois uma das tradições mais bem estabelecidas no estudo do xamanismo e possessão trata-as como anormalidades e as vê como elaborações culturais peculiares, destinadas a beneficiar os abalados mentais. Assim como o psiquiatra francês Levy Valensi disse que na sociedade ocidental a sessão espírita é quase sempre a antecâmara do asilo, o xamanismo é visto regularmente como um manicômio institucionalizado para primitivos. Desse ponto de vista a possessão não é para as pessoas psicologicamente normais, mas apenas para os perturbados: o xamã possuído por espírito é apresentado como uma personalidade conflituada que deveria ser classificado ou como seriamente neurótica ou mesmo psicótica.

Avaliações dessa ordem abundam na literatura antropológica assim como na psiquiátrica. Muitas de nossas autoridades em xamanismo ártico, por exemplo, afirmam que os xamãs que encontraram eram usualmente psicologicamente anormais. Assim Bogoras relata que os xamãs chukchees com que conversou eram "em geral extremamente excitáveis, quase histéricos e não poucos eram quase-loucos. Sua habilidade em usar da fraude em sua arte, assemelha-se de perto à habilidade dos lunáticos" (Bogoras, 1907, p. 415). E em outra passagem a mesma autoridade fala desses xamãs como "quase à margem da insanidade". Shirokogoroff que, como médico, é testemunha mais qualificada, também julgou que *alguns* xamãs tungues que encontrou eram provavelmente insanos. Mais recentemente, Krader (um etnógrafo) caracterizou o xamã buryat como "pessoa altamente nervosa, sujeita a distúrbios nervosos" (Krader, 1954, p. 322-51).

Nesse estilo, Ohlmarks procurou até mesmo distinguir entre o que ele chama de "xamanismo ártico e subártico" em termos do grau de psicopatologia alegadamente exibido pelos xamãs nas duas regiões. As mesmas opiniões são veiculadas para outras áreas por grande número de autoridades. No fim do século passado, Wilken propôs que as origens do xamanismo indonésio deviam ser atribuídas a doença mental. Loeb caracterizou de maneira semelhante os xamãs de Niue como epilépticos ou pessoas sofrendo de doenças nervosas e sustentou que eram originários de famílias cuja história era de instabilidade nervosa hereditária. Mais geralmente, essa muito respeitada autoridade em religião primitiva, Paul Radin (Radin, 1937) endossou a mesma equivalência entre epilépticos e histéricos e curandeiros e xamãs. Seria desnecessário citar mais provas dessa posição amplamente assumida de que, em geral, os xamãs são loucos.

Com base nesse bem estabelecido julgamento, e no fato quase universal de que a indução à carreira xamanística é conseqüência de uma experiência traumática, o antropólogo psicanaliticamente orientado, George Devereux, argumentou poderosamente que a "loucura" do xamã constitui um teste na definição intercultural de normalidade e anormalidade. "Como", pergunta retoricamente Devereux, "poderiam os sintomas de alguém serem mais floridos que os do xamã siberiano em botão?" Assim ele considera que "não há razão nem desculpa para considerar o xamã como neurótico grave ou mesmo psicótico". Reconhecendo que o xamanismo é, até certo ponto pelo menos, um fenômeno culturalmente aceito nos lugares onde ocorre. Devereux é assim levado a caracterizar as sociedades onde o xamanismo prevalece como sendo em algum sentido anômicas. Pois, numa "sociedade doente", argumenta ele, o indivíduo não pode introjetar eficientemente a moralidade da sua comunidade, a menos que ele seja neurótico. Portanto, na sociedade dos loucos, as pessoas normais, mentalmente sadias, serão condenadas como loucas. Portanto, o xamanismo é "distonia cultural", assim como o xamã é "ego-distônico" (Devereux, 1956, pp. 23-48). Em seu magnífico estudo sobre os movimentos milenários medievais europeus, Norman Cohn assume posição semelhante. Escreve ele:

> Todas as fantasias que sustentam tais movimentos são aquelas comumente encontradas em casos individuais de paranóia. Mas a ilusão paranóica não deixa de sê-lo porque é partilhada por muitos indivíduos, nem também porque esses indivíduos têm razões reais e numerosas para se sentirem como vítimas da opressão (Cohn, 1957, p. 309).

Essa avaliação corresponde bem de perto à bem conhecida caracterização de Bateson e Mead dos balineses como possuidores de uma cultura onde o ajustamento psicológico normal se aproxima do grau de desajustamento que, no cenário ocidental, chamamos de esquizóide (Bateson e Mead, 1942, p. xvi). Nessa mesma linha Silverman (Silverman, 1967, pp. 21-31) apresentou recentemente uma assimilação rigorosamente defendida da personalidade putativa do xamã como agudamente esquizofrênica. Em seu julgamento, que é baseado em fontes secundárias, o comportamento do xamã inclui "ideações inteiramente irreais, experiências perceptivas anormais, profundos distúrbios emocionais e maneirismos bizarros". — Todos traços que rotulam o xamã como esquizofrênico, usualmente do tipo "não-paranóide". Ao lado de Devereux, Silverman reconhece que a diferença essencial entre a personalidade esquizóide em nossa sociedade e a do xamã nas sociedades xamanísticas é o grau em que essas últimas características de comportamento anormal são toleradas, até mesmo encorajadas e encontram uma via de escape cultural aprovado e apropriado. Conforme ele nota, em nossa cultura a ausência de rótulos aceitáveis e realisticamente válidos para os sentimentos que xamãs e esquizofrênicos supostamente partilham leva no caso do último a um exasperado sentido de culpa e a posterior alienação mental. Deverei retornar mais tarde à significação deste ponto.

Novamente, em uma série de recentes publicações sobre casos de possessão na Nova Guiné, Langness sustenta veementemente que eles representam casos de "psicoses histéricas" (Langness, 1965, pp. 258-77). E num importante simpósio sobre pesquisas contemporâneas sobre a saúde mental na Ásia e no Pacífico que acaba de ser publicado, o psiquiatra P. M. Yap exprime a opinião de que, em termos da psiquiatria moderna, "maioria dos exemplos de possessão deve ser definida como anormal". Num exame daquilo que ele chama de "síndromes reativas de causas culturais", Yap classifica a possessão como uma psicose psicogênica — o que quer dizer: um estado que envolve severo grau de atividade psíquica anormal que tem sua origem em choque ou trauma externo, mais do que em patologia orgânica (Yap, 1969, pp. 33-53).

Se, entretanto, existem muitas coisas em literatura recente assim como mais antiga a sustentar essas interpretações, há igual volume de testemunhos e que geralmente são mais bem informados e melhor qualificados profissionalmente, argumentando exatamente o oposto. Shirokogoroff, por exemplo, que citei parcialmente antes, teve o cuidado de apontar que mesmo julgando alguns xamãs tungues como insanos, muitos tinham perfeita saúde psicológica. Alguns eram egocêntricos, enquanto outros eram altamente socializados e alguns exibiam uma fé calorosa em sua vocação, enquanto outros demonstram apenas uma aceitação convencional. De forma semelhante e mais recentemente, o etnógrafo soviético Anisimov revela alguns xamãs evenks que apesar de alguns revelarem características neuróticas histéricas, havia também muitos que eram indivíduos extremamente sóbrios. Igualmente, Jane Murphy conta de xamãs esquimós do Alasca cujas personalidades examinou, nos quais a desordem psiquiátrica não era, definitivamente, requisito prévio à assunção do papel de xamã. Xamãs bastante conhecidos eram na verdade "extraordinariamente saudáveis mentalmente" (Murphy, 1964, p. 76). Igualmente, na esteira de Bateson e Mead, o Dr. P. M. van Wulfften Palthc, antigo chefe do serviço psiquiátrico holandês em Java, distinguiu entre a possessão histérica esquizofrênica e "normal", classificando todo o material balinês na última categoria (citado em Belo, 1960, p. 6). E Nadel, em seu estudo do xamanismo nuba, ao qual voltaremos mais tarde, insiste categoricamente que:

> Nem a epilepsia, nem a insanidade, nem ainda outros desarranjos mentais são em si mesmos vistos como sintomas de possessão por espírito. Eles são doenças, desordens naturais e não qualificações sobrenaturais... Nenhum xamã é na vida cotidiana um indivíduo "anormal", neurótico ou paranóico; se o fosse, ele seria classificado como lunático e não respeitado como sacerdote... Não registrei nenhum caso de xamã cujas histeria profissional deteriorasse em desordem mental séria. (Nadel, 1948, pp. 25-37).

De forma semelhante, no contexto do vodu haitiano, tanto Herskovits como Métraux — que nem sempre concordam — insistem que esses fenômenos não podem ser assimilados à psicopatologia. Audrey Butt também confirma enfaticamente a normalidade psicológica dos xamãs akawaios, frisando que sintomas psicopatas nos candidatos à profissão, longe de serem favoráveis, sao considerados seriamente desvantajosos. Dos índios por ela conhecidos que eram sujeitos a ataques, nenhum era xamã e a epilepsia não era considerada como tendo qualquer conexão com o xamanismo (Butt, 1967, p. 40). Cuidadosa pesquisa de psiquiatria, baseada em estudo direto das personalidades dos envolvidos tende a confirmar essas descobertas. Assim no culto da Bahia, no Brasil, Stanbrook demonstrou que, enquanto o histérico que consegue controlar seus sintomas da maneira convencional pode filiar-se ao rito do candomblé, o psicótico ou esquizofrênico declarado é posto de lado durante o período probatório. Este último é considerado muito idiossincrásico e não digno de confiança em seu comportamento e sintomas para que possa ser bem absorvido pelo grupo de culto (Stanbrook, 1952, pp. 330-35). Novamente, dos casos que Yap estudou em Hong-Kong, a maioria dos pacientes que apresentavam o que ele chama de "síndrome da possessão", eram histéricos e uma proporção muito menos esquizofrênica. Essa descoberta é tanto mais significativa na medida em que, a amostra de pacientes estudada foi a dos que procuraram tratamento hospitalar e continha presumivelmente uma incidência muito maior de séria perturbação mental do que aquela geralmente encontrada na população em geral, que busca alívio nos cultos de possessão tradicionais em vez de na psiquiatria ocidental (Yap, 1960, pp. 114-37).

Finalmente, devemos também notar que onde a possessão por espírito é uma explicação regular para doença, o fato de certas formas de insanidade e epilepsia *poderem* também ser vistas como manifestações de possessão não significa necessariamente que as pessoas envolvidas não sejam capazes de diferenciar entre elas e outras formas de possessão. A gama de estados que são interpretados como possessão é, em geral, como já vimos, muito ampla e dentro dela a insanidade (ou epilepsia) é usualmente claramente distinta de outros estados de possessão.

II

A discordância entre essas duas linhas conflitantes de interpretação é ostensivamente resolvida, pelo menos em parte, por aqueles que consideram que o xamã, se ele é original e psicologicamente perturbado, aprende a controlar eficazmente seus problemas ao assumir sua vocação. Acho que essa posição foi proposta pela primeira vez por Ackerknecht e foi autorizadamente endossada por Eliade e outros escritores do xamanismo. Como coloca Shirokogoroff: "O xamã pode começar a carreira de sua vida com uma psicose, mas não pode desempenhar suas funções se não conseguir se controlar". Até mesmo Devereux admite contrariado essa posição, apesar de considerar que o xamã ou "louco semicurado" conseguiu apenas a remissão dos sintomas e não está completamente curado. Nessa interpretação mais caridosa, o curandeiro xamanístico é assim representado como um neurótico, ou mesmo psicótico, compensado, "autonormal", que adquiriu *insight* para lidar eficientemente com sintomas neuróticos ou quase-psicóticos em outras pessoas. Essa opinião, que na verdade ecoa a afirmação de Sócrates de que "nossas maiores bênçãos nos vêm através da loucura", relembra a concepção do "cirurgião ferido" de T. S. Eliot. Corresponde também de perto à ênfase que, como verificamos abundantemente, as culturas xamanísticas colocam na experiência traumática como condição prévia necessária para a assunção dessa vocação.

Entretanto, mesmo essa visão modificada do estado mental do xamã não constitui abordagem inteiramente satisfatória à compreensão da possessão e do xamanismo. Pois qualquer que seja a verdadeira saúde mental dos xamãs *individuais,* essa colocação do problema é parcial pois é etnocêntrica e demonstra mesmo algo de ciúmes profissionais. É como discutir e refutar o cristianismo (ou outra religião qualquer) em termos dos sintomas psicóticos dos padres. Ou talvez, mais apropriadamente, seja diretamente comparável a avaliar o todo da psicanálise em termos das experiências psicóticas de alguns analistas. Além disso é, sem dúvida, extremamente bizarro avaliar a saúde mental em termos da incidência de síndromes nos *curandeiros,* em vez de em seus *pacientes.* Em geral não julgamos os progressos da medicina em termos da saúde dos médicos!

Como afirma devidamente Nadel (Nadel, 1946, pp. 25-37) essa abordagem tendenciosa implica que a

15a.
Horrível visão encontrada por um xamã que vagava sozinho pelas montanhas. Teve muito medo para poder tentar domá-la.

15b.
Mulher grávida. Essa terrível aparição tornou-se eventualmente um dos melhores espíritos auxiliares do xamã

15c.
Espírito de um homem morto que se tornou familiar do xamã.

significação do xamantismo depende de experiências privadas que separam o visionário do resto de sua comunidade,q uando na verdade isso está longe de ser o caso. Assim, para chegar a uma compreensão mais realista da verdadeira posição, devemos lembrar que nas sociedades com que estamos lidando a crença nos espíritos e na possessão por eles é normal e aceita. A realidade da possessão dos espíritos, ou no caso de bruxaria, constitui parte integrante do sistema total de idéias e suposições religiosas. Nos lugares onde as pessoas acreditam geralmente que a aflição é causada por possessão por espírito malévolo (ou por bruxaria), a descrença no poder dosespí ritos (ou das bruxas) seria uma grave anormalidade, uma bizarra e excêntrica rejeição dos valores normais. A alienação cultural e mental de tais dissidentes seria de fato vagamente equivalente à daqueles que em nossa sociedade secular contemporânea acreditam estar possuídos oue nfeitiçados. Diferentes da maioria de suas contrapartidas ocidentais, aqueles em que a possessão é diagnosticada como sintoma indicador estão se comportando de maneira aceita e, na verdade, esperada. Simplesmente porque não participamos de suas "fantasias" e achamos que elas ecoam somente naqueles de nossa própria sociedade que rotulamos de psicóticos ou perturbados mentais, não temos o direito de descrever como loucas as culturas cujas crenças em espíritos e xamanismo examinamos nos capítulos anteriores.

Consistente com isso — conforme estudos rigorosos e mais recentes feitos por psiquiatras e psicólogos com treinamento antropológico estão começando a demonstrar — a maioria daqueles envolvidos ativamente em cultos de possessão periféricos são apenas levemente e quase sempre apenas temporariamente neuróticos num sentido válido. E o mesmo se aplica especialmente no caso de religiões de possessão de moralidade principal onde naturalmente encontramos espectro mais amplo do quadro de saúde mental da comunidade. Em ambos os tipos de culto, como já vimos, encontramos evidentemente esquizofrênicos e psicóticos genuínos. Mas seu número é pequeno comparado com a massa de pessoas geralmente neuróticas "normais" que acham algum alívio para a ansiedade e alguma solução para os conflitos e problemas de todo dia em tais atividades religiosas.

16a.
Escultura esquimó moderna de um xamã tradicional com o tambor que usa para invocar espíritos.

Aqui a bem marcada falta de resposta às terapias catárticas empregadas nos cultos de possessão no caso de indivíduos seriamente perturbados, que iremos considerar mais amplamente depois, é em si mesma um testemunho da robusta saúde mental da maioria dos participantes. Como vimos repetidamente, os últimos não têm nenhuma dificuldade em comunicar seus problemas. Eles operam dentro de meios de comunicação culturalmente estandardizados. E nem, em contraste com os psicóticos auto-insulados, perdem suas "deixas". Eles respondem da maneira esperada e outros reagem de maneira igualmente previsível. A resposta dos maridos manipulados é apenas tão estereotipada e antecipada quanto a estratégia de possessão da esposa que protesta. Acima de tudo, o simbolismo total envolvido não privado ou idiossincrático, mas ao contrário, sancionado pública e socialmente.

Nos cultos periféricos, conforme enfatizei, o jogo da possessão funciona apenas na medida em que os jogadores sabem e observam as regras. Conseqüentemente, a pessoa que vem a ser possuída em resposta a dificuldades está imediatamente dotada de um meio de agüentar com sua situação, que não a aliena desvantajosamente dos outros membros de sua comunidade. Longe de diminuir a força que têm os poderes do paciente de influenciar outros membros de sua comunidade, atribuindo o selo da aprovação divina à possessão torna-lhe a influência incomensurável. Conforme aponta Yap, isso é obtido pela "internalização de uma entidade possessora possuidora das características apropriadas para a solução do conflito". Mas chamar isso de estratégia "irrealista", como ele o faz, me parece desafortunadamente inadequado. A questão é que os atributos do espírito possessor são completamente apropriados ao meio e posição da vítima e nesses termos estão longe de serem "irrealistas".

Com base nisso não podemos reduzir conseqüentemente o xamanismo e a possessão por espírito como fenômenos culturais totais a expressões das fantasias privadas de indivíduos psicóticos. E apesar de persuasiva e para alguns sem dúvida atraente, a analogia entre o trauma profissional, que o prólogo da assunção do papel de xamã e aquele seguido na indução à pro-

16b.
Xamã tungue.

fissão psiquiátrica e *a fortiori* psicanalítica, não podemos tratar os xamãs simplesmente como neuróticos ou psicóticos autocurados. Assim como na psiquiatria esse pode ser o caso de alguns dos praticantes, mas não verdade para todos. Como devemos pois interpretar as aflições coloridas de histeria ou as visionárias experiências que anunciam tipicamente o estabelecimento da vocação xamanística?

Em todos os casos que consideramos em nossos capítulos anteriores, essas eram vistas certamente como experiências perigosas, até mesmo aterrorizadoras ou como doenças. Experiência de desordem de algum tipo é assim traço essencial do recrutamento de xamãs. Nos cultos de possessão periféricos essa doença iniciatória agiganta-se de tal forma que à primeira vista parece obscurecer quase completamente seu conteúdo religioso positivo. Nos cultos de possessão centrais, essa experiência preparatória é mais enfatizada no caso dos aspirantes que não preenchem satisfatoriamente as qualificações de atribuição para a posição de xamã ou com aqueles que, apesar de inteiramente qualificados, resistem de início aos chamados dos deuses. Aqui as descobertas de Guy Moréchand sobre a seleção de xamãs hmongs no Vietnam e na Tailândia epitomizam a situação geral:

Quanto mais ele recusa ostensivamente seu destino, quanto mais ele resiste, mais poderosos serão os sinais, mais forte e dramática a sua vocação... Os gostos pessoais do indivíduo não apenas não contam na decisão de torná-lo xamã, como também são fortemente negados. Pelo contrário, a força está na repugnância (do acólito): o pobre perseguido que não pode agir de outra forma (Moréchand, 1968, p. 208).

Nessa linha, o estudo de Peter Fry sobre a possessão entre os shonas zezurus, ao qual já nos referimos, inclui um relato brilhantemente detalhado do estabelecimento e desenvolvimento da histeria profissional que tomou conta de seu assistente de pesquisa shona e levou-o à sua instalação formal como xamã reconhecido. Começando por peculiar alergia à fumaça de tabaco e à cerveja, que Fry conseguiu estabelecer como apenas operativos em relação a outros shonas que a viram como manifestação da atividade do espírito e que o futuro médium queria impressionar, o novo recruta desenvolveu uma série de compulsivas abstenções de dieta que o separaram das outras pessoas. Resistindo continuamente à interpretação de seus mal-estares em termos de possessão, o sujeito manteve seus sintomas consultando uma série de diferentes adivinhos, até que conseguiu granjear grande medida de atenção e expectativa para o anúncio final de seu chamamento, o qual ele aceitou vindo de um xamã particularmente poderoso e prestigiado.

Assim a experiência iniciatória do xamã é representada como uma submissão involuntária à desordem, à medida que sob protesto ele é impelido para o caos que a vida da sociedade ordenada e controlada tenta tão fortemente negar ou pelo menos manter à parte. Não importa quão valentemente ele lute, a desordem eventualmente o reclama e o marca com o rótulo do encontro transcendental. Negativamente, em cultos periféricos, isso é visto como uma nociva intrusão por força maligna. Positivamente, em religiões de possessão central representa perigosa exposição às forças do cosmos. Em ambos os casos a experiência inicial afasta a vítima do mundo seguro da sociedade e existência ordenada e o expõe diretamente àquelas forças que, apesar de serem tidas como sustentadoras da ordem social, também ameaçam em última análise.

Mas essa ferida simbólica que afirma a supremacia dos deuses como árbitros tanto da desordem quanto da ordem (desde que ambas estão em seu dom) é condição necessária mas não suficiente para a assunção da vocação xamanística. O xamã não é escravo, mas senhor da anomalia e do caos. O mistério transcendental que está no âmago de sua vocação é a paixão do curandeiro; seu triunfo final sobre a experiência caótica do poder rústico que ameaça fazê-lo sucumbir. Da agonia da aflição e da escura noite da alma surge literalmente o êxtase da vitória espiritual. Enfrentando o desafio das forças que controlam sua vida e superando-as, valentemente nesse crucial rito iniciatório que reimpõe ordem ao caos e ao desespero, o homem reafirma-se senhor do universo e afirma seu controle sobre o destino e a sorte.

O xamã é assim o símbolo não da submissão e dependência mas da independência e esperança. Através dele os poderes do mundo antes agrilhoados são soltos apropriadamente e aplicados na administração às necessidades da comunidade. Se encarnando espíritos ele dá corpo à mais profunda intrusão dos deuses no campo da sociedade humana, seu controle dessas forças afirma dramaticamente as reivindicações do homem de controlar seu ambiente espiritual e tratar com os deuses em termos de igualdade. Na pessoa do xamã, o homem proclama triunfalmente sua supremacia sobre o poder elemental que ele dominou e transformou em força socialmente benéfica. E esse controle duramente conquistado na base da aflição é revivido em cada sessão xamanística. Essa, mais do que a repetição de qualquer crise pessoal, é a mensagem da sessão. Pois na sessão os deuses entram no xamã a seu pedido e são assim levados ao confronto direto com a sociedade e seus problemas. É puxando os deuses até seu próprio nível, tanto quanto flutuando nas alturas para encontrá-los, que o xamã permite ao homem negociar com as divindades em pé de igualdade.

O processo essencial na formação de uma xamã é então o seguinte. Sofrimento interpretado como possessão envolve uma invasão do corpo humano que é usurpado como veículo para o espírito. No transe a personalidade do receptor se apaga e é substituída pelo poder da entidade possessora. Mas isto é uma experiência geral que pode se abater sobre qualquer membro socialmente apropriado da sociedade, enquanto que para o xamã isso é meramente a primeira indicação de sua futura vocação. Superando o assalto espiritual forja-se um novo relacionamento com o espírito que faz da vítima dessa experiência um xamã com a conseqüente mudança de *status*. Conforme Eliade insiste acertadamente e podemos agora ver, isso não deve ser entendido em termos de psicopatologia individual, mas ao contrário como uma iniciação ritual culturalmente definida. Tanto nos cultos periféricos quanto nos cultos de possessão de moralidade principal, o efeito, é o mesmo. Uma ascensão de *status* resulta para o candidato xamanístico que consegue dominar as bases da aflição e assim provar ao mundo sua reivindicação de ser considerado um curandeiro. A subida temporária de *status* da mulher possuída ou do homem oprimido nos cultos de possessão periféricos é em si uma intimidação das recompensas maiores e mais permanentes que estão reservadas se o acólito persevera a ponto de vir a ser um xamã amadurecido.

Vista nessa luz, podemos agora apreciar quão singularmente apropriada é a expressão do casamento como meio de exprimir a relação xamanística. Pois o rito de transição do casamento significa exatamente o que aconteceu. De sujeito, pelo capricho dos deuses, a experiência de desordem involuntárias e incontroláveis, o xamã progrediu para um ponto em que assumiu uma relação estável e dominante com as bases da aflição. Se o xamã está, como cônjuge mortal, ligado a uma divindade, essa divindade está igualmente ligada a seu esposo humano. Ambos estão inseparavelmente ligados: cada um possui o outro.

Elementos de outros ritos de transição do ciclo de vida humano evidentemente também estão presentes. Assim, o xamã quando possuído e em transe completo, "morreu" e "nasce" de novo com a personalidade do espírito que encarna. Mas me parece que podemos ir ainda mais longe na interpretação do significado da seleção do rito do matrimônio como a imagem mais amplamente favorecida para a relação entre o xamã e seu par celestial. Pois enquanto o nascimento e a morte são ambos eventos inescapáveis, sobre os quais o indivíduo não tem nenhum controle e para os quais seu único papel é submeter-se, o casamento assinala de imediato não apenas uma mudança de *status* mas também uma aliança e permite pelo menos algum grau de escolha. Portanto, apesar da ideologia oficial xamanística enfatizar que são os deuses que fazem os primeiros movimentos e que impiedosamente perseguem suas vítimas até que elas se submetam, ainda resta um elemento de escolha humana. Nem todos aqueles sobre os quais os espíritos impõem suas atenções progridem até o ponto de intimidade em que são ligados em união celestial. E mesmo quando o fazem, a decisão de aceitar o chamado divino é, em certo nível, feita pelos próprios sujeitos. Portanto, se neste caso Deus põe, o homem dispõe.

Nos cultos periféricos a área de contágio da possessão é tão circunscrita que aqueles que ocupam posições sociais marginais estão em grande risco. Doença e infortúnio são sempre passíveis de serem interpretadas como possessão por espírito e isso leva prontamente à indução em um culto de cura nessa forma clandestina de eleição divina. Evidentemente, a extensão a que diferentes indivíduos de classes subordinadas serão ativamente envolvidos, dependerá de suas circunstâncias de vida particulares e especialmente da magnitude e severidade das pressões a que estão submetidos. A mulher feliz no casamento que está contente com o que tem é muito menos passível de voltar-se para a possessão do que sua perseguida irmã cuja vida matrimonial está cheia de dificuldades. Esposas e mães bem sucedidas podem sucumbir ocasionalmente à possessão, mas provavelmente não serão levadas a um envolvimento permanente com grupos de culto de possessão. Os recrutas mais dedicados e os entusiastas mais comprometidos são as mulheres, que por uma ou outra razão, não obtêm sucesso em seus papéis matrimoniais ou que tendo desempenhado esses papéis procuram uma nova carreira na qual possam dar rédeas livres ao desejo de controlar e dominar outros.

Nas religiões de moralidade principal, uma experiência de desordem inicial e seu domínio através de possessão controlada são particularmente enfatizados no caso dos candidatos que não têm qualificações hereditárias. Para esses forasteiros ao pleiteado posto xamanístico, peculiaridades pessoais e experiências anômalas que a sociedade reconhece como expressões de atenção espiritual podem na verdade ser exploradas com vantagem. Mas não têm qualquer valor a menos que sejam dominadas conspicuamente. A habilidade de conter e controlar as causas da desordem permanecem como requisitos essenciais e obviamente quanto maior o trauma que é assim controlado, maior a autoridade e poder do novo xamã.

Alguns desses candidatos são, indubitavelmente, pessoas que encontraram técnicas culturalmente aceitas para controlar tendências neuróticas pessoais. Para esses, o papel xamanístico poderá muito bem representar um céu precário dentro do qual suas excentricidades são toleradas e tornadas vantajosas. Indivíduos desses tipos, no entanto, parecem, nestas provas, constituir apenas uma pequena fração daqueles que se tornam xamãs bem sucedidos, e não se deve confundir a parte com o todo.

Portanto, se a expressão que é empregada universalmente para expressar o papel dos xamãs é a de curandeiro ferido, isto é um estereótipo cultural, uma qualificação profissional que estabelece a autorização do curandeiro para ministrar às necessidades de seu povo como aquele que sabe controlar a desordem. Não nos diz necessariamente nada a respeito de seu estado psiquiátrico. O que ela realmente passa a garantir é que tal pessoa viveu a experiência do poder elementar e emergiu, não apenas imaculada, mas fortalecida e investida do poder de ajudar outros que sofrem aflições.

III

Como já foi sugerido, e como o próprio Jung nos lembra em suas memórias, na cultura européia a profissão à qual a concepção de cirurgião ferido se aplica mais própria e pungentemente é a psiquiatria e, especialmente, a psicanálise. Com este e outros traços comuns em mente, a possessão e o xamanismo foram também vistos como uma psicoterapia pré-científica.

Assim, lembrando que, sejam o que forem, os espíritos são por certo hipóteses usadas para explicar o que veríamos como estados psicológicos, como os estudos de histeria de Ilza Veith que traçam a transformação gradual dessas teorias místicas na da psiquiatria moderna (Veith, 1965). Aí o xamã é visto numa perspectiva histórica como um psiquiatra primitivo e suas explicações dos comportamentos histéricos e outros são tratadas como precursoras primitivas das teorias da moderna medicina psicológica. A mesma equivalência foi também proposta na base dos estudos do xamanismo contemporâneo em culturas exóticas. Assim, em 1946, tanto Mars (Mars, 1946) quanto Nadel (Nadel, 1946) estudaram independentemente essa posição, o primeiro em relação ao vodu haitiano e o segundo a respeito do xamanismo entre as tribos nuba do Sudão. Eles consideraram que o xamanismo devia ser visto como um mecanismo catártico com um papel crucial na psiquiatria preventiva. Assim, rejeitando o velho quadro do xamã maluco, Nadel sustentou que a catarse institucionalizada da sessão xamanística poderia ter contudo "o efeito terapêutico de estabilizar a histeria e psiconeuroses correlatas, reduzindo assim uma incidência psicopática que de outra forma seria muito maior".

Essa abordagem do problema foi, de fato, também sugerida por Shirokogoroff no contexto do xamanismo tungue há mais de trinta anos atrás. Como esse pioneiro russo do campo que é agora conhecido algumas vezes como "psiquiatria transcultural" aponta, os xamãs na realidade tratam apenas dos aspectos psicológicos dad oneça. "Eles podem reforçar a resolução psíquica e determinação do paciente a se recuperar e também aliviar as pressões entre amigos e parentes causadas por doenças realmente sérias". Eles conseguem exercer efeito positivo se a comunidade acredita que os espíritos patogênicos em questão são neutralizados através do domínio ou da expulsão. E, conforme coloca ele mais em geral, em termos que os antropólogos que advogam uma interpretação intelectualista da religião aprovariam maciçamente:

> Espíritos são hipóteses, algumas das quais também, admitidas pelo complexo europeu, hipóteses que formulam observações da vida psíquica do povo e particularmente do xamã e que são bastante úteis na regulagem do complexo psicomental ao qual os tungues chegaram depois de longo período de adaptação... O fenômeno da vida psíquica não é entendido da mesma forma que a ciência moderna o entenderia, mas é regulado e seus componentes são talvez melhor analisados (em símbolos espirituais) que pelos psicólogos operando com concepções tais como "instintos" e "complexos". Na realidade, a histeria pode ser facilmente regulada. (Shirokogoroff, 1935, p. 370).

Essa assimilação do papel do xamã ao do psiquiatra foi também recente e entusiasticamente endossada pelo Heráclito moderno da etnologia, Lévi-Strauss, cuja diligente pesquisa por ocasiões e transformações, ocultas é bastante conhecida. Afirmando que na sessão o xamã sempre revive sua experiência traumática original, Lévi-Strauss dessa forma conclui que a cura xamanística é a contrapartida exata da psicanálise, mas com "a inversão de todos os seus elementos" (Lévi-Strauss, 1968, p. 199). Ambos procuram induzir uma experiência e ambos são bem sucedidos recriando um mito que o paciente tem de viver ou reviver. Na psicanálise, segundo Lévi-Strauss, o paciente constrói um mito individual com elementos tirados de seu passado; na sessão xamanística o paciente recebe de fora um mito social que não corresponde a um estado pessoal prévio. O psicanalista ouve: o xamã fala. Quando a transferência é estabelecida o paciente coloca palavras na boca do psicanalista atribuindo a ele sentimentos e intenções. Na encarnação xamanística, ao contrário, o xamã fala pelo paciente.

Esse contraste que vê o psicanalista como um agente passivo, uma mera caixa de ressonância para a psique do paciente e o xamã como um agente ativo, dirigindo a experiência psíquica do paciente me parece tão elaborado e variável de acordo com os fatos que poderão ter pouca significação ou valor. Certamente não faz justiça àquela área considerável da prática psicanalítica em que o papel do psicanalista está longe de ser passivo como o supõe Lévi-Strauss. Nem leva ele em conta, como está agora bem estabelecida, a extensão a que a mitologia do psicanalista tanto evoca quanto molda as experiências putativas de seu paciente. E enquanto isso possa corresponder a etnografia sul-americana em particular, a partir da qual Lévi-Strauss está generalizando, certamente não é de maneira nenhuma universal o caso que, na sessão xamanística, o paciente represente sempre e inevitavelmente um detalhe meramente passivo ao papel ativo assumido pelo xamã. Em ambos os casos paciente e curandeiro inter-reagem de modo mais completo e sutil de maneira que despojam essa antítese fácil de qualquer poder explanatório.

Até que ponto então podemos assimilar legitimamente o xamanismo à psicoterapia e à psicanálise? A maneira óbvia de começar a procurar uma resposta a essa questão é olhar mais de perto a sessão xamanística. Como já vimos, a sessão é invariavelmente, pelo menos em parte do tempo, uma *performance* dramática e emocional altamente carregada. Nos cultos periféricos que tratam ostensivamente da doença e onde nenhuma culpa moral é atribuída ao paciente, a sessão fornece um cenário no qual se dá rédeas livres à expressão de problemas e ambições que se referem diretamente às circunstâncias sociais normalmente frustrantes dos participantes. O familiar possessor que o paciente encarna ou representa expressa muito claramente as demandas frustradas da mulher dependente ou do homem oprimido de classe baixa. Mulheres que buscam o poder e aspiram papéis de outra forma monopolizados por homens atuam assumindo papéis masculinos com impunidade e com total aprovação da audiência. A pessoa possuída que na sessão é o centro de atenção diz com efeito: "Olhem-me, estou dançando". Assim, os que são forçados à subserviência pela sociedade, desempenham o papel exatamente oposto com o ativo encorajamento da audiência da sessão. Assim como as cerimônias *zar* e *bori*, as de vodu haitiano são muito claramente teatros nos quais os problemas e conflitos relativos às situações de vida dos participantes são dramaticamente representados com grande força simbólica.

A atmosfera, apesar de controlada e não tão anárquica quanto pode parecer, é essencialmente permissiva e confortadora. Tudo assume o tom e caráter do moderno psicodrama ou grupo terapia. Ab-reação está na ordem do dia. Necessidades e desejos reprimidos, tanto idiossincráticos quanto socialmente condicionados recebem rédeas soltas. Nenhum limite é imposto. Nenhum interesse ou demanda nesse cenário é impraticável demais para receber simpatia e atenção. Idealmente cada dançarino atinge eventualmente o estado de êxtase e de maneira estereotipada cai em transe do qual emerge purgado e vigorado. Nos locais onde essas experiências são aventuras psíquicas genuínas (e não, como freqüentemente é o caso de muitos participantes em algumas ocasiões, meramente simuladas) uma grande satisfação psicológica é claramente obtida. É esse o ponto em que a ênfase do psicólogo nos "ganhos (psíquicos) primários" se torna significativa, apesar de como vimos, os "ganhos secundários", em termos de vantagens sociais, que podem ser obtidos sem recorrer ao transe genuíno, serem também extremamente importantes.

Nesses termos as sessões regulares de cultos de possessão periféricas são evidentemente psicodrama dançados; "laboratórios" em que algum grau de compensação psíquica às injúrias e vicissitudes da vida diária é obtido. A possessão nesse contexto é, na verdade, um alívio, um escape à dura realidade para um mundo de simbolismo que, precisamente porque não é inapropriadamente desligado da vida mundana, está cheio de potencialidades compensatórias e tem grande apelo emotivo. Não é uma fuga irrealista do destino, pois tais benefícios psíquicos que os participantes podem obter em diferentes medidas é suplementado com as recompensas mais tangíveis, apesar de, psicologicamente, apenas "secundárias", que advêm dessa estratégia compensadora. Os xamãs que chefiam os processos entram, literalmente, no espírito da ocasião, sendo eles mesmos possuídos por seus familiares. Desempenham duplo papel. Estimulam e dirigem o entusiasmo dos participantes até que esses atingem o estado de possessão completa (transe, em nossa terminologia) e expressam as demandas que os espíritos possessores fazem então em nome de seus veículos humanos. Eles podem, também, como em alguns casos que examinamos, prescrever uma reestruturação das relações do paciente, nas melhores tradições da moderna psicoterapia.

Em capítulo anterior referi-me à possessão desse tipo como um "jogo". Mas assim fazendo-o não quis dizer que não se tratava de jogo sério, nem jogo no qual as apostas fossem invariavelmente de pouca monta. A verdade, evidentemente, é que diferentes participantes se engajam psicologicamnte nos rituais de possessão em diferentes níveis. Para alguns indivíduos significa muito, para outros muito pouco. Alguns participantes, ao gozarem dos aspectos do culto de maneira convencional, têm suas vistas voltadas firme e mesmo conscienciosa e calculadamente voltadas para os benefícios subordinados externos — a influência sobre seus superiores e a obtenção de presentes propiciatórios deles. Para outros as recompensas psíquicas diretas, os "ganhos primários" da psiquiatria, são de suprema importância. Ainda outros são tão doentes psicologicamente que, apesar de tentarem e não obstante todos os esforços do xamã em induzir o transe, não conseguem atingir o olvido glorioso. Como demonstram recentes estudos de psiquiatria, são precisamente esses desafortunados que não conseguem expressar inteiramente seus problemas nesse veículo convencional que constituem os séria e psicologicamente perturbados. Esses refratários psicóticos e esquizofrênicos, que não respondem e não conseguem entrar satisfatoriamente no jogo, são as exceções que comprovam a regra de que a possessão por espírito e o xamanismo lidam essencialmente não com os perturbados sem esperança, mas com pessoas comuns "normalmente" neuróticas. Em sua maior parte, como

243

já vimos, os problemas com que a possessão periférica se preocupa primordialmente são inerentes à estrutura da sociedade. Portanto não é surpreendente que muitos estudos psiquiátricos recentes sobre a eficácia desse tratamento catártico — tal como, por exemplo, o de Kennedy sobre os *zar* sudaneses (Kennedy, 1967, p. 185) — afirmem seu grande potencial terapêutico. Pois se afinal, como sabemos por seu contexto social, eles envolvem basicamente pessoas normais que apenas procuram mais atenção e respeito, uma vez assegurados esses podemos esperar um bom resultado.

Muito do que dissemos sobre as sessões de possessão periférica aplica-se igualmente àquelas das religiões de moralidade central. Pois aí, apesar do paciente ser no caso responsabilizado por sua condição e ser considerado moralmente culpado, a sessão oferece expiação ab-reativa. O insistente refrão da sessão esquimó — "que seja perdoado" — epitomiza a atmosfera confessional de consolador apoio e compreensão na qual a vítima afligida é induzida ao arrependimento e encorajada a descarregar sua culpa na consciência segura de que o perdão e o alívio estão à mão. Isso, se quisermos, pode ser visto como um tipo de terapia de "controle" onde, ao contrário do que supõe Lévi-Strauss, a tônica está na reorganização e reorientação do paciente em termos de um elemento moral que é tão misericordioso quanto compreensivo, mas não o absorve da responsabilidade por seu estado. A ênfase na confissão aparece assim como conseqüência direta da importância da obrigação moral nos cultos de possessão central, em que a doença é um pecado — não meramente um golpe rude da sorte. Aqui a doença de possessão não constitui escape ou evasão legítima do dever ou da autoridade. Ao contrário, chega a ser uma admissão de culpa, um reconhecimento de que a autoridade e o dever foram impensadamente ignorados. No entretanto, assim que o tratamento começa e uma vez que a culpa foi admitida, ele prossegue numa ab-reação catártica. Em oposição a isso, a possessão controlada do xamã, que não é uma doença, representa uma asserção de autoridade, uma demonstração de sua propriedade moral para agir tanto como líder de homens quanto como agente dos deuses.

O que ficou dito sugere que não existe de fato uma argumentação persuasiva para equacionar xamanismo com psicoterapia (ou psicanálise). Mas há outros fatores que também devem ser levados em consideração. Apesar de ter em mente essa assimilação, certos escritores pretenderam (Loudon, 1959; Yap, 1960 e 1969) que nas doenças de possessão em que é diagnosticada a possessão e para as quais é prescrita a cura xamanística, apenas queixas psicogênicas estão em questão, isso está longe de ser o caso geral. Apesar de a terapia xamanística poder na realidade conseguir o que pretende apenas no caso de desordens psiquiátricas, o número de doenças que podem ser atribuídas à possessão é bem mais maior que essas. Em muitas, senão na maioria das culturas exóticas de que estamos tratando, a especialização médica dificilmente progrediu, como é óbvio, até o ponto que atingiu em nossa cultura. Conseqüentemente, diferente da psiquiatria ocidental, a prática do xamã inclui freqüentemente pacientes com lesões orgânicas reais, assim como aqueles que não estão tão doentes fisicamente, quanto são vítimas do infortúnio. O xamã é, além disso, solicitado a aplacar e controlar a natureza elemental e a adivinhar e profetizar de tal maneira e a tal ponto que intimidaria até o mais otimista dos psiquiatras oniscientes. Portanto, conforme observou corretamente Shirokogoroff, mas que tantos outros estudiosos do xamanismo deixaram de observar, o paralelo se aplica apenas aos aspectos da prática do xamã que dizem respeito ao tratamento de tensões, medos e conflitos que são, na realidade, imediatamente susceptíveis de controle psicoterapêutico. Em poucas palavras, o xamã não é menos que um psiquiatra, ele é mais.

Nessa discussão, em que segui outros sobre o mesmo assunto para atingir conclusões diferentes, assumi, como eles, que a psiquiatria é função latente do xamanismo. É uma das coisas que ele faz, apesar de não inteiramente consciente. De outro ponto de vista, de bom grado concordo que a possessão por espírito e o xamanismo (como é também o caso com crenças de bruxaria) podem ser considerados como apresentando teorias superdeterminadas de causalidade psiquiátrica. Essas supõem que distúrbios mentais psicogênicos e outros têm suas raízes em conflitos interpessoais e sociais — tanto quanto o faz a psiquiatria funcional hoje em dia. Mas sustentam também que as causas de desordens puramente orgânicas, assim como infortúnios em geral, podem de novo ser traçadas na mesma direção — e nesse ponto constituem psiquiatria superdeterminada. Novamente, no entanto, isso nos traz de volta à mesma conclusão: o xamanismo é mais que a psiquiatria.

Assim, a equivalência mais significativa é que a psiquiatria e especialmente a psicanálise, como Jung admitiria com muito mais liberdade que a maioria dos freudianos se dariam ao trabalho de fazer, representa formas imperfeitas e limitadas de xamanismo. Seus objetivos básicos são os mesmos: manter a harmonia entre homem e homem e entre o homem e a natureza. Podemos, portanto, se quisermos, agrupar xamanismo e psicanálise (senão o todo da psiquiatria) como a mesma espécie de religião. Mas, se escolhermos olhar a psicanálise e o xamanismo a essa luz, devemos lembrar-nos que a ab-reação da confissão é também empregada por outras fés e ideologias.

IV

Ficamos agora com o mais formidável de todos os problemas: por que possessão? Em capítulos anteriores progredimos um tanto na resposta da questão em termos sociológicos. Temos agora de ver o que a psicologia tem a dizer sobre o assunto e se sua interpretação concorda ou se choca com a nossa. A pista aqui está no caráter histeróide "profissional" da possessão e a chave para a interpretação psiquiátrica da história é evidentemente o clássico estudo de Freud e Breuer (Freud, 1912). Conforme bem se sabe, esses fundadores da moderna psiquiatria explicaram a histeria como resultado do conflito entre o ego e algum desejo proibido que é portanto suprimido. Desde que a repressão é apenas parcial, o objetivo desejado é expresso indireta e disfarçadamente, através de "reações conversoras" — estratégia oblíqua que vimos em ação em tantas culturas. Essa colocação foi habilmente deslocada por Yap em seu estudo do que ele chama de "síndrome da possessão" em Hong-Kong. A possessão, argumenta, Yap, é um estado em que os processos de solução de problemas resultam numa desusada dramatização de uma certa parte dos aspectos "eu" do indivíduo, sendo essa parte constituída por identificação urgente e forçada com uma outra personalidade creditada com poder transcendental. A natureza da personalidade, ou entidade, possessora pode ser entendida psicologicamente — e revisamos abundantes exemplos disso — à luz das necessidades da própria personalidade do sujeito, sua situação de vida e formação cultural que determinam a normalidade ou não de seu estado.

Dessa posição eminentemente razoável, Yap vê os elementos dramáticos da possessão como um comportamento adaptável e solucionador de problemas que abrange desde a encenação de uma satisfação de desejo através de um tipo de conduta experimental de teste, com vários graus de satisfação ab-reativa, até a manipulação direta de outras pessoas envolvidas nos problemas do sujeito. Novamente concordante com muitas de nossas descobertas, Yap também reconhece que a possessão pode aparecer nos sintomas em nível superficial, com a obtenção de ganhos secundários sem nenhuma significação psicopatológica real.

Yap sustenta que para a possessão ocorrer as seguintes condições são necessárias. O sujeito deve ser dependente e conformado de caráter, provavelmente ocupando na sociedade uma posição que não permite razoável auto-afirmação. Deve estar enfrentando um problema que não vê esperança de solucionar. Similarmente, de uma posição mais inteiramente psicanalítica, Rycroft argumentou recentemente que o que ele chama de defesa histórica é um tipo de submissão na qual as tendências normais auto-afirmativas são suprimidas, a satisfação é obtida e outros são influenciados por insinuação e manipulação. A base para essa resposta, sugere ele, está na profunda convicção de derrota e insignificância adquirida na tenra infância (Rycroft, 1968).

Ambas essas interpretações cabem justamente nos fatos que examinamos em capítulos anteriores em relação à possessão periférica. Elas são na verdade maneiras apenas levemente distintas e menos positivas de expressar a noção de que a possessão periférica representa uma estratégia agressiva oblíqua. Elas podem também ser consideradas como correspondentes bastante próximas do fato de nas religiões de moralidade principal a intensidade da histeria profissional do futuro xamã está em proporção direta à sua falta de requisitos qualificadores hereditários, e sua ostensiva resistência em aceitar sua vocação. Mais geralmente, a distinção sociológica que fomos forçados a traçar entre a possessão periférica e a bruxaria é reiterada no contraste que os psiquiatras traçam entre ideologias subjacentes — o caráter introspectivo da possessão e a natureza projetiva do bode expiatório da bruxaria. Essas duas ideologias podem, no entanto, como já vimos, serem combinadas como diferentes facetas do mesmo papel. Pois o paradoxo da posição do xamã é que ele é creditado como sendo capaz de causar aquilo que através do sofrimento aprendeu a curar.

Essa ambivalência do papel do xamã, Devereux se propõe a explicar de uma posição psicanalítica em termos de uma suposta degradação da personalidade do xamã "meio-curado". A iniciação às fileiras do grupo de possessão e a assunção a uma posição de liderança nele só provêm a remissão dos sintomas, e as defesas primárias de tais personalidades fundamentalmente distorcidas logo se quebram. Assim os xamãs curandeiros degeneram em bruxas agressivas. Essa parece uma interpretação singularmente implausível do que vimos antes ser um processo sociológico perfeitamente simples. Pois quaisquer que sejam a verdadeira personalidade e os sentimentos internos do xamã é a sociedade que o encara com ambivalência como um curandeiro imediato e, pelo menos potencialmente, uma bruxa. O xamã da possessão periférica, que é rotulado como bruxo, é líder de um culto de protesto, e a acusação de bruxaria é destinada a conter essa agressão oblíqua que se tornou abertamente excessiva e ameaçadora demais para ser tolerada com segurança. Em termos psicológicos, conseqüentemente, a explicação não é a de Devereux, mas sim que o ressentimento e a agressão que a possessão periférica invariavelmente suscita no seio do estabelecimento manipulado se concentram naqueles temerários xamãs que, ao ousarem controlar espíritos, fazem um lance para a detenção de papéis e posições das quais são normalmente excluídos por causa das baixas categorias sociais, a que pertencem. Em termos do conveniente lema explanatório de Mary Douglas (Douglas, 1966), eles são "coisa fora do lugar" e têm de ser devolvidos a ele pela acusação de bruxaria.

Essas distinções e transformações entre possessão periférica e bruxaria são talvez relevantes de maneira diferente de nossas teorias psicológicas, as quais são, evidentemente, como venho enfatizando repetidamente, apenas hipóteses em si mesmas mais do que verdades finais. Apesar de reações francamente histéricas serem em geral consideradas fora de moda atualmente na sociedade ocidental, realmente parece que muitas respostas neuróticas temporárias ou tênues ao conflito e à tensão em nossa sociedade levam a um comportamento de chamar a atenção (mesmo que isso signifique apenas visitar seu médico de família). Isso pode conseguir o efeito de um satisfatório alívio dos amigos e parentes e até mesmo talvez, como advogam certos psiquiatras, levar a uma real modificação ou reestruturação das relações ao sujeito. Laing e outros, no entanto, sugeriram que algumas vezes, no caso daqueles pacientes que ficaram mais gravemente doentes e são internados em um hospital mental, eles são até certo ponto ofertados como bodes expiatórios numa situação opressora (Laing e Esterson, 1964). Quando isso se dá, a condição do paciente já não é mais análoga à do subordinado possuído perifericamente, mas mais à da "bruxa" agressiva que protesta abertamente e demais. O que talvez diga mais, é que há provas que sugerem que alguns psiquiatras são na verdade encarados hostilmente como bruxas por seus colegas e evidentemente com não menos freqüência.

Isso parece um atalho muito fácil. Mas faço essas tentadoras sugestões para frisar novamente que freqüentemente é tanto mais apropriado como mais esclarecedor assimilar a psiquiatria ao xamanismo e à bruxaria — apesar desta última lidar primordialmente com formas culturalmente normativas de paranóia — do que decifrar a equação no sentido oposto.

V

As teorias psiquiátricas ou psicanalistas da histeria que tentam explicar negativamente a possessão como agressão da parte dos reprimidos socialmente ou da parte do recruta xamanístico não qualificado que protesta sua impropriedade e relutância em assumir seu alto chamado, soluciona apenas parte do problema. Deixam de levar em conta aquelas religiões de possessão que entronizam a moralidade e nas quais, em grande parte, o posto de xamã é preenchido por atribuição de candidatos que, longe de serem originários apenas das margens da sociedade, são de formação perfeitamente respeitável. Quanto ao que foi dito antes da significação do trauma profissional do xamã, para levar em conta a possessão nesses dois contextos sociais muito diferentes temos de entender, creio eu, que a possessão expressa na maior parte das vezes uma auto-afirmação agressiva. Que em ambos os contextos a possessão assuma colorido psicológico que identificamos como histeria já não mais surpreende. Pois contra a posição de alguns antropólogos que deveriam saber melhor, não apenas em cultos exóticos marginais ou de fato em sociedades primitivas em geral, que a liderança se colore de histeria. Muitos dos que estudam política, atualmente, sob os lemas de "teoria de jogo" ou de "análise transacional" concorda que o homem político é pouco mais que um "histérico" manipulativo, com fome de poder — posição que difere pouco da assumida por Hobbes. De fato, só as nossas posições já recebidas de histeria inibem nossa percepção das muitas formas que a manipulação histérica pode assumir.

Em cultos periféricos, então, essa afirmação agressiva dá corpo ao agudo grito de protesto contra os membros mais afortunados da sociedade. Em religiões de moralidade principal que a utilizam, a possessão expressa uma estentórea voz de comando, a linguagem da autoridade legítima em termos da qual o homem de substância compete pelo poder. Em última análise, porém, conforme sugeri no fim do capítulo anterior, aqui a agressão não é dirigida apenas à sociedade — onde algo dela inevitavelmente se esvai na competição e conflito pelo poder, mas nas condições ambientais totais em que os homens vivem.

Em relação a riscos ambientais extremos ou outros, é sobretudo a instabilidade das condições sócio-econômicas que fornecem as condições necessárias, talvez nem sempre suficientes, para a existência da resposta de possessão. Se o homem nesse caso está se debatendo histericamente com seu papel, essa condição não é resultado de repressão psicológica direta e imediata no sentido normal. Acredito que neste ponto temos de retornar à posição de Nadel sobre o xamanismo como uma tentativa de enriquecer o arsenal espiritual de uma comunidade assolada por uma incerteza ambiental crônica ou de uma rápida e inexplicável mudança social. Conforme ele corretamente observa, geralmente a instabilidade provê solo fértil para o florescimento do xamanismo. Isso, entretanto, não significa necessariamente atirar o xamanismo às entranhas vazias dessa generalizadora de baixo nível, que é a "anomia", pois nenhuma das sociedades que consideramos pode plausivamente ser caracterizada como anárquica. Tal estado seria na verdade a antítese do xamanismo central com sua forte ênfase moral. O problema é, portanto, identificar o grau mínimo de insegurança e pressão que se requer para elucidar a reação possessiva.

Não penso ter conseguido isso. Mas não parece que a pressão das circunstâncias adversas devam ser consideravelmente mais altas que aquelas que são adequadamente encontradas por outras teologias e cosmologias onde a possessão não faz parte dos traços básicos da expressão religiosa. A crença em espíritos é muito mais espalhada que a crença em possessão: e certamente religiões que empregam o êxtase parecem muito mais sensíveis ao impacto da mudança de circunstâncias do que aquelas que não empregam. Segundo esse contraste, a possessão, como vimos, representa uma afirmação, na forma mais direta, dramática e conclusiva, de que os espíritos são dominados pelo homem. O que proclama é que Deus não está meramente *conosco*, mas sim que Ele está *em* nós. O xamanismo é assim por excelência a religião do espírito feito carne e essa confortadora doutrina é demonstravelmente substanciada em cada sessão encarnatória. No entanto, é difícil evitar a suspeita de que apesar de todo ò seu confiante otimismo, o xamanismo protesta um pouco demais. Pois se, como estou argumentando, a possessão é essencialmente uma filosofia do poder, parece estar também, colorida de um tipo de desesperação nietzchiano. Se isso é uma inferência válida, parece novamente confirmar o alto limiar de adversidade ao qual o xamanismo parece responder.

No sentido de mediar as pressões recorrentes e novas com a consoladora expressão da possessão, o xamanismo pode contribuir muito para a saúde mental, estabilizando a incidência de desordens nervosas, desde que ele tenha um meio de controlar ostensivamente os poderes que são tidos como ativadores dessas forças destrutivas. Identificando-se extaticamente com novas experiências perturbadoras ou com azares recorrentes que são impossíveis de entender de outra maneira, aqueles que adotam essa filosofia espiritualista cedem docilmente aos selvagens ataques da inovação e mudança e aos recorrentes golpes do destino. Curvando-se assim ao inevitável e aceitando-o, por assim dizer, de braços abertos, atenuam seu impacto, fazendo parecer que eles desejam apaixonadamente aquilo que não podem evitar. E se, para aqueles que não acreditam em espírito, tudo isso não passa de uma espécie de heróica luta contra sombras, tem não obstante, significativos efeitos que permitem ao homem suportar pressões que não conseguiriam tolerar de outra forma. Finalmente, portanto, temos de reconhecer que até certo ponto em comum com o inconsciente e tantos outros dos nossos conceitos psicológicos, os espíritos são ao menos hipóteses que, para aqueles que neles acreditam, fornecem uma filosofia de causas últimas e uma teoria de tensões sociais e relações de poder. Por sua própria natureza nossa psiquiatria ocidental parece muito mais restrita em âmbito.

Para concluir vamos nos referir novamente a nossa própria religião. O Cristianismo tradicional retrata Deus como todo-poderoso e onipotente, fazendo o homem parecer débil e fraco. Isso levou a fé cristã (e excluo aqui o entusiasmo cristão) a ser particularmente vulnerável aos progressos da ciência e tecnologia. Pois, à medida que o homem adquiriu crescente domínio sobre o ambiente, as coisas que se pensava serem controladas apenas por Deus escaparam de sua manutenção. A estatura de Deus diminuiu assim inevitavelmente. As religiões xamanísticas não fazem esse erro. Elas supõem desde o início que, pelo menos em certas ocasiões, o homem pode ascender ao nível dos deuses. E desde que o homem é assim, de princípio, participa da autoridade dos deuses, não há praticamente nenhum outro poder mais impressionante que ele possa adquirir. A sessão xamanística protesta pois é contra a dupla onipotência de Deus e do homem. Celebra uma posição confiante e igualitária das relações do homem com o divino e perpetua aquele original acordo entre Deus e homem que aqueles que perderam o mistério extático só podem lembrar nostalgicamente em mitos da criação ou buscar desesperadamente em doutrinas de salvação pessoal.

BIBLIOGRAFIA

ACKERKNECHT, E. Psychopathology, Primitive Medicine and Primitive Culture. *Bulletin of the History of Medicine*, 14 1943.

ANISIMOV, A. F., "The Shaman's Tent of the Evenks and the Origin of the Shamanistic Rite", in H. N. Michael (ed.), *Studies on Siberian Shamanism*, Toronto University Press, 1963.

BALIKCI, Asen. Shamanistic Behaviour among the Netsilik Eskimos. *South Western Journal of Anthropology*, 19, 1963.

BARNETT, M. G. *Indian Shakers: a Messianic Cult of the Pacific Northwest*. Carbondale, 1957.

BATESON, G. & MEAD, M. *Balinese Character*, Nova York, 1942.

BELO, J. *Trance in Bali*. Nova York, 1960.

BOGORAS, W. *The Jesup North Pacific Expedition*, V. II, *The Chukchee*, Leiden, 1907.

BOURGUIGNON, E., "World Distribution and Patterns of Possession States", in R. Prince (ed.) *Trance and Possession*

States, Montreal, 1967.
BUTT, A. WAVELL, S. & APTON, Nina, *Trances*. Londres, 1967.
CAPLAN, A. P. *Non-Unilineal Kinship on Mafia Island, Tanzania*. Londres, 1968. Dissertação de doutoramento inédita.
COHN, N. *The Pursuit of the Millennium*, Londres, 1957.
COLSON, E., "Spirit Possession among the Tonga of Zambia", in J. Beattie e J. Middletown (eds.), *Spirit Mediumship and Society in Africa*, London, 1969.
COURALNDER, H., & BASTIEN, R. *Religion and Politics in Haiti*. Washington, 1966.
CZAPLICKA, M. A. *Aboriginal Siberia*. Oxford, 1914.
DERMENGHEM, E. *Le Culte des saints dans l'Islam maghrebin*. Paris, 1954.
DEVEREUX, G., "Normal and Abnormal: the Key Problem of Psychiatric Anthropology", in J. B. Casagrande e T. Gladwin (ed.), *Some Uses of Anthropology: Theoretical and Applied*, Washington, 1956.
DODDS, E. R. *The Greeks and the Irrational*. Berkeley, 1951.
DOUGLAS, M. *Purity and Danger*, Londres, 1966. Trad. bras. *Pureza e Perigo*, São Paulo, Ed. Perspectiva, 1975, Debates 120.
EDSMAN, C. M. (ed.) *Studies in Shamanism*. Estocolmo, 1967.
ELIADE, Mircea. *Le Chamanisme et les techniques archaiques de l'extase*. Paris, 1951.
ELWIN, V. *The Religion of an Indian Tribe*. Londres, 1955.
FAIRCHILD, W. P. Shamanism in Japan. *Folklore Studies*, (Tóquio), 21, 1962.
FIRTH, R. Problem and Assumption in an Anthropological Study of Religion. *Journal of the Royal Anthropological Institute*, 39, 1959.
FIRTH, R. *Tikopia Ritual and Belief*. Londres, 1967.
FORGE, Anthony (comunicação pessoal).
FREEMAN, D. *Shaman and Incubus*. Australian National University (mimeo.), 1965.
FREUD, S. *Selectec Papers on Hysteria and other Psychoneuroses*. (Trad. A. A. Brill), Nova York, 1912.
FRY, Peter. *Zezuru Mediums, A Study of the Legitimacy and Authority of Shona Spirit Mediums*. London University, 1969. Tese de doutoramento inédita.
GARBETT, K. G., "Spirit Mediums as Mediators in Valley Korekore Society", in J. Beattie and J. Middletown (eds.), *Spirit Mediumship and Society in Africa*, Londres, 1969.
GOUGH, K. Cults of the Dead among the Nayars. *Journal of American Folklore*, 71, 1958.
GUSSOW, Z. "Pibloktoq (histeria) among the Polar Eskimo". In: *Psycho-analysis and the Social Sciences*, I, Nova York, 1960.
HARPER, E. B., "Spirit Possession and Social Structure", in B. Ratman (ed.), *Anthropology on the March*, Madras, 1963.
HARRIS, G. "Possession 'Hyteria' in a Kenyan Tribe". *American Anthropologist*, 59, 1957.
HEUSCH, L. de. "Cultes de possession et religions initiatiques de salut en Afrique". In: *Annales du Centre d'Études des Religions*, Bruxelas, 1962.

Heusch, L. de. *Le Rwanda et la civilisation interlacustre.* 1966.
Jeanmaire, H. *Le Culte de Dionysus.* Paris, 1951.
Jones, E. *On the Nightmare.* Londres, 1949.
Kennedy, J. G. "Nubian Zar Ceremonies as Psychoterapy". *Human Organization,* 1967.
Knox, R. A. *Enthusiasm, A Chapter in the History of Religion.* Oxford, 1950.
Knutsson, K. E. *Authority and Change: A Study of the Kallu Institution among the Macha Galla of Ethiopia.* Göteborg, 1967.
Koritschoner, H. Ngoma ya Sheitani: an East African Native Treatment for Psychical Disorder. *Journal of the Royal Anthropological Institute,* 66, 1936.
Krader, L. Buryat Religion and Society. *Southwestern Journal of Anthropology,* 10, 1954.
Laing, R. D. & Esterson, T. *Sanity, Madness and the Family.* Londres, 1964.
Langness, L. Hysterical Psychosis in the New Guinea Highlands: A Bena-Bena Example. *Psychiatry,* 28, 1965.
Lanternari, V. *The Religions of the Opressed.* Mentor Books, 1965. Trad. bras. *As Religiões dos Oprimidos,* São Paulo, Ed. Prespectiva, 1974, Debates 95.
Leiris, M. *La Possession et ses aspects théatraux chez les Ethiopiens de Gondar,* Paris, 1958.
Lévi-Strauss, C. *Structural Anthropology.* Londres, 1968.
Lewis, I. M., "Spirit Possession in Northern Somaliland", in J. Beattie e J. Middletown (ed.), *Spirit Mediumship and Society in Africa,* Londres, 1969.
Lindlom, G. *The Akamba in British East Africa.* Uppsala, 1920.
Loer, E. M. The Shaman of Niue. *American Anthropologist,* 26, 1924, pp. 393-402.
Loudon, J. B. "Psychogenic Disorder and Social Conflict among the Zulu", in M. K. Opler (ed.), *Culture and Mental Health,* Nova York, 1959.
Mair, L. Witchcraft. Londres, 1969.
Mars, L. *La Crise de possession dans le voudon — essai de psychiatrie comparée.* Port-au-Prince, 1946.
Marshall, L. The Medicine Dance of the Kung Bushmen. *Africa,* 39, 1969.
Martino, E. de. *La Terre du remords.* Paris, 1966.
Marwick, M. The Social Context of Cewa Witch Beliefs. *Africa,* 22, 1952.
Masters, R. E. & Houston, J. *The Varieties of Psychedelic Experience.* Londres, 1967.
Messin, S. Group Therapy and Social Status in the Zar Cult of Ethiopia. *American Anthropologist,* 60, 1958.
Métraux, A. *Voodoo in Haiti* (tradução inglesa). Londres, 1959.
Mischel, W. & F. Psychological Aspects of Spirit Possession in Trinidad. *American Anthropologist,* 60, 1958.
Mitchell, J. Women: The Longest Revolution. *New Left Review,* nov.-dez. 1966.

Moréchand, G. "Le chamanisme des Hmongs". In: *Bulletin de l'École française de l'Extrême-orient*, 1968, liv.

Murphy, J., "Psychiatric Aspects of Shamanism on St. Lawrence Island, Alaska", in A. Kiev (ed.), *Magic, Faith and Healing*, 1964.

Nadel, S. A Study of Shamanism in the Nuba Hills. *Journal of the Royal Anthropological Institute*, 76, 1946.

Nicolas, J. *Les Juments des Dieux: Rites de possession et condition feminine en pays Hausa*. Niger, Études Nigeriennes, n. 21, 1967.

Obeyesekere, G. The Idiom of Demonic Possession: a Case Study, *Social Science and Medicine*, jul. 1970, pp. 97-112.

O'Brien, Elmer. *Varieties of Mystic Experience*. Mentor-Omega Paperbacks, Londres, 1965.

Oesterreich, T. K. *Possession, Demonical and Other, among Primitive Races, in Antiquity, the Middle Ages and Modern Times*. Londres, 1930. (Tradução autorizada do original alemão de 1921).

Ohlmarks, A. *Studien zum Problem des Schamanismus*. Lund, 1939.

Onwuejeocwu, M. "The Cult of of the Bori Spirits among the Hausa", in M. Douglas e P. Kaberry (ed.), *Man in Africa*, Londres, 1969.

Opler, M. E., "Spirit Possession in a Rural Area of Northern India", in W. A. Lessa e E. Z. Vogt (ed.), *Reader in Comparative Religion*, Nova York, 1958.

Orent, Amnon. *Lineage Structure and the Supernatural: the Kafa of Southwest Ethiopia*. Boston University, 1969. Tese de doutoramento inédita.

Paques, V. *L'Arbre cosmique dans la pensée populaire et dans la vie quotidienne du nord buest africain*. Paris, 1964.

Parkin, D. The Politics of Ritual Syncretism; Islam among the Non-Muslim Giriama of Kenya. *Africa*, 40, 1970.

Radin, P. *Primitive Religion; Its Nature and Origin*. Nova York, 1937.

Rasmussen, K. *The Intellectual Culture of the Eglulik Eskimos*. Copenhague, 1929.

Rouch, J. *Religion et la magie Songhay*. Paris, 1960.

Rycroft, C. *Anxiety and Neurosis*. Londres, 1968.

Sartre, J. P., in F. Fanon, *The Wretched of the Earth*, Londres, 1967.

Scharer, H. *Ngaju Religion* (traduzida por R. Needham). Haia, 1963.

Seligman, C. G. & B. Z. *The Veddas*. Cambridge University Press, 1911.

Shack, W. *The Gurage*. Londres, 1966.

Shirokogoroff, S. M. *Psychomental Complex of the Tungus* Londres, 1935.

Silverman, J. Shamans and Acute Schizophrenia. *American Anthropologist*, 69, 1967.

Spencer, P. *The Samburu, A Study of Gerontocracy in a Nomadic Tribe*. Londres, 1965.

Spiro, M. E. *Burmese Supernaturalism*. New Jersey, 1967.

STANBROOK, E. Some Characteristics of the Psychopathology of Schizophrenic Behaviour in Bahian Society. *American Journal of Psychiatry*, 109, 1952.

STAYT, H. *The Bavenda*. Londres, 1937.

STEWART, K. Spirit-possession in Native America. *Southwestern Journal of Anthropology*, 2, 1946.

SUNDKLER, B. *Bantu Prophets in South Africa*. Londres, 1961.

TAYLOR, D. M. *The Black Caribs of British Honduras*. Nova York, 1951.

TREMEARNE, A. J. N. *The Ban of the Bori*. Londres, 1914.

TURNER, V. W. *The Ritual Process: Structure and Anti-Structure*. Londres, 1969.

VEITH, I. *Hysteria, the History of a Disease*. Chicago, 1965.

WAVELL, STEWART, BUTT, A. & EPTON, Nina. *Trances*. Londres, 1967.

WHISSON, M. G., "Some Aspects of Functional Disorders among the Kenya Luo", in A. Kiev (ed.), *Magic, Faith and Healing*, Londres, 1964.

WILKEN, G. A. *Het Shamanisme bij de Volken van den Indischen Archipel*. 1887.

WILSON, P. J. Status Ambiquity and Spirit Possession. *Man*, 2, 1967.

WORSLEY, P. *The Trumpet Shall Sound*. Londres, 1957.

YAP, P. M., "The Culture-bound Reactive Syndromes", in W. Caudill e Tsung-yi Lin (eds.), *Mental Health Research in Asia and the Pacific*, Honolulu, 1969.

YAP, P. M. The Possession Syndrome — a Comparison of Hong Kong and French Findings. *Journal of Mental Science*, 106, 1960.

ZAEHNER, R. C. *Mysticism, Sacred and Profane*. Oxford, 1957.

LISTA DE ILUSTRAÇÕES

1a. Mulheres dançando num ritual dionisíaco. Vaso grego, século V a.C. (Éditions TEL).
1b. O líder do grupo *zar* (Foto: Pamela Constantinides).
2. Bernini, Santa Teresa (Foto: Alinari).
3a. Moça haitiana em transe (Foto: William Sargant).
3b. Mulher americana em transe (Foto: William Sargant).
4a,b. Possessão num ofício vodu haitiano (Foto: William Sargant).
5a. Xamã malaio (Foto: Clive Kessler).
5b. Xamã índio akawaio (Foto: Audrey Butt).

6a. Mulher haitiana possuída pela deusa-serpente Damaballah (Foto: Francis Huxley).
6b. Gravura inglesa do século XV mostrando uma mulher tendo relação sexual com o diabo, de *Ubricus Molitor, De Lamiis,* Strasbourg, *circa* 1490.
7. Matthew Hopkin, caçador de bruxas inglês do século XVII (Radio Times Hulton Picture Library).
8a. Cristo expulsando um diabo, de *Les Très Riches Heures du Duc de Berry,* (Musée Condé).
8b. Sacerdote etíope expulsando um mau espírito (Foto: Alice Morton).
9. Xamã shona expulsando um mau espírito (Foto: Peter Fry).
10a. São Paulo cego na estrada de Damasco, de um mosaico do século XII (Foto: Anderson).
10b. Membro da tribo shona submetido a tratamento de possessão por espírito (Foto: Peter Fry).
11a. Xamã etíope da tribo kaffa, ouvindo a voz de Dochay (Foto: Amnon Orent).
11b. Xamã daomeano encarnando o deus Ogun (Foto: William Sargant).
12a. Manipulação de serpentes, Tennessee. (Foto: William Sargant).
12b. Mulheres em transe, Watts County, Los Angeles (Foto: William Sargant).
13a. Culto do Espírito Santo em Barbados (Foto: William Sargant).
13b. Transe e postura das mãos, Clay County, Kentucky (Foto: William Sargant).
14, 15 Desenhos de espíritos esquimós (Rasmussen: *Intellectual Culture of the Iglulik Eskimos,* 1929).
16a. Escultura esquimó contemporânea mostrando um xamã tradicional (National Film Board of Canada).
16b. Xamã tungue (Foto: Caroline Humphries).

IOAN LEWIS nasceu na Escócia em 1930. Foi educado na Glasgow High School e Glasgow University, onde se graduou em química. No processo descobriu a antropologia e foi então estudar o assunto em Oxford, num esquema Nuffield que visava trazer recrutas das ciências físicas para as sociais. A pesquisa de campo para seu doutorado levou-o ao nordeste da África, onde passou dois anos entre os nômades pastorais da região que é agora a República Democrática da Somália. Do material colhido então e em visitas subseqüentes escreveu *A Pastoral Democracy* (1961) e outros estudos sobre a sociedade e cultura somali, inclusive *Somali Poetry* (1964), em conjunto com B. W. Andrzejewski. Editou também *Islam in Tropical Africa* (1966) e *History and Social Anthropology* (1968) e é o editor de *Man*, periódico do Royal Anthropological Institute. IOAN LEWIS ensinou em várias universidades britânicas e também na África e veio a ser professor de Antropologia da London School of Economics em 1969. É casado e tem um filho e três filhas.

COLEÇÃO DEBATES

1. *A Personagem de Ficção*, A. Rosenfeld, A. Cândido, Décio de A. Prado, Paulo Emílio S. Gomes.
2. *Informação. Linguagem. Comunicação*, Décio Pignatari.
3. *O Balanço da Bossa e Outras Bossas*, Augusto de Campos.
4. *Obra Aberta*, Umberto Eco.
5. *Sexo e Temperamento*, Margaret Mead.
6. *Fim do Povo Judeu?*, Georges Friedmann.
7. *Texto / Contexto*, Anatol Rosenfeld.
8. *O Sentido e a Máscara*, Gerd A. Bornheim.
9. *Problemas de Física Moderna*, W. Heisenberg, E. Schroedinger, Max Born, Pierre Auger.
10. *Distúrbios Emocionais e Anti-Semitismo*, N. W. Ackerman e M. Jahoda.
11. *Barroco Mineiro*, Lourival Gomes Machado.
12. *Kafka: Pró e Contra*, Gunther Anders.
13. *Nova História e Novo Mundo*, Frédéric Mauro.
14. *As Estruturas Narrativas*, Tzvetan Todorov.

15. *Sociologia do Esporte*, Georges Magnane.
16. *A Arte no Horizonte do Provável*, Haroldo de Campos.
17. *O Dorso do Tigre*, Benedito Nunes.
18. *Quadro da Arquitetura no Brasil*, Nestor Goulart Reis Filho.
19. *Apocalípticos e Integrados*, Umberto Eco.
20. *Babel & Antibabel*, Paulo Rónai.
21. *Planejamento no Brasil*, Betty Mindlin Lafer.
22. *Lingüística. Poética. Cinema*, Roman Jakobson.
23. *LSD*, John Cashman.
24. *Crítica e Verdade*, Roland Barthes.
25. *Raça e Ciência I*, Juan Comas e outros.
26. *Shazam!*, Álvaro de Moya.
27. *Artes Plásticas na Semana de 22*, Aracy Amaral.
28. *História e Ideologia*, Francisco Iglésias.
29. *Peru: Da Oligarquia Econômica à Militar*, Arnaldo Pedroso D'Horta.
30. *Pequena Estética*, Max Bense.
31. *O Socialismo Utópico*, Martin Buber.
32. *A Tragédia Grega*, Albin Lesky.
33. *A Filosofia em Nova Chave*, Susanne K. Langer.
34. *Tradição, Ciência do Povo*, Luís da Câmara Cascudo.
35. *O Lúdico e as Projeções do Mundo Barroco*, Affonso Ávila.
36. *Sartre*, Gerd A. Bornheim.
37. *Planejamento Urbano*, Le Corbusier.
38. *A Religião e o Surgimento do Capitalismo*, R. H. Tawney.
39. *A Poética de Maiakóvski*, Bóris Schnaiderman.
40. *O Visível e o Invisível*, Merleau-Ponty.
41. *A Multidão Solitária*, David Riesman.
42. *Maiakóvski e o Teatro de Vanguarda*, A. M. Ripellino.
43. *A Grande Esperança do Século XX*, J. Fourastié.
44. *Contracomunicação*, Décio Pignatari.
45. *Unissexo*, Charles Winick.
46. *A Arte de Agora, Agora*, Herbert Read.
47. *Bauhaus — Novarquitetura*, Walter Gropius.
48. *Signos em Rotação*, Octavio Paz.
49. *A Escritura e a Diferença*, Jacques Derrida.
50. *Linguagem e Mito*, Ernst Cassirer.
51. *As Formas do Falso*, Walnice Galvão.
52. *Mito e Realidade*, Mircea Eliade.
53. *O Trabalho em Migalhas*, Georges Friedmann.
54. *A Significação no Cinema*, Christian Metz.
55. *A Música Hoje*, Pierre Boulez.
56. *Raça e Ciência II*, L. C. Dunn e outros.
57. *Figuras*, Gérard Genette.
58. *Rumos de uma Cultura Tecnológica*, A. Moles.
59. *A Linguagem do Espaço e do Tempo*, Hugh Lacey.
60. *Formalismo e Futurismo*, Krystyna Pomorska.
61. *O Crisântemo e a Espada*, Ruth Benedict.
62. *Estética e História*, Bernard Berenson.
63. *Morada Paulista*, Luís Saia.

64. *Entre o Passado e o Futuro*, Hannah Arendt.
65. *Política Científica*, Darcy M. de Almeida e outros.
66. *A Noite da Madrinha*, Sergio Miceli.
67. *1822: Dimensões*, Carlos Guilherme Mota e outros.
68. *O Kitsch*, Abraham Moles.
69. *Estética e Filosofia*, Mikel Dufrenne.
70. *Sistema dos Objetos*, Jean Baudrillard.
71. *A Arte na Era da Máquina*, Maxwell Fry.
72. *Teoria e Realidade*, Mario Bunge.
73. *A Nova Arte*, Gregory Battcock.
74. *O Cartaz*, Abraham Moles.
75. *A Prova de Goedel*, Ernest Nagel e James R. Newman.
76. *Psiquiatria e Antipsiquiatria*, David Cooper.
77. *A Caminho da Cidade*, Eunice Ribeiro Durhan.
78. *O Escorpião Encalacrado*, Davi Arrigucci Junior.
79. *O Caminho Crítico*, Northrop Frye.
80. *Economia Colonial*, J. R. Amaral Lapa.
81. *Falência da Crítica*, Leyla Perrone-Moisés.
82. *Lazer e Cultura Popular*, Joffre Dumazedier.
83. *Os Signos e a Crítica*, Cesare Segre.
84. *Introdução à Semanálise*, Julia Kristeva.
85. *Crises da República*, Hannah Arendt.
86. *Fórmula e Fábula*, Willi Bolle.
87. *Saída, Voz e Lealdade*, Albert Hirschman.
88. *Repensando a Antropologia*, E. R. Leach.
89. *Fenomenologia e Estruturalismo*, Andrea Bonomi.
90. *Limites do Crescimento*, Donella H. Meadows e outros.
91. *Manicômios, Prisões e Conventos*, Erving Goffman.
92. *Maneirismo: O Mundo como Labirinto*, Gustav R. Hocke.
93. *Semiótica e Literatura*, Décio Pignatari.
94. *Cozinhas, etc.*, Carlos A. C. Lemos.
95. *As Religiões dos Oprimidos*, Vittorio Lanternari.
96. *Os Três Estabelecimentos Humanos*, Le Corbusier.
97. *As Palavras sob as Palavras*, Jean Starobinski.
98. *Introdução à Literatura Fantástica*, Tzvetan Todorov.
99. *Significado nas Artes Visuais*, Erwin Panofsky.
100. *Vila Rica*, Sylvio de Vasconcelos.
101. *Tributação Indireta nas Economias em Desenvolvimento*, John F. Due.
102. *Metáfora e Montagem*, Modesto Carone Netto.
103. *Repertório*, Michael Butor.
104. *Valise de Cronópio*, Julio Cortázar.
105. *A Metáfora Crítica*, João Alexandre Barbosa.
106. *Mundo, Homem, Arte em Crise*, Mário Pedrosa.
107. *Ensaios Críticos*, Ramón Xirau.
108. *Do Brasil à América*, Frédéric Mauro.
109. *O Jazz — do Rag ao Rock*, Joachim E. Berendt.
110. *Etc... Etc... (Um Livro 100% Brasileiro)*, Blaise Cendrars.
111. *Território da Arquitetura*, Vittorio Gregotti.
112. *A Crise Mundial da Educação*, Philip H. Coombs.
113. *Teoria e Projeto na Primeira Era da Máquina*, Reyner Banham.

114. *O Substantivo e o Adjetivo*, Jorge Wilheim.
115. *A Estrutura das Revoluções Científicas*, Thomas S. Kuhn.
116. *A Bela Época do Cinema Brasileiro*, Vicente Paula Araújo.
117. *Crise Regional e Planejamento*, Amélia Cohn.
118. *O Sistema Político Brasileiro: Estrutura e Processo*, Celso Lafer.
119. *O Êxtase Religioso*, Ioan M. Lewis.
120. *Pureza e Perigo*, Mary Douglas.
121. *História, Corpo do Tempo*, José Honório Rodrigues.
122. *Escrito sobre um Corpo*, Severo Sarduy.
123. *Linguagem e Cinema*, Christian Metz.
124. *O Discurso Engenhoso*, António José Saraiva.
125. *Psicanalisar*, Serge Leclaire.
126. *Magistrados e Feiticeiros na França do Século XVIII*, R. Mandrou.
127. *O Teatro e sua Realidade*, Bernard Dort.
128. *A Cabala e seu Simbolismo*, Gershom G. Scholem.
129. *Sintaxe e Semântica na Gramática Transformacional*, A. Bonomi e G. Usberti.
130. *Conjunções e Disjunções*, Octavio Paz.
131. *Escritos Sobre a História*, Fernand Braudel.
132. *Escritos*, Jacques Lacan.
133. *De Anita ao Museu*, Paulo Mendes de Almeida.
134. *A Operação do Texto*, Haroldo de Campos.
135. *Arquitetura, Industrialização e Desenvolvimento*, Paulo J. V. Bruna.
136. *Poesia-Experiência*, Mario Faustino.
137. *Os Novos Realistas*, Pierre Restany.
138. *Semiologia do Teatro*, J. Guinsburg e Teixeira Coelho Netto.
139. *Arte-Educação no Brasil*, Ana Mae Barbosa.
140. *Borges: Uma Poética do Romance*, Emir Rodríguez Monegal.
141. *O Fim de Uma Tradição*, R. W. Shirley.
142. *Sétima Arte: Um Culto Moderno*, Ismael Xavier.
143. *A Estética do Objetivo*, Aldo Tagliaferri.
144. *A Construção do Sentido na Arquitetura*, Teixeira Coelho Netto.
145. *A Gramática do Decamerão*, Tzvetan Todorov.
146. *Escravidão, Reforma e Imperialismo*, R. Graham.
147. *História do Surrealismo*, M. Nadeau.
148. *Poder e Ligitimidade*, José Eduardo de Oliveira Faria.
149. *Práxis do Cinema*, Noel Burch.
150. *As Estruturas e o Tempo*, Cesare Segre.
151. *A Poética do Silêncio*, Modesto Carone Neto.
152. *Planejamento e Bem-Estar Social*, Henrique Rattner.
153. *O Teatro Moderno*, Anatol Rosenfeld.
154. *Desenvolvimento e Construção Nacional*, S. N. Eisenstadt.
155. *Uma Literatura nos Trópicos*, Silviano Santiago.

*

Impresso nas oficinas da
RUMO GRÁFICA EDITORA LTDA.
(C.G.C. 46.295.564/0001-08)
Rua Aracy, 63/69 — São Paulo

*